평등의
짧은 역사

Une brève histoire de l'égalité

평등의
짧은 역사

토마 피케티Thomas Piketty 지음 · 전미연 옮김

그러나

추천사

홍기빈 (글로벌 정치경제 연구소 소장)

이 책은 좀 더 평등한 사회를 꿈꾸며 이론적·실천적인 길을 모색하는 모든 이들에게 실로 반가운 선물이다. 그러한 노력에 항상 따르게 되어 있는, 과거에 대한 성찰과 미래의 전망이라는 두 가지 필수적 요소를 짧고 간명하게 하나로 결합하고 있기 때문이다. 이 각각의 작업도 어렵고 귀한 것이지만, 그 두 가지를 유기적으로 결합하여 과거에서 현재를 꿰뚫는 추세와 흐름을 읽어내고, 거기에서부터 미래의 우리가 취할 수 있는 '가능성의 한계'를 도출해내어, 철벽같은 현실에 주눅 들지 않는 과감한 상상력을 펼치면서도 또 현실성을 잃지 않는 노력의 방향과 그 궤적을 잡아낸다는 것은 더더욱 귀한 일이다. 특히 평등한 사회를 이룬다는 목표에서 이렇게 과거-현재-미래의 시간 수직선을 긋고 거기에서 우리의 현실과 미래를 읽어내려는 노력은 카를 마르크스 이후로 오랫동안 누구도 쉽게 엄두를 내지 못했던 일이다. 저자가 이 책에서 보여주는 과거에 대한 성찰과 미래의 전망은 그 규모의 크기에서도 괄목할 만하지만, 섣부른 비관이나 낙관을 일체 배제한 투철한 현실성에 있어서도 괄목하지 않을 수 없다.

먼저 이 책의 미덕으로 지적해야 할 부분은, 저자가 저명한 경제학자임에도 불구하고 결코 '경제학'이라는 좁은 테두리에 갇혀 있지 않다는 점이다. (불)평등에 대한 각종 데이터를 체계적·조직적으로 수집하고 이에 근거하여 여러 현실과 추세를 세세하게 보여주는 저작으로 명성을 얻은 저자이지만, (불)평등의 문제가 결코 경제적 데이터와 수치로만 파악할 수 있다거나 모종의 경제적 '법칙'같은 것으로 분석할 수 있는 좁은 의미의 '경제적'현상이 아니라는 자명하지만 너무나 자주 간과되고 있는 진리를 그야말로 정면으로 받아들이고 있다. 이 책에서 누누이 강조되고 있는 바와 같이, (불)평등은 지정학, 정치, 사회, 문화 등 사회 전체의 다면적 구조에 의해 생겨나고 제도화되는 현상이며, 따라서 그에 대한 진단은 물론 분석 또한 그러한 다면적 현실을 복합적으로 종합하여 바라볼 때에 비로소 가능해진다. 말로는 간단하고 자명하지만, 실제로 이를 수행한다는 것은 어마어마한 일이며 그러한 저작물은 결코 흔하지 않다. 그 결과 우리는 단순한 경제학 저작이 아니라 종합적이고도 거시적인 시각을 갖춘 '평등의 역사'를 손에 넣게 되었다. 사회의 불평등과 이를 둘러싼 갈등 및 투쟁은 동서고금을 막론하고 인간 세상의 변화를 가져오는 핵심적인 동력이며, 따라서 이에 대한 구체적인 이해가 없이는 특정 시대와 장소의 역사와 그 변화를 깊이 있게 이해하는 데에 한계를 갖게 된다. 이 때문에 역사 공부를 할 때마다 그 시대의 대략적인 (불)평등의 양상과 지형이 어떠했는지에 대한 배경지식이 아쉬울 때가 너무나 많았다. 이 책의 역사 부분은 그 문제를 생각함에 있어서 참고해야 할 중요한 이정표를 우리에게 제공하고 있다.

둘째, 이 책은 자본주의에서의 (불)평등 문제의 핵심이 바로 권력관계에 있다는 불편한 진실을 비껴가지 않고 또렷하게 직시한다. 불평등은 권력자들과 지배 계급의 우월한 힘에서 비롯되는 것이며, 평등은 부당한 착취와 불의에 맞서 삶을 지켜내고자 하는 부단한 노력과 끈질긴 싸움 끝에 얻어지는 것이라는 명제는 그 자명함에도 불구하고 현대의 사회과학에서는 사람들이 언급을 회피하는 것이 될 때가 많고, 그렇게 했다가는 가지가지의 딱지가 붙어서 '과학적인 주류 학계'로부터 백안시당하는 일 또한 많았다. 하지만 이 책은 이 점을 분명하게 명토 박는다. 앞에서 지적한 이 책의 첫째 미덕, 즉 (불)평등 문제의 여러 기원과 측면들을 다면적으로 조망하고 종합할 수 있는 혜안의 근원이 이것이라고 할 수 있다. 사람들 사이의 권력적 위계 관계는 다양한 모습으로 드러나며, 그 다양한 모습의 불평등은 결국 모두 권력적 위계 관계로 귀결된다. 따라서 모든 사회에 편재하는 권력적 위계 관계는 몇 개의 수치나 어느 하나의 분석 방식으로 검출되는 것이 아니라, 사회 전체를 총체적으로 바라보는 시각과 혜안을 필요로 하는 것이다.

셋째, 그럼에도 불구하고 이 책은 모든 것을 권력관계의 문제로 환원해

버리는 또 하나의 허무주의에 빠지지 않는다. '불평등은 현실의 권력관계의 반영'이라는 것만 일방적으로 강조하다 보면, '현실의 권력관계가 엄존하고 있으므로 이것을 바꾸기 전에는 어떤 개혁도 불가능하다'를 거쳐서 결국 '어떤 개혁도 불가능하다'라는 또 다른 허무주의만 남게 되기 일쑤이다. 특히 미래의 전망과 대안을 만들어나갈 때에 저자가 강조하는 지점이다. 불평등의 근본적 원인이 권력의 비대칭성에 있지만, 무작정 이를테면 계급 투쟁을 강조하는 것만으로 평등한 사회가 앞당겨지지는 않는다는 것이다. 역사적인 경험으로 볼 때, 좀 더 평등한 제도와 정책이 실현되는 것은 사회 전체가 그것을 받아들일 때뿐이며, 이를 위해서는 구체적인 현실에서 사회가 받아들일 수 있는 구체적인 정책과 제도의 구상과 아이디어를 발전시켜야만 한다는 또 하나의 불편한 진실을 이 책은 거침없이 드러낸다.

이러한 시각으로 몇백 년에 걸친 과거와 현재의 (불)평등의 사연을 탐구한 저자는 민주적·생태적·다원적 사회주의의 미래를 제시한다. 그가 약간의 개혁적 조치를 그저 민주적 사회주의라는 말로 포장하고 있는 것도 아니다. 그가 말하는 새로운 사회주의의 전망은 현재의 정치경제 및 사회 시스템에 큰 변화를 수반하는 것을 뜻하는 것임은 물론이다. 또한 그의 비전은 단순한 그 개인의 희망 사항이 아니다. 그가 파악한 바에 따르면, 1780년에서 2020년 사이에 인간 세상의 모든 제도는 쉬지 않고 끊임없이 변화해왔으며, 그 변화는 지금도 계속되고 있다고 한다. 불평등이 극심했던 1910년대 유럽의 군국주의 체제에 살던 이들이 불과 40년 후인 1950년대 유럽에 평등을 지향하는 사회 민주주의 체제가 나타나는 것을 상상하기 힘들었던 것처럼, 비록 현존하는 불평등한 질서가 굳건해 보인다고 해도 2050년대에 나타날 정치경제 시스템의 모습을 그것으로부터 유추할 수는 없다는 것이다. 저자가 누누이 강조하는 바, 지난 300년의 추세로 볼 때, 권력층과 지배 계급으로부터 부와 권력을 빼앗아 평등을 강화하는 흐름은 뚜렷하며 부인할 수 없다고 한다. 이 장기적 추세로 볼 때, 향후 몇십 년이라는 시간 지평에서도 민주적 사회주의의 시스템을 구상하고 실천하는 것은 오히려 역사의 흐름으로 볼 때 자연스러운 일이라는 것이다.

그가 말하는 민주적 사회주의 앞에 붙어 있는 '민주적'이라는 말은 결코 빈말이거나 의례적인 수사가 아니다. 그가 말하는 사회주의는 생산 수단의 소유관계에만 과도하게 집착했던 기존의 마르크스주의적인 사회주의 및 공산주의와는 크게 다르다. 실질적인 평등을 이루기 위해서는 자산 및 소득의 재분배와 평등은 물론, 근본적으로는 권력의 분산을 이루어야만 한다고 보기 때문이다. 따라서 생산 현장을 비롯한 교육과 문화 등 삶의 모든 영역에서 민주주의와 탈중심화를 이루기 위한 노력들이 기반이 되어야 한다고 본다. 사회적 국가와 누진세와 같은 제도적 장치들로 경제 영역에서의 분배를 바로잡으려는 노력이 물론 바탕이 되어야 하지만, 그것만으로는 부족하다는 것이다. 계급뿐만 아니라 젠더, 지역, 인종에 걸쳐 거의 모든 삶의 영역에 나타나는 불평등을 극복하기 위해서는 그 모든 영역에서의 분권화와 자주 관리의 제도를 확립할 필요가 있다는 것이다.

우리의 현재는 이러한 과거와 미래의 중간 지점에 처해 있다. 20세기 들어서 1980년대 초까지 이어지던 '거대한 재분배'의 시대가 신자유주의적 금융화의 반격으로 큰 후퇴를 본 시점이기도 하지만, 급증한 불평등 그리고 생태 위기를 비롯한 각종 문제들로 현존하는 정치경제 시스템의 지속 가능성이 근본적인 의문에 처해 있는 시기이기도 하다. 로마 신화에 나오는 야누스가 두 개의 얼굴을 가지고 있듯이, 우리의 지금 또한 이렇게 모순된 두 개의 얼굴을 모두 가지고 있는 상황이다. 여기에서 우리 인류의 미래, (불)평등의 미래가 어떤 궤적을 그리게 될지는 지금 여기에서 우리가 어떤 선택을 하느냐에 달려 있다고 할 것이다. 이 책에서 저자가 제시하는 '민주적 사회주의'의 전망은 그러한 선택을 고민하는 모든 이들에게 똑같이 중요한 도전이 될 것이다.

차 례

감사의 말

"당신이 쓴 책들을 흥미롭게 읽고 있는데, 주변 친구들, 가족들과 함께 당신의 연구 내용을 나눌 수 있게 조금 더 짧게 써줄 순 없습니까?'

이 아담한 책은 그동안 만난 독자들이 내게 꾸준히 해왔던 요구에 대한 응답이기도 하다. 지난 20년 동안 나는 불평등의 역사를 주제로 (각각!) 1,000쪽에 달하는 세 권의 책, 『20세기 프랑스 상위 소득』(2001년, 그라세 출판사), 『21세기 자본』(2013년, 쇠유 출판사), 『자본과 이데올로기』(2019년, 쇠유 출판사)를 썼다. 이 책들은 모두 그간 진행된 대규모 국제적 연구 프로그램에 기반하고 있다. 여기서 이루어진 역사적 연구와 비교 연구는 내 책들 말고도 지금까지 출간된 수많은 보고서와 공동 저술의 출발점이 되었고, 세계 불평등 데이터베이스(World Inequality Database)(WID.world) 의 구축을 가능하게 했다.[1] 하지만 자료가 워낙 방대하다 보니 아무리 의

---

1   T. Atkinson, T. Piketty, *Top Incomes over the 20th Century*, Oxford University Press, 2007 ; T. Atkinson, T. Piketty, *Top Incomes: A Global Perspective*, Oxford University Press, 2010 ; F. Alvaredo, L. Chancel, E. Saez, T. Piketty, G. Zucman, *Rapport sur les inégalités mondiales 2018*, Seuil, 2018 ; A. Gethin, C. Martinez-Toledano, T. Piketty, *Clivages politiques et inégalités sociales. Une étude*

지가 있는 시민 독자라도 선뜻 읽을 용기를 낼 수 없었다. 그래서 요약을 하고 분량을 줄여야겠다고 생각했고, 이 책이 바로 그 시도의 결과물이다.

그렇다고 해서 이 책이 그간 내가 한 연구의 핵심적인 성과들을 단순히 종합해 보여주는 데 그치지는 않는다. 나는 이 책에서 그동안 내 연구가 촉발한 다양한 논의들을 되짚는 동시에 불평등의 역사에 대한 새로운 관점을 제시하려고 한다. 이 관점은 지금까지 불평등을 연구하면서 생긴 나의 강한 확신에 기반한 것이다. 나의 확신이란 평등을 향한 여정은 오래전에 시작된 투쟁의 역사이며, 이 투쟁은 21세기에도 여전히 계속되어야 한다는 것이다. 우리는 이 길에 수시로 장애물처럼 등장할 정체성주의적 분열과 학문 간 분열을 극복하고 평등을 위한 투쟁에 한마음으로 나서야 할 것이다. 경제 문제는 소수 전문가와 지도자들의 손에만 맡겨두기에는 너무도 중차대한 문제이다. 경제 지식을 다시 시민에게로 가져오는 것, 시민에 의한 경제 지식의 재전유(再專有, reappropriation)야말로 권력관계의 변화를 위해 반드시 필요하다. 더 두꺼운 책들도 독자 여러분이 시간을 내 읽어주었으면 하는 게 당연히 내 바람이지만(미리 말하지만, 두께만 두껍지 그렇게 어려운 책들이 아니다!), 먼저 이 작은 책부터 얼마든지 다른 책들과 독립적으로 읽을 수 있다. 이 책을 쓰도록 격려해준 수많은 시민, 학생 독자 여러분께 지면을 빌려 감사의 마음을 전한다. 여러분의 궁금증과 질문들이 이번 집필의 출발점이 되었다. 여러분 모두에게 이 책을 바친다.

---

de 50 démocraties, 1948-2020, EHESS/Gallimard/Seuil, 2021 참조. 이 연구들에 바탕을 둔 많은 논문과 학술 자료는 wid.world, wpid.world, piketty.pse.ens.fr에 제시되어 있다.

평등의 짧은 역사

들어가며

　이 책은 여러 인간 사회에서 나타난 사회 계급 간의 불평등을 역사적으로 비교한 책이다. 아니, 불평등이 아니라 평등의 역사를 다룬다고 하는 편이 좀 더 정확할 것이다. 이 책을 통해 역사적으로 사회적·경제적·정치적 평등의 확대를 향한 장기적인 흐름이 있어왔음을 우리가 알게 될 것이기 때문이다.

　이는 당연히 평화로운 역사가 아니었으며, 연속적인 과정은 더더욱 아니었다. 반란과 혁명, 온갖 형태의 사회적 투쟁과 위기들은 앞으로 우리가 다룰 평등의 역사에서 핵심적인 역할을 한다. 게다가 이 역사는 무수한 과거로의 회귀와 정체성주의적 퇴행으로 점철돼 있기도 하다.

　그럼에도 불구하고 적어도 18세기 말부터는 평등을 향한 역사적 움직임이 존재했다. 지금의 2020년 초 세계가 아무리 불공정해 보여도 1950년이나 1900년보다는 평등하며, 1950년과 1900년은 또 1850년이나 1780년보다는 평등했다. 시기에 따라, 그리고 사회 계급 간 불평등 중에서 법적 지위, 생산 수단의 소유, 소득과 학력, 젠더, 출신 민족 혹은 종족-인종(이런 다양한 층위를 우리는 모두 다루게 될 것이다) 중 어디에 주목하느냐에 따라 구체적인 변화의 내용은 달라진다. 하지만 어떤 기준을 채택하든 장기적으로 확인되는 결과는 똑같다. 1780년부터 2020년까지 지구상 대부분의 지역과 사회에서, 어떤 면에서는 전 지구적으로, 지위와 소유, 소득, 젠더, 인종에 있어 평등이 확대된 것을 알 수 있다. 평등을 향한 이 여정은 1980~2020년 동안에도 계속되었다. 불평등을 세계적인 차원에서, 다층적인 관점으로 바라볼 경우 이 과정이 훨씬 복잡하고, 때로는 우리가 상상하는 것과 대조적인 양상을 띠는 게 사실이지만, 그럼에도 불구하고 1980~2020년 동안에도 멈추지 않고 계속되었다.

평등을 향해 나아가는 이 장기적인 흐름은 18세기 말부터 실질적으로 나타났지만 그 규모는 여전히 제한적이다. 이 책에서 우리는 다양한 불평등(지위, 소유, 권력, 소득, 젠더, 출신 등)이, 여러 층위에서 결코 정당화될 수 없는 수준으로 여전히 지속되고 있음을 보게 될 것이다. 게다가 개인에 따라 여러 불평등이 중첩되어 나타나는 일도 흔하다. 내가 평등을 향한 흐름이 존재한다고 말하는 것을 절대 우쭐대자는 의도로 오해해서는 안 된다. 내 의도는 오히려 그 반대다. 단단한 역사적 기반 위에서 평등을 향한 투쟁을 계속하자고 말하려는 것이기 때문이다. 평등을 향한 움직임이 실제로 일어났던 방식을 살펴봄으로써, 우리는 평등을 지속적인 현실로 만들어준 무수한 투쟁과 집단행동, 다양한 제도적 장치와 사법 시스템, 사회·조세·교육·선거 제도 등을 좀 더 잘 이해할 수 있게 될 것이다. 그리고 이는 결국 미래를 위한 귀중한 교훈이 될 것이다. 안타깝게도 정의로운 제도들에 대한 이 집단 학습 과정은 역사적 망각과 지적 민족주의, 그리고 지식의 지나친 세분화에 가로막히는 경우가 흔하다. 앞으로 평등을 향한 여정을 계속해나가기 위해서는 민족 간 경계와 학문 간 경계를 뛰어넘는 일이 무척 시급하다. 역사서이자 사회과학서이면서, 낙관주의와 시민의 결사를 위한

평등의 짧은 역사

이 책을 통해 나는 그러한 방향으로 나아가고자 한다.

새로운 경제·사회사

지금 내가 이 『평등의 짧은 역사』를 쓸 수 있었던 것은 그동안 경제·사회사, 그리고 사회과학 분야 연구에 새로운 바람을 불러일으킨 무수한 국제적 연구 성과들 덕분이다.

그중에서도 나는 특히 자본주의와 산업 혁명의 역사를 그야말로 세계적인 관점에서 조망한 다양한 연구를 소개할 것이다. 케네스 포메란츠가 2000년 출간한 책이 바로 그 대표적인 경우다. 18세기와 19세기에 유럽과 중국의 운명을 가른 '대분기(大分岐, great divergence)'를 연구한 포메란츠의 책[1]은 1979년 출간된 페르낭 브로델의 『물질문명과 자본주의』와, '세계 체제(world-systems)'를 분석한 이매뉴얼 월러스틴의 저술들[2] 이후 경제계(économie-monde) 역사를 다룬 가장 중요하고 영향력 있는 저작일 것이다. 포메란츠에 따르면, 서양 산업 자본주의의 발전은 국제 노동 분업과 천연자원의 무분별한 착취, 서구 열강의 다른 지역에 대한 군사적 지배와 식민 지배와 밀접하게 연결돼 있다. 이 결론은 이후 프라사난 파르타사라티와 스벤 베커트의 연구에 의해, 그리고 '자본주의의 새로운 역사'를 쓰려는

---

1   K. Pomeranz, *The Great Divergence. China, Europe and the Making of the Modern World Economy*, Princeton University Press, 2000 참조.

2   F. Braudel, *Civilisation matérielle, économie et capitalisme*, Armand Colin, 1979 ; I. Wallerstein, *The Modern World-System*, 4 vols, Academic Press, 1974-1989 참조.

최근의 연구들에 의해 광범위하게 확인되고 뒷받침되었다.[3]

좀 더 폭넓게 살펴보면, 식민 제국(帝國)과 노예제의 역사, 그리고 상호 연결된 세계 역사를 연구하는 학자들이 지난 20~30년 동안 막대한 연구 성과를 냈다. 나는 이들의 연구 또한 이 책에서 폭넓게 활용할 생각인데, 특히 프레더릭 쿠퍼, 캐서린 홀, 오르 로젠보임, 에마뉘엘 사다, 피에르 싱가라벨루, 산자이 수브라마니암, 알레산드로 스탄지아니 등을 중간중간 언급할 것이다.[4] 그뿐만 아니라 민중의 역사와 투쟁의 역사를 다룬 새로운 연

---

3   P. Parthasarathi, *Why Europe Grew Rich and Asia Did Not. Global Economic Divergence 1600-1850*, Cambridge University Press, 2011 ; S. Beckert, *Empire of Cotton. A Global History*, Knopf, 2014 ; S. Beckert, S. Rockman, *Slavery's Capitalism. A New History of American Economic Development*, UPenn, 2016 ; J Levy, *Ages of American Capitalism: A History of the United States*, Random House, 2021 참조.

4   가령 F. Cooper, *Citizenship Between Empire and Nation. Remaking France and French Africa 1945-1960*, Princeton University Press, 2014 ; C. Hall, N. Draper, K. McClelland, K. Donington, R. Lang, *Legacies of British Slave-Ownership: Colonial Slavery and the Formation of Victorian Britain*, Cambridge University Press, 2014 ; O. Rosenboim, *The Emergence of Globalism. Visions of World Order in Britain and the United States 1939-1950*, Princeton University Press, 2017 ; E. Saada, *Les Enfants de la colonie. Les métis de l'empire français, entre sujétion et citoyenneté*, La Découverte, 2007 ; P. Singaravelou, S. Venayre, *Histoire du monde au XIXe siècle*, Fayard, 2017 ; S. Subrahmanyam, *Empires Between Islam and Christianity, 1500-1800*, SUNY Press, 2019 ; A. Stanziani, *Les Métamorphoses du travail contraint. Une histoire globale, XVIIIe-XIXe siècles*, Presses de Sciences Po, 2020 참조.

구 성과들에서도 영향을 받았음을 미리 밝혀둔다.[5]

이 『평등의 짧은 역사』는 사회 계급 간 부의 분배의 역사에 관해 그동안 축적된 연구 성과가 없었다면 쓰지 못했을 것이다. 사실 이 분야 자체가 긴 학문적 역사를 지닌다. 모든 사회는 가난한 사람들과 부자들 간의 실제 혹은 추정되는 빈부 격차, 혹은 바람직한 빈부 격차에 관해 무수한 분석과 지식을 생산해왔다. 멀게는 『국가』와 『법률』(플라톤은 이 저작들에서 빈부 격차가 4배를 넘기지 말아야 한다고 말한다)까지 거슬러 올라갈 수 있다. 18세기에 장 자크 루소는 사적 소유의 발명과 그것의 과도한 축적이 인간들 사이에 불평등과 불협화음을 초래했다고 지적한 바 있다. 하지만 노동자의 임금과 생활 조건에 대한 조사가 제대로 이루어지고 소득과 이윤, 소유에 대한 새로운 데이터가 나오기 시작한 것은 산업 혁명기에 이르러서다. 19세기에 오면 카를 마르크스가 당시 영국의 금융과 상속 관련 데이터를 최대한 활용해 연구를 진행한다. 물론 그가 보유한 자료와 수단은 제한적이라는 한계가 있었다.[6]

---

5 H. Zinn, *A People's History of the United States*, Harper, 2009(1980) ; M. Zancarini-Fournel, *Les Luttes et les Rêves. Une histoire populaire de la France de 1685 à nos jours*, La Découverte, 2016 ; G. Noiriel, *Une histoire populaire de la France de la guerre de Cent Ans à nos jours*, Agone, 2018 ; D. Tartakowsky, *Le pouvoir est dans la rue. Crises politiques et manifestations en France, XIXe-XXe siècles*, Flammarion, 2020 ; B. Pavard, F. Rochefort, M. Zancarini-Fournel, *Ne nous libérez pas, on s'en charge! Une histoire des féminismes de 1789 à nos jours*, La Découverte, 2020 참조.

6 이 주제와 관련하여 T. Piketty, *Le Capital au XXIe siècle, Seuil*, 2013, p. 19-30, p. 362-364 참조.

20세기에 들어서면 이 분야의 연구가 좀 더 체계적으로 이루어진다. 학자들은 물가와 임금, 토지 임대료와 이윤, 상속과 농지에 관한 대규모 데이터를 수집하기 시작한다. 에르네스트 라브루스는 1933년 『18세기 프랑스에서의 물가와 소득 변동 개요』를 출간한다. 이 기념비적 저술에서 그는, 프랑스 혁명 직전 인구 증가의 압력이 극심했던 상황에서 농촌의 임금이 밀 가격과 토지 임대료 상승을 따라가지 못했던 사실을 분명히 지적한다. 이 점을 프랑스 혁명 발발의 유일한 원인으로 지목하진 않지만, 분명히 귀족과 당시 집권 체제에 대한 불만을 고조하는 데 일조했으리라 본다.[7] 1965년 『19세기 프랑스에서 이윤의 움직임』을 출간한 장 부비에를 비롯한 공저자들은 책의 첫머리부터 다음과 같이 자신들의 연구 관점을 밝힌다. "현대 사회의 계급별 소득을 과학적 조사와 연구 대상으로 삼지 않는 한, 의미 있는 경제·사회사를 기술하려고 해봐야 아무 소용이 없을 것이다."[8]

1930~1980년 사이 특히 프랑스 역사학계에서 영향력이 컸던, 흔히 '아날학파'로 분류되는 경제·사회사에 대한 이런 새로운 접근 방식은 소유 체계의 연구를 소홀히 하지 않는다. 1931년, 마르크 블로크가 중세와 근대의 농지 제도 유형을 연구한 고전적 저술을 출간한다.[9] 1973년에 아들린 도

---

7   E. Labrousse, *Esquisse du mouvement des prix et des revenus en France au XVIIIe siècle*, Dalloz, 1933 참조. A. Chabert, *Essai sur les mouvements des prix et des revenus en France de 1789 à 1820*, Librairie de Médicis, 1949는 프랑스 혁명기와 제정기에 일어난 임금 인상을 다룬다.

8   J. Bouvier, F. Furet, and M. Gilet, *Le Mouvement du profit en France au XIXe siècle. Matériaux et études*, Mouton, 1965 참조.

9   M. Bloch, *Les Caractères originaux de l'histoire rurale française*, Armand Colin,

마르는 19세기 프랑스의 상속 문서들에 대한 대규모 연구 결과를 발표한다.[10] 이 연구 경향은 1980년대에 들어서면서 답보 상태를 보이지만, 사회과학 연구 방식에 깊은 흔적을 남기게 된다. 지난 세기 동안 프랑수아 시미앙부터 크리스티앙 보들로, 에마뉘엘 르 루아 라뒤리부터 질 포스텔-비네까지, 그 이름을 다 열거할 수 없을 정도로 많은 역사학자와 사회학자, 경제학자가 임금과 물가, 소득과 부, 십일조와 소유에 관한 다양한 역사적 연구에 참여했다.[11]

해외에서도 미국과 영국의 역사학자와 경제학자들이 부의 분배의 역사 연구의 초석을 다졌다. 1953년, 사이먼 쿠즈네츠는 (1930년대 대공황 충격 이후 자신이 직접 참여해 만든) 국민 계정의 초기 통계와 (오랜 정치적·헌법적 투쟁을 거쳐 1913년 도입된) 연방 소득세 관련 데이터를 함께 활용해, 국민 소득에서 상위 소득이 차지하는 비중의 추이 변화를 연구한 결과를 발

1931 참조.

10 A. Daumard, Les Fortunes françaises au XIXe siècle. Enquête sur la répartition et la composition des capitaux privés à Paris, Lyon, Lille, Bordeaux et Toulouse d'après l'enregistrement des déclarations de successions, Mouton, 1973 참조.

11 앞에서 인용한 저술들 외에도 F. Simiand, Le Salaire, l'Évolution sociale et la Monnaie, Alcan, 1932 ; C. Baudelot and A. Lebeaupin, Les Salaires de 1950 à 1975, INSEE, 1979 ; J. Goy, E. Le Roy Ladurie, Les Fluctuations du produit de la dîme. Conjoncture décimale et dominiale de la fin du Moyen Âge au XVIIIe siècle, Mouton, 1972 ; G. Postel-Vinay, La Terre et l'Argent. L'agriculture et le crédit en France du XVIIIe siècle au début du XXe siècle, Albin Michel, 1998 ; J. Bourdieu, L. Kesztenbaum, G. Postel-Vinay, L'Enquête TRA, histoire d'un outil, outil pour l'histoire, INED, 2013 참조.

표했다.[12] 비록 한 국가(미국)의, 상대적으로 짧은 시기(1913~1948년)를 다루었지만 이런 형태의 최초 연구였던 그의 연구는 큰 파장을 불러일으켰다. 1962년 로버트 램프먼도 연방 상속세 데이터를 가지고 똑같은 방식의 연구를 진행했다.[13] 1978년에는 토니 앳킨슨이 영국의 상속 데이터를 활용해 한 발 더 나아간 분석을 시도했다.[14] 이보다 1년 앞선 1977년에는 앨리스 핸슨 존스가 식민지 시대 미국인들의 소유 목록을 대대적으로 분석한 연구 결과를 내놓기도 했다.[15]

2000년 초반, 이 모든 과거 연구 성과들의 바탕 위에서 소득과 자산에 대한 역사적인 연구를 진행하는 새로운 연구 프로그램이 탄생했다. 나는 토니 앳킨슨, 파쿤도 알바레도, 뤼카 샹셀, 이매뉴얼 사에즈, 가브리엘 쥐크만을 비롯한 여러 동료의 든든한 지원을 받으며 이 연구에 참여하는 행운을 누렸다.[16] 이 새로운 경향의 연구는 이전 연구들과는 달리 발전된 기술의 혜택을 누릴 수 있었다. 1930~1980년 동안 라브루스와 도마르, 쿠즈

---

12 S. Kuznets, *Shares of Upper Income Groups in Income and Savings*, NBER, 1953 참조.

13 R. J. Lampman, *The Share of Top Wealth-Holders in National Wealth*, Princeton University Press, 1962 참조.

14 T. Atkinson, A. J. Harrison, *Distribution of Personal Wealth in Britain*, Cambridge University Press, 1978 참조.

15 A. H. Jones, *American Colonial Wealth: Documents and Methods*, Arno Press, 1977 참조.

16 T. Piketty, *Les Hauts Revenus en France au XXe siècle*, Grasset, 2001 참조. 또한 T. Atkinson, T. Piketty, *Top Incomes over the 20th Century*, op. cit.와 *Top Incomes: A Global Perspective*, op. cit. 참조.

평등의 짧은 역사

네츠는 대부분 인덱스지에 손으로 일일이 기록해가면서 연구를 진행했다. 이렇게 데이터를 수집하고 결과를 도표로 만드는 일에 상당한 기술적 노력을 들이고 나면, 막상 연구자가 역사적 해석과 추가 자료 활용, 범주별 비판적 분석에 투입할 에너지는 거의 남지 않았다. 이 같은 연구 환경에서는 역사가 '시계열적(serial)'으로 축소 인식되기가 쉬웠다(다시 말해 시간적·공간적 비교가 가능한 역사적 시계열 생산에 지나치게 집중했다. 물론 연구를 위한 필요조건일 수는 있지만, 이것만으로는 사회과학이 발전할 수 없다). 더군다나 이 일차 학문적 유행기에 수집된 데이터가 지금은 거의 남아 있지 않아 재사용이 어렵다 보니, 진정한 의미에서 연구 성과의 축적은 불가능했다.

이와는 다르게 2000년 이후 디지털 기술의 발전은 좀 더 긴 기간과 많은 나라로 분석 대상을 확대할 수 있게 해 학문에 큰 변화를 가져왔다. 이 덕분에 '세계 불평등 데이터베이스'라는 새로운 연구 프로그램이 탄생할 수 있었다. 2021년을 기준으로 세계 전 대륙, 80개가 넘는 국가에 흩어져 있는 100여 명의 연구자들이 이에 참여하고 있다. 연구자들이 수집한 소득과 자산 분배 관련 데이터는 멀게는 18~19세기부터 가깝게는 21세기 초반까지의 시기를 망라한다.[17] 좀 더 광범위한 시기를 대상으로 폭넓은 비교 연구가 이루어진 덕분에 관찰된 변화들에 대한 사회적·경제적·정치적 해석에서 상당한 발전을 이루어냈다. 이 집단적 연구 성과를 바탕으로 나는

---

17 세계 불평등 데이터베이스(World Inequality Database)는 2011년 세계 상위 소득 데이터베이스(World Top Incomes Database)라는 이름으로 처음 만들어졌으나, F. Alvaredo, L. Chancel, T. Piketty, E. Saez, G. Zucman, *Rapport sur les inégalités*(세계 불평등 보고서) 2018, Seuil, 2018의 출간과 함께 현재의 이름으로 명칭이 바뀌었다.

2013년과 2019년 각각 한 권의 책을 출간했다. 부의 분배에서 나타난 역사적 변화를 처음으로 종합적으로 분석한 이 책들은 출간 후 이 문제에 관한 공론을 일으키는 데 일조할 수 있었다.[18] 좀 더 최근에는 아모리 게틴, 클라라 마르티네스-톨레다노와의 공동 연구를 통해 사회적 불평등과 정치적 분열의 구조에서 나타난 변화들을 분석했다.[19] 이 연구는 1960년대에 정치학자 시모어 립셋과 스테인 로칸이 했던 연구와 맥을 같이한다. 지금까지 언급한 다양한 연구들이 어느 정도 성과를 낸 것은 사실이지만, 앞으로 더 많은 연구가 이루어져야 함을 강조할 필요가 있다. 지금부터는 좀 더 많은 자료와 연구 역량을 결합해 그동안 일어난 변화들에 연관된 표상(表象)과 제도들, 집단행동과 투쟁들, 전략과 주체들을 만족할 만한 수준으로 분석해낼 수 있어야 할 것이다.

내가 이 『평등의 짧은 역사』를 쓸 수 있었던 것은 다양한 연구 방식을 활용해 이 분야에서 지식의 발전을 이루어낸 수많은 사회과학자들의 노력 덕분이다. 특히 최근 몇 년간 새로운 세대의 연구자들은 역사학, 경제학, 사회학, 법학, 인류학, 정치학의 접점에서 학제 간 연구를 통해 평등과 불평등의 사회역사적 동학(動學, dynamics)에 관한 새로운 성찰을 제시했다. 언뜻 머릿속에 떠오르는 사람만 해도 니콜라 바레르Nicolas Barreyre,

---

18 T. Piketty, *Le Captial au XXIᵉ siècle*, op. cit. ; *Capital et Idéologie*, Seuil, 2019 참조.

19 A. Gethin, C. Martinez-Toledano, T. Piketty, *Clivages politiques et inégalités sociales*, op. cit. 참조. 그리고 S. Lipset, S. Rokkan, "Cleavage Structures, Party Systems and Voter Alignments: An Introduction", in *Party Systems and Voter Alignments: Cross-national Perspectives*, Free Press, 1967 참조.

평등의 짧은 역사

티티 바타차리야Tithi Bhattacharya, 에리크 벵트손Erik Bengtsson, 아스마 베넨다Asma Benhenda, 마를렌 방케Marléne Benquet, 셀린 베시에르Céline Bessière, 라프 블로파르브Rafe Blaufarb, 쥘리아 카제Julia Cagé, 드니 코뇨Denis Cogneau, 니콜라 들랄랑드Nicolas Delalande, 이자벨 페레라Isabelle Ferreras, 낸시 프레이저Nancy Fraser, 시빌 골락Sibylle Gollac, 야즈나 고뱅Yajna Govind, 데이비드 그레이버David Graeber, 쥘리앵 그레네Julien Grenet, 스테파니 에네트Stéphanie Hennette, 카미유 에를랑-지레Camille Herlin-Giret, 엘리즈 윌르리Élise Huillery, 스테퍼니 켈턴Stephanie Kelton, 알렉산드라 킬러월드Alexandra Killewald, 클레르 르메르시에Claire Lemercier, 노암 머고어Noam Maggor, 도미니크 메다Dominique Méda, 에리크 모네Éric Monnet, 유언 맥거히Ewan McGaughey, 파프 은디아예Pap Ndiaye, 마틴 오닐Martin O'Neill, 엘렌 페리비에Hélène Périvier, 파비안 페퍼Fabian Pfeffer, 카타리나 피스토어Katharina Pistor, 파트리크 시몽Patrick Simon, 알렉시 스피르Alexis Spire, 파블리나 체르네바Pavlina Tcherneva, 새뮤얼 위크스Samuel Weeks, 매들라인 워커Madeline Woker, 쇼샤나 주보프Shoshana Zuboff가 있다. 이 밖에 지금 여기서 일일이 다 언급할 수 없는 수많은 연구자들이 있다. 그들의 이름과 그들이 한 연구는 이 책을 통해 차례로 소개될 것이다.[20]

---

20 각각의 연구에 대해서는 그때그때 상세한 참고 문헌을 표기할 것이다.

불공정에 맞선 반란들과 공정한 제도들에 대한 학습

이 새로운 경제·사회사를 통해 우리는 어떤 결론들에 도달했을까? 가장 확실한 첫째 결론은 바로 불평등이 무엇보다 사회적·역사적·정치적 구성물이라는 점이다. 다시 말해, 똑같은 경제적·기술적 발전 단계일지라도 소유 체계와 경계의 체계, 사회 제도와 정치 제도, 조세 제도와 교육 제도를 만드는 방식은 크게 달라질 수 있다는 뜻이다. 이것은 정치적 선택들이기 때문이다. 여러 사회 집단 간의 권력관계와 다양한 세계관 간의 권력관계에 의해 좌우되는 이 선택들은 사회와 시대에 따라 극도로 다른 양상을 보이는 불평등의 수준과 구조를 만들어낸다. 역사적으로 모든 부의 창출은 집단적 과정의 결과물이다. 모든 형태의 부는 국제 노동 분업과 지구적 차원의 천연자원 사용, 인류의 태동 이래로 축적된 지식의 결합으로부터 생긴다. 인간 사회는 저마다 스스로를 조직화하고 부와 권력을 분배하기 위해 끊임없이 규칙과 제도를 만들어낸다. 하지만 이것들은 언제든지 번복 가능한 정치적 선택의 결과물이다.

둘째 결론은, 18세기 말 이후로 평등을 향한 장기적인 흐름이 존재해왔다는 사실이다. 이 평등을 향한 여정은 불공정에 맞선 투쟁과 반란의 결과이다. 그간 일어났던 투쟁과 반란은 권력관계를 변화시켰고, 지배 계급이 사회적 불평등을 자신들에게 유리하게 구조화할 목적으로 수립한 제도들을 전복했다. 이 투쟁과 반란들은 기존 제도를 새로운 제도로, 다수를 위해 좀 더 공정하고 좀 더 해방적인 새로운 사회·경제·정치의 규칙들로 대체했다. 불평등 체제의 역사를 관찰해보면, 가장 근본적인 변화들은 거의가 대규모 사회적 투쟁과 정치적 위기를 동반한다. 귀족 계급의 특권을 폐지한 것은 1788~1789년에 일어난 농민 반란과 프랑스 혁명이었다.

대서양 연안에서 노예제 폐지의 단초가 된 것도 파리의 살롱들에서 벌어진 조용한 토론이 아니라 1791년에 일어난 생도맹그(아이티) 노예들의 반란이었다. 20세기에 들어와서는 사회적 집단행동과 노조들의 집단행동이 자본-노동 간 새로운 권력관계 형성과 불평등 축소에 핵심적 역할을 했다. 양차 세계 대전 또한 1914년 이전 국내외적으로 극단적 수준에 이르렀던 불평등에서 비롯된 사회적 긴장과 모순들의 결과로 분석할 수도 있다. 미국에서는 참혹한 내전이 벌어지고 나서야 1865년 마침내 노예제가 폐지됐다. 이로부터 한 세기 뒤인 1965년에는 아프리카 출신 미국인들의 강력한 집단행동이 합법적인 인종 차별 철폐를 이끌어냈다(여전히 현실적인 문제로 남아 있는 불법적 인종 차별을 종식시키지는 못했다). 유사한 예들은 수없이 많다. 1950~1960년대에 벌어진 독립 전쟁들은 유럽에 의한 식민 지배를 종식시키는 데 결정적인 역할을 했다. 1994년 남아프리카 공화국에서 아파르트헤이트가 끝날 수 있었던 것은 수십 년간의 폭동과 집단행동이 있었기 때문이다.

혁명, 전쟁, 반란과 별개로 경제 위기와 금융 위기 또한 종종 사회적 갈등을 고조하고 권력관계를 재정립하는 계기로 작용한다. 1930년대 경제 위기는 이후로 오랫동안 경제적 자유주의를 비판하고 국가 개입주의의 새로운 방식들을 정당화하는 데 쓰였다. 좀 더 최근에는, 2008년 금융 위기와 2020~2021년 팬데믹 위기가 얼마 전만 해도 불가침의 영역으로 여겨지던 여러 가지 확신들, 가령 바람직한 공공 부채 수준과 중앙은행의 역할에 관한 생각들을 뒤흔들어놓았다. 2018년, 프랑스 정부가 결국 극도로 불평등한 탄소세 추진안을 철회할 수밖에 없게 만든 '노란 조끼 시위대'의 반란도 지역적으로 국한된 사건이지만 큰 의미를 지녔다. 2020년 초반에는 Black

Lives Matter, #MeToo, Fridays for Future가 경계와 세대를 뛰어넘어 인종·젠더·기후 불평등 이슈로 사람들을 결집시켰다. 현 경제 체제가 지닌 사회적·환경적 모순들을 고려할 때, 어떤 상황에서 일어날지 정확히 예측하기는 불가능하지만, 반란과 투쟁과 위기는 미래에도 여전히 변화의 핵심 동력이 될 가능성이 커 보인다. 역사의 끝은 내일이 아니다. 평등을 향한 여정은 아직 먼 길을 남겨두고 있다. 가장 가난한 사람들(그중에서도 특히 가난한 나라들에 사는 가난한 사람들)이 부자들의 생활 방식이 야기한 기후와 환경 파괴로 인한 피해를 가장 혹독하게 입게 될 세계에 우리가 살고 있기 때문에 더더욱 그렇다.

역사에서 얻은 교훈을 하나 더 강조할 필요가 있다. 투쟁과 권력관계만으로는 문제를 해결하기에 충분하지 않다는 사실이다. 이것들은 불평등한 제도와 기존 권력을 전복하기 위한 필요조건이지만, 불행히도 새로운 제도와 새로운 권력은 우리가 바라던 대로 평등과 해방을 보장해주지는 않는다.

그 이유는 간단하다. 기존 제도와 정부가 지닌 불평등하고 억압적인 성격을 비난하기는 쉽지만, 남과 다를 권리를 비롯한 개개인의 권리를 인정하는 동시에 사회적·경제적·정치적 평등을 향해 실질적으로 나아가기 위한 대안적 제도들에 합의하는 일은 훨씬 복잡한 문제이기 때문이다. 하지만 우리가 숙의와 의견 대립, 탈집중화, 타협, 실험의 필요성을 받아들이기만 한다면 결코 불가능한 것은 아니다. 무엇보다 우리는 역사의 궤적과 외부의 경험들로부터 교훈을 얻을 수 있다는 사실을 수용해야 한다. 또한 정의로운 제도의 구체적 내용은 미리 정해져 있는 게 아니라 토론의 대상이라는 사실도 알아야 한다. 이 책을 통해 우리는 18세기 말부터 시작된

평등을 향한 여정이 일련의 특별한 제도적 장치들에 기반하고 있음을 알게 될 것이다. 법적 평등, 보통 선거와 의회 민주주의, 무상 의무 교육, 보편적 의료 보험, 누진 소득세·상속세·소유세, 노동자의 경영 참여, 노동조합권, 언론의 자유, 국제법 등의 제도적 장치들은 각각 학문적 연구의 대상이 되어야 한다.

그런데 위의 제도적 장치들은 합의되고 완성된 형태라기보다는 임시적이고 불안정하며 일시적인 타협이기 때문에, 사회적 투쟁과 특정 집단행동, 중단된 분기(分岐, bifurcation), 특수한 역사적 순간들의 작용에 의해 끊임없이 재정립된다. 게다가 여러 가지 단점을 가지고 있기 때문에 항시적으로 새롭게 고민하고, 보완하고, 다른 것으로 대체해야 한다. 가령, 오늘날 형식적 차원의 법적 평등은 어디에나 있지만, 출신이나 젠더에 따른 차별은 여전히 심각한 문제다. 또한 대의 민주주의는 정치 참여의 불완전한 형태 중 하나일 뿐이다. 교육과 의료의 불평등은 아직도 극심하다. 누진세와 부의 재분배는 국내적으로나 국제적으로나 사고의 전환을 요구하는 문제다. 기업 내 권력 분유(分有)는 아직도 초보적인 수준에 그치고 있다. 올리가르히 몇 명이 미디어의 대부분을 소유하고 있는데 언론의 자유가 완성됐다고 말할 수 없지 않은가. 사회적 목표나 기후 목표를 정하지 않은 채 통제 없이 자유롭게 움직이는 자본의 이동에 기반한 국제 사법 체계가 종종 부자들을 위한 신식민주의로 인식되는 현실이 아니던가.

기존 제도를 계속 뒤흔들어 재정립하기 위해서는 과거에 그랬듯이 앞으로도 위기와 권력관계의 요동이 필요할 것이다. 여기에 더해 새로운 정치적 프로그램과 새로운 제도적 제안에 대한 학습, 집단적 전유(專有) 과정, 그리고 집단행동 또한 필요할 것이다. 이를 위해서는 정당과 노동조합, 학교와 책, 이동과 만남, 언론과 미디어 등 다양한 채널을 통해 토론이 벌어지고, 지식과 경험의 생산과 확산이 일어나야 할 것이다. 사회과학은 이 과정에서 당연히 해야 할 중요한 역할이 있다. 그렇다고 그 역할에 지나친 의미를 부여해서는 안 된다. 가장 중요한 것은 바로 사회적 전유 과정이기 때문이다. 이 사회적 전유는 무엇보다 집단적 조직화를 통해 일어나는데, 이 조직들의 형태는 앞으로 정해나가야 할 것이다.

권력관계와 그것의 한계

간단히 말하자면, 두 가지 암초를 다 피해야 한다. 하나는 평등의 역사에서 투쟁과 권력관계가 지닌 역할을 과소평가하는 것이고, 다른 하나는 반대로 그것들을 신성시함으로써 정치와 제도를 통한 해결책의 중요성과 그 해결책에 필요한 아이디어와 이데올로기의 역할을 과소평가하는 것이다. (국가보다 더 부자인 초국적 억만장자들이 존재하는) 오늘날, 엘리트들의 저항은 프랑스 혁명 때 못지않게 피할 수 없는 현실이다. 그들의 저항은 강력한 집단행동을 통해서만, 그리고 긴장과 위기가 찾아올 때만 분쇄할 수 있다. 그러나 정의롭고 해방적인 제도들의 내용에 즉각 합의할 수 있다는 생각, 그리고 엘리트들의 저항을 꺾기만 하면 그 제도들을 현실화할 수 있다는 생각은 위험한 착각이다. 사회적 국가의 확립이나 누진 세제와 국제 조약들의 재정비, 포스트식민주의 배상, 차별 철폐 같은 사안들은 복잡하고 기술적인 문제들이기 때문에 역사에서 얻은 교훈과 지식의 확산, 숙의, 그리고 다양한 관점들 간의 충돌을 통해서만 해법을 찾을 수 있다. 계급적 입장이 아무리 중요해도 이것만으로는 정의로운 사회에 대한 이론, 소유에 대한 이론, 경계·세금·교육·임금·민주주의에 대한 이론을 정립할 수 없다. 같은 사회적 경험이라고 해서 모두가 어떤 이데올로기적 정형성을 따르는 것은 아니다. 계급이라는 것 자체가 다양하고 다층적(지위, 소유, 소득, 학력, 젠더, 출신 등등)인 데다, 제기된 문제들이 복잡하기 때문에, 의견들이 부딪히다 보면 정의로운 제도에 관해 공통된 하나의 결론에 이를 수 있다고 생각하는 것은 불가능하기 때문이다.

20세기를 관통한, 어떤 의미에서는 이 세기를 규정한 소비에트 공산주의(1917~1991년)라는 거대한 경험이자 사건은 앞서 언급한 두 가지 암초의 존재를 완벽하게 보여준다. 첫째, 볼셰비키 혁명가들이 차르 체제를 역사상 최초의 '프롤레타리아 국가'로 대체할 수 있었던 것은 분명히 권력관계와 격렬한 사회적 투쟁 덕분이었다. 그 프롤레타리아 국가는 수립 초기에 교육과 공공 의료, 산업 분야에서 상당한 발전을 이룩했으며, 나치즘을 물리치는 데도 크게 기여했다. 소비에트 연방과 국제 공산주의 운동의 압력이 없었다면 서방 소유자 계급들이 사회 보장 제도와 누진세, 식민지 해방과 시민권을 수용하지 않았을지도 모른다. 둘째, 권력관계의 신성화와 자신들이 정의로운 제도에 대한 궁극적인 진실을 가졌다는 볼셰비키의 확신은 결국 우리 모두가 아는 참담한 전체주의로 귀결되었다. 부르주아 제도나 사민주의 제도보다 해방적인 제도를 추구하며 만든 여러 장치들(단일 정당, 관료적 중앙 집권화, 헤게모니적 국가 소유, 협동조합적 소유·선거·노동조합의 부정 등)은 억압과 폐쇄를 불러와 이 체제에 대한 신뢰를 완전히 상실하게 만들고 결국 실패로 끝났을 뿐 아니라, 새로운 형태의 하이퍼자본주의 출현에 일조하기까지 했다. 20세기에 사적 소유를 전면 철폐했던 러시아는 21세기에 그렇게 올리가르히들과 금융 불투명성, 그리고 조세 피난처의 세계적 중심지가 되었다. 이 모든 이유들 때문에 우리는 다양한 제도적 장치들의 기원과 탄생 과정을 면밀하게 들여다볼 필요가 있다. 그뿐만 아니라 앞으로 좀 더 장기적으로 존재할 가능성이 있는 (하지만 러시아 못지않게 억압적인) 중국 공산주의가 만든 제도들도 연구의 대상으로 삼을 필요가 있다.

　나는 이 두 가지 암초를 피해 가기 위해 애쓸 것이다. 권력관계의 문제는 경시해서도 신성시해서도 안 된다. 평등의 역사에서 투쟁이 핵심적인 역할을 해야 하는 것은 맞지만, 정의로운 제도와 이 문제에 대한 평등한 숙의의 중요성 또한 간과해서는 안 된다. 이 두 가지 사이에서 균형 잡힌 입장을 취하는 게 항상 쉽지만은 않다. 권력관계와 투쟁을 지나치게 강조하면 흑백 논리에 빠져 사상과 내용을 경시한다는 비난을 받을 수 있다. 반대로 평등주의 연합이 가진 이데올로기와 프로그램의 취약성에 초점을 맞출 경우, 그 연합을 약화시키려 한다는 의심을 받는 것은 물론 지배 계급의 저항 능력과 (종종 의심의 여지가 없는) 그들의 근시안적 이기주의를 과소평가한다는 비판을 받을 수 있다. 이 두 가지 암초를 피하기 위해 최선의 노력을 다하겠지만, 그 결과를 장담할 수 없다는 걸 알기 때문에 미리 독자들에게 양해를 구한다. 나는 이 책에서 제시하는 역사적이고 비교적인 내용이 독자들에게 정의로운 사회와 그것을 구성하는 제도들에 대한 자신만의 관점을 명확히 갖는 데 도움이 되었으면 한다. 그것이 내가 가장 바라는 바이다.

제1장
평등을 향한 여정 : 첫째 지표들

핵심부터 말하자. 인류의 진보는 기정사실이며, 평등을 향한 여정은 승산 있는 싸움이다. 하지만 이는 결과가 불확실한 투쟁이자 끊임없는 도전 속에 계속되는 아슬아슬한 사회적·정치적 과정이다. 나는 사회-경제적 지표의 선택이 야기하는 고도의 정치적인 문제들을 살펴보기에 앞서 교육과 의료 분야에서 나타난 역사적 발전을 상기시키는 것부터 시작하려고 한다. 그리고 나서 다음 장에서 권력과 소유, 소득에서 천천히 나타난 탈집중화의 기본적 내용과 그 변화의 규모를 다룰 것이다.

인류의 진보 : 모두를 위한 교육과 의료

인류의 진보는 기정사실이다. 1820년부터 의료와 교육 분야에서 전 세계적으로 일어난 변화(그래프 1 참조)를 살펴보기만 해도 그런 확신이 든다. 비록 가용 데이터가 불완전하긴 하지만, 변화의 추세는 확실하다. 1820년 26세였던 전 세계 평균 출생 시 기대 수명은 2020년에 72세로 늘어났다.

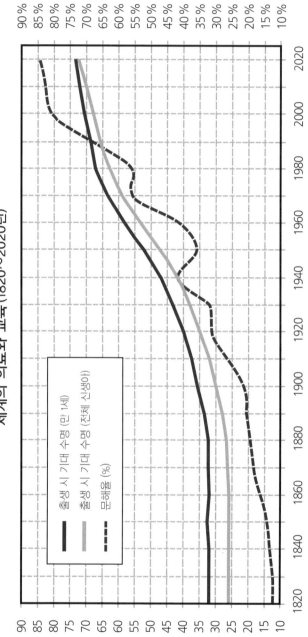

그래프 1

세계의 의료와 교육 (1820~2020년)

범례:
- 출생 시 기대 수명 (만 1세)
- 출생 시 기대 수명 (전체 신생아)
- 문해율 (%)

(전체 신생아의) 출생 시 기대 수명은 1820년에 세계 평균 26세 내외에서 2020년 72세로 늘어났다. 만 1세에 도달한 영아의 기대 수명은 같은 시기 32세에서 73세로 늘어났다(만 1세 이전 영아 사망률은 1820년에 20% 내외였으나 2020년에는 1% 이하로 떨어졌다). 전 세계 15세 이상 인구의 문해율은 12%에서 85%로 증가했다.

출처 및 통계: piketty.pse.ens.fr/egalite

19세기 초에는 영아 사망률(신생아가 태어난 첫해에 사망할 확률)이 전 세계적으로 20% 내외에 달했지만, 오늘날에는 1% 이하로 떨어졌다. 만 1세에 도달한 영아로 한정하면, 출생 시 기대 수명은 1820년 대략 32세에서 2020년에는 73세로 늘어났다. 두 세기 전만 해도 50~60세까지 살기를 기대할 수 있는 인구는 극소수에 불과했다. 그때는 특권이었던 것이 오늘날에는 표준이 되었다.

오늘날 인류는 그 어느 시대보다 건강한 삶을 누리고 있다. 그뿐만 아니라 이전에는 없었던 교육과 문화의 혜택을 누린다. 여러 설문과 조사를 통해 수집한 자료에 따르면, 15세 이상 세계 인구의 문해율은 19세기 초에 겨우 10%였던 것이 현재는 85% 이상으로 증가했다. 좀 더 상세한 지표들이 이 결과를 또 한 번 확인시켜준다. 두 세기 전에는 고작 1년에 불과했던 평균 취학 기간이 오늘날에는 전 세계 평균 8년 이상으로 늘어났고, 선진국에서는 12년 이상으로 증가했다. 1820년만 해도 전 세계 인구의 10% 미만이 초등학교에 진학했었다면, 2020년에는 부유한 나라들에서 젊은 세대의 절반 이상이 대학에 진학한다. 오랫동안 계급적 특권이었던 일이 점차 다수에게 개방되고 있는 것이다.

물론 이 비약적 발전이 결과적으로 다른 차원에서의 불평등을 보다 심화시켰을 뿐임을 지적해야 한다. 교육과 의료 접근에서의 차이는 선진국과 개도국 간에 여전히 크게 나타난다. 특히 교육과 의료 체계의 상위, 가령 대학 교육에서는 이 간극이 어마어마하다. 미래에는 이것이 큰 문제가 될 것이다. 일단 다음과 같이 간단히 말해두겠다. 평등을 향한 여정은 계단식 과정을 밟는다. 일련의 기본적 권리와 재화(예를 들어 문해력과 기초 의료)에 대한 접근이 인구 전체로 서서히 확대되는 동안 좀 더 높은 차원에서 새로운 불평등이 나타나게 마련이고, 이런 불평등은 새로운 방식의 해답을 요구한다. 이상적인 민주주의에 도달하기 위한 정치적 평등의 여정이 그렇듯이, 사회·경제·교육·문화적 평등의 여정 또한 결코 끝나지 않고 항상 계속되는 과정임을 잊지 말아야 한다.

기대 수명과 문해율에서 핵심적인 진보가 20세기 동안 일어났음을 미리 말해둘 필요가 있다. 20세기는 사회적 국가가 급속히 확대되고 격렬한 정치 투쟁 끝에 사회 보장 제도와 누진 세제가 도입된 세기였는데, 이 부분은 앞으로 좀 더 자세히 다루게 될 것이다. 이런 20세기에 반해 복지 예산이 미미하고 조세 제도가 역진적(逆進的)이었던 19세기에는 기대 수명과 문해율이라는 두 지표의 변화가 무척 느렸다. 아니, 거의 변화가 눈에 띄지 않을 정도였다. 인류의 진보는 결코 '자연적' 진화가 아니다. 그것은 역사적 과정과 특정한 사회적 투쟁들의 결과물이다.

세계 인구와 평균 소득: 성장의 한계

이 역사적 변화들의 규모를 파악하기 위해서는 세계 인구와 평균 소득 모두 18세기 이후 10배 이상 증가했음을 상기할 필요가 있다. 세계 인구는 1700년 대략 6억 명에서 2020년 75억 명 이상으로 증가했다. 평균 소득은 임금과 생산, 물가에 대한 불완전한 역사적 데이터를 기반으로 (2020년 유로로 표현한) 평균 구매력을 비교했을 때, 18세기에는 전 세계 평균 1인당 월 100유로 미만이었던 것이 20세기 초반인 현재는 약 1,000유로에 달한다(그래프 2 참조). 평균 소득의 역사적 추이를 살펴보면 19세기 후반부 약 30년, 그리고 특히 20세기 동안 괄목할 만한 성장이 있었음을 알 수 있다. 가용 자료에 따르면, 18~19세기 대부분의 시기에 구매력 상승은 미미

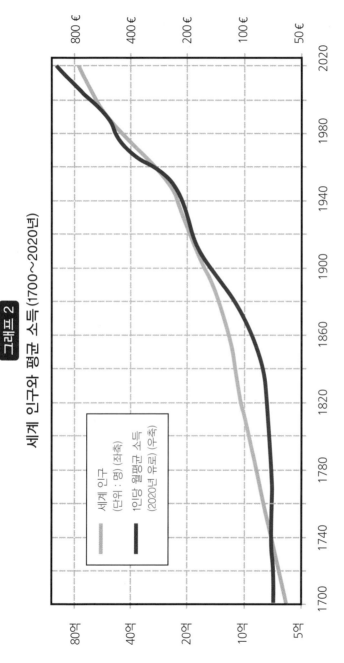

그래프 2

세계 인구와 평균 소득 (1700~2020년)

범례:
세계 인구
(단위 : 명) (좌측)

1인당 월평균 소득
(2020년 유로) (우측)

세계 인구와 1인당 평균 소득 모두 1700~2020년 동안 10배 이상 증가했다. 세계 인구는 1700년 대략 6억 명에서 2020년 75억 명 이상으로 늘어났다. 2020년 유로와 구매력 평가 지수로 표시한 세계 인구 1인당 월평균 소득은 1700년 80유로에서 2020년 약 1,000유로로 상승했다. 인구와 소득 모두 320년간 연평균 0.8%의 누적 성장률을 보였다.

출처 및 통계: piketty.pse.ens.fr/egalite

하게 나타났으며, (프랑스 혁명 발발 전 프랑스의 농촌 임금을 분석한 라브루스의 연구가 보여주듯이) 때로는 역성장을 보이기도 했다. 이와 반대로 세계 인구는 지난 3세기 동안 꾸준한 성장세를 보였으며, 20세기에 들어와서는 가속도가 붙었다.

이렇게 인구와 소득이 10배 상승한 것이 인류의 진보를 의미할까? 이 두 가지 지표의 변화를 해석하는 문제는 사실 교육과 의료의 변화를 해석하는 문제보다 훨씬 복잡하다. 물론 세계 인구의 급속한 증가는 개개인의 삶의 조건이 실질적으로 향상된 현실을 반영한다. 이것은 무엇보다 농업 발전과 식량 생산의 증가 덕분에 인류가 인구 과잉과 식량난이라는 악순환에서 벗어날 수 있었기 때문에 가능했다. 여기에 더해 영아 사망률의 획기적 감소 또한 인구 증가의 원인이다. 더 많은 부모가 자식과 함께 살 수 있게 됐다는 것은 대단히 의미 있는 일이다. 하지만 집단의 관점에서 바라보면 이런 폭발적 인구 성장은 장기적으로 지구에 막대한 부담을 준다. 지난 3세기 동안 나타난 증가세가 앞으로 계속 이어진다고 가정할 경우, 세계 인구는 2300년에 700억 명, 3000년에는 7조 명에 달할 것이다. 그럴 법하지도 않고 바람직하지도 않은 숫자다. 여기서 우리는 1700년에서 2020년 사이 세계 인구가 10배 증가한 것은 연평균 단 0.8%의 성장이 300년 이상 누적된 결과임을 지적할 필요가 있다.[1] 이 수치는 한 지표의 영구 성장이 수천 년, 수백만 년간 무한 계속된다는 가정 자체가 얼마나 끔찍한 것이며 어떤 경우에도 인류의 진보를 위한 합리적인 목표가 될 수 없음을 환기해준다. 실제로는 출생률 감소가 관찰되고 있기 때문에 21세기에 인구 성

---

1 좀 더 정확히 계산하면 다음과 같다. $1.008^{300} = 10.9$

평등의 짧은 역사

장 폭은 크게 감소할 것으로 예상된다. 현 단계에서는 불확실성이 크지만, UN이 예측한 중심 시나리오에 따르면 세계 인구는 이번 세기말에 110억 명 선에서 안정화될 것으로 보인다.

사회-경제적 지표의 선택: 정치적 문제

평균 소득의 놀라운 성장은 다양한 해석을 낳는다. 하지만 여러 해석들은 하나로 귀결되는 측면이 있다. 절대적인 관점에서는 평균 소득의 현격한 증가가 분명히 긍정적인 변화로 여겨질 수 있기 때문이다. 이 소득의 변화는 식생활 수준의 향상과 기대 수명의 증가와 불가분의 관계에 있다(이 두 가지가 서로 상호 작용을 일으켰다). 여기서 몇 가지를 분명히 지적할 필요가 있다. 가장 중요한 것은, 사회-경제적 지표의 선택이 고도로 정치적인 문제라는 점이다. 따라서 어떠한 지표도 신성시해서는 안 되며, 채택된 지표들의 특성은 반드시 공적 토론과 민주적 논쟁의 대상이 되어야 한다.

소득 같은 지표의 경우, 평균이나 총합 대신 사회 계급 간 실질적 부의 분배를 살펴보는 것이 중요하다. 또한 한 국가 내의 분배뿐만 아니라 세계적 차원의 분배에도 관심을 기울여야 한다. 가용 데이터에 따르면, 2020년 초반을 기준으로 전 세계 평균 소득이 1인당 월평균 약 1,000유로에 이르는 것이 사실이다. 그런데 가난한 국가에 사는 사람들의 월평균 소득은 100~200유로인 반면, 부유한 국가에 사는 사람들의 월평균 소득은 3,000~4,000유로를 상회한다. 그뿐만 아니라 같은 국가 내에서도 빈국과 부국을 막론하고 소득 불평등이 여전히 극심하게 나타난다. 이 문제에 대해서는 앞으로 광범위하게 다룰 것이다. 예를 들어, 우리는 식민지 시대 이후 국가 간 불평등이 줄어들었지만 여전히 국가 간에 극심한 격차가 있다는 사실을 살펴볼 것이다. 이는 세계 경제 시스템이 아직도 극도로 위계적이고 불평등한 방식으로 짜여 있음을 반영하는 것이기도 하다.[2]

또 한 가지, 18세기 이후(실질적으로는 19세기 말 이후) 관찰된 구매력 10배 성장이라는 수치를 상대화하여 바라볼 필요가 있다. 이러한 수치는 엄청난 양적 증가가 있었음을 분명하고도 확실하게 말해준다. 이것을 부인할 수는 없다. 하지만 사실 어떤 숫자는 그 자체로 대단한 의미를 지니지는 않는다. 이 숫자는 특정 사회 내의 불평등(이 안에서 다양한 사회적 집단들이 화폐 교환을 통해 상호 작용하고 관계를 맺을 때) 혹은 특정 시대의 국가 간 불평등(18세기 이후 세계적인 차원에서 점차 국가 간 관계가 맺어졌듯이, 이 경우에도 서로 다른 사회들 간에 접촉이 일어날 때)을 측정하기 위해 소득을 비교할 때 의미를 가질 수 있다. 몇 년 혹은 수십 년에 걸친 구매력 변동의 추이를 살펴보기 위해 소득을 비교할 때도 이 숫자가 의미를 가질 수 있다. 하지만 앞서 언급했듯이, 어마어마하게 긴 시간에 걸친 변화를 살필 때는 숫자가 의미를 잃게 된다.

급격한 생활 방식의 변화를 이해하기 위해서는 하나의 지표만으로는 부족하다. 다중적인 지표를 채택해 구체적인 재화들, 가령 교육, 의료, 음식, 옷, 주거, 교통, 문화 등에 대한 접근이 어떻게 변해왔는지 측정해야 할 것이다. 실제로 어떤 재화를 비교의 대상으로 삼느냐에 따라(기술적 관점에서 말하자면, 물가 지수 측정 시 바구니에 담는 품목의 구성에 따라) 1860~2020년 동안 평균 구매력이 (10배가 아니라) 2~3배, 15배, 20배 증가했다는 결론

---

2   특히 제9장 참조.

이 나올 수도 있다.[3]

복수의 사회적·환경적 지표를 위하여

우리는 18세기 이후 나타난 인구·생산·소득 전반의 증가가 지구의 천연자원을 과도하게 개발한 대가로 얻어진 것임을 인식하고 이 방식이 과연 지속 가능한지, 그리고 앞으로 획기적인 전환을 시도하기 위해서는 어떤 제도적 장치들이 필요한지 고민해야 한다. 이를 위해서도 사회적 행위자들이 경제적·사회적·환경적 발전에 대한 다원적이고 균형 잡힌 개념을 정립할 수 있게 복수의 지표를 도입하는 게 필요하다. 먼저 거시 경제 지표부터 살펴보자면, '국내 총생산(GDP)'보다는 '국민 소득(National Income)' 개념을 사용하는 게 훨씬 바람직하다. 이 둘은 두 가지 면에서 근본적으로 다르다. 첫째, 국민 소득은 GDP(특정 해에 한 나라에서 생산된 재화와 서비스의 합계)에서 자본의 소모분(생산에 사용된 설비와 기계와 건물의 소모분을 의미하며, 원칙적으로는 자연 자본의 소모분도 포함한다)을 빼야 한다. 둘째, 자본 소모본을 뺀 다음에는 해외에서 벌어들인 혹은 해외에 지급한 자본과 노동의 순소득을 더하거나 빼야 한다(해당 국가의 상황에 따라 이 등식

---

3 20세기 프랑스 평균 임금의 구매력 변동을 구입 가능한 당근이나 고기의 킬로그램, 신문 부수, 이발 횟수, 자전거 대수, 임대료로 표시한 구체적 예들에 대해서는 T. Piketty, *Les Hauts Revenus en France*, op. cit., p. 80~92와 *Le Capital au XXIe siècle*, op. cit., p. 147-151 참조. 간단히 요약하자면, 공산품으로 표시된 구매력은 평균 구매력보다 상승 폭이 컸던 반면, 서비스로 표시된 구매력은 평균 구매력보다 상승 폭이 훨씬 작았다(일부 서비스의 경우는 구매력이 전혀 상승하지 않았다). 식품으로 표시된 구매력의 상승 폭은 대략 이 둘의 평균인 것으로 나타났다.

은 플러스가 될 수도 마이너스가 될 수도 있으나 전 세계적 차원에서는 이론적으로 제로가 된다).[4]

예를 하나 들어보자. 어떤 나라가 자국 영토에 매장된 1,000억 유로 가치의 원유를 시추할 경우 1,000억 유로의 GDP가 추가로 발생하지만, 국민소득 증가분은 발생하지 않는다. 그만큼에 해당하는 자연 자본의 감소가 일어났기 때문이다. 게다가 해당 원유가 연소되면서 배출하는 탄소를 처리하는 데 드는 사회적 비용만큼 마이너스를 할 경우(탄소 배출이 온난화를 일으켜 지구를 살 수 없는 곳으로 만든다는 사실을 알기 때문에 이렇게 마이너스를 해야 하지만 여전히 하지 않고 있다) 국민 소득은 오히려 상당한 폭의 마이너스를 나타내게 된다.[5] 이렇듯 어떤 지표를 선택하느냐는 무척 중요한 문제다. 똑같은 경제 활동이라도 GDP에는 플러스가 되고 국민 소득에는 마이너스가 될 수 있기 때문이다. 한 국가나 기업 차원에서 이루어지는 투자

4　T. Piketty, *Le Capital au XXIe siècle*, op. cit., 제1장과 제2장 참조. 국민 소득은 더러 국민 순소득(Net National Income) 혹은 국내 순생산(Net Domestic Product)으로 지칭되기도 한다. 자본의 소모분은 대략 GDP의 15%에 이른다. 2020년 기준으로 전 세계 GDP는 (구매력 평가를 기준으로, 다시 말해 국가 간 물가 차이를 고려할 때) 100조 유로, 전 세계 국민 소득은 85조 유로에 달했다. 이를 75억 명을 넘긴 인구수로 나누었을 때, 세계 인구 1인당 연평균 소득은 12,000유로(월평균 소득은 1,000유로)가 된다.

5　가령 약 500억 톤에 이르는 연간 탄소 배출량(세계 인구 1인당 평균 배출량은 약 6.2톤)에 1톤당 100유로의 최소 가치를 책정할 경우, 연간 발생하는 사회적 비용은 5조 유로, 즉 세계 GDP의 5% 내외에 해당하는 금액이 될 것이다. 만약 1톤당 수백 유로의 가치를 책정한다면(이는 앞으로 과감한 기후 정책을 추진하기 위해 반드시 필요한 일이다), 이는 세계 소득 산출과 집단의 행복을 위해 각국이 분담해야 하는 비용에 막대한 영향을 줄 것이다.

결정에 대한 집단적 평가도 이런 관점에서 바라보면 크게 달라질 수 있다.

우리는 GDP와 평균 개념 대신 (자연 자본의 소모와 그에 따른 사회적 비용을 계산에 넣은) 국민 소득과 이 소득의 분배에서 나타나는 불평등에 주목해야 한다. 하지만 이것만으로는 불충분하다. 탄소 배출이나 다른 '외부효과(externalities)'(경제 활동이 야기하는 바람직하지 않은 효과들, 가령 지구 온난화나 대기 오염, 교통 체증을 지칭하기 위해 경제학자들이 사용하는 일반적인 용어)로 발생하는 사회적 비용의 화폐 가치를 얼마로 잡든 간에, 이런 일차원적 화폐 계산 방식으로는 발생한 피해의 규모와 당면한 문제의 중요성을 정확히 반영할 수 없다. 경우에 따라서 이런 식의 접근은 환경의 가치에 적절한 '상대적 가격'을 매기기만 하면 피해를 무조건 돈으로 보상할 수 있다는 착각을 불러일으킬 수도 있다. 하지만 이것은 잘못되고 위험한 생각이다.[6] 이 같은 지적이고 정치적인 난제를 해결하기 위해서는 무엇보다 온전한 의미의 환경적 지표들, 가령 확실한 기온 상한선 목표 설정, 강제력을 지닌 생물 다양성 관련 지표들, 탄소 배출 목표치 등을 도입하는 게 중요하다.

소득도 그렇지만 탄소 배출도 배출하는 사람들과 그 배출로 피해를 입게 될 사람들 간의 불평등 문제를 따져봐야 한다. 2010~2018년 동안 발생한 탄소 배출을 예로 들자면, 탄소 배출 상위 1% 중 60%에 가까운 사람들이 북미에 살고 있으며(그래프 3 참조), 이들이 배출한 탄소의 총량은

---

6 기술적 차원에서 한 세기 뒤에 환경의 '상대적 가치'가 얼마일지 예측할 수 있는 사람은 아무도 없다. 시장과 그 투기 세력은 더더욱 그렇다.

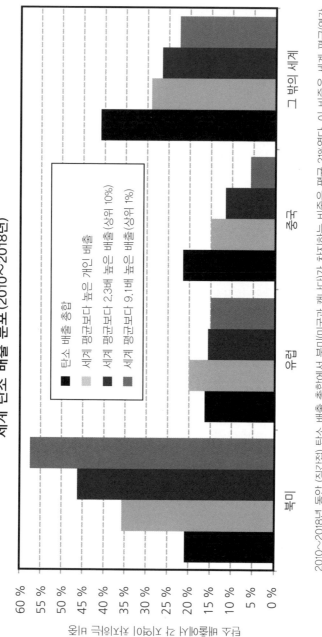

그래프 3

세계 탄소 배출 분포 (2010~2018년)

2010~2018년 동안 (직간접) 탄소 배출 총합에서 북미(미국과 캐나다)가 차지하는 비중은 평균 21%였다. 이 비중은 세계 평균(연간 6.2톤의 이산화탄소)보다 높은 개인 배출이 차지하는 비중은 36%, 세계 평균보다 2.3배 높은 개인 배출에서는 46%(세계 개인 배출 상위 10%에 해당하는 이 그룹은 전 세계 탄소 배출의 45%를 차지한다. 반면 탄소 배출 하위 50%는 세계 배출의 13%를 차지한다), 세계 평균보다 9.1배 높은 개인 배출에서는 57%를 차지한다(세계 개인 배출 상위 1%에 해당하는 이 그룹은 전 세계 탄소 배출의 14%를 차지한다).

출처 및 통계: piketty.pse.ens.fr/egalite

전 세계 탄소 배출 하위 50% 전체가 배출한 양보다 많은 것을 알 수 있다.[7] 그런데 이 하위 50%의 대부분은 사하라 이남 아프리카와 남아시아에 거주하고 있으며 앞으로 지구 온난화의 피해를 가장 먼저 입을 공산이 크다. 이런 지표는 미래에 각국의 환경 관련 약속 이행을 평가하고 기후 보상 제도를 마련하는 데 중요한 역할을 하게 될 것이다. 또한 기후 위기에 대처하는 데 없어서는 안 될 제도적 수단이 될 게 분명한 개인 탄소 카드제 도입을 위해서도 꼭 필요할 것이다. 더 나아가 이 같은 지표를 활용한 객관적 평가 기준 없이는 국내 경제든 세계 경제든 새로운 질서를 고민하는 것이 결코 쉽지 않을 것이다.

불평등의 측정 없이 지속 가능한 발전은 불가능하다

하지만 주의해야 한다. 소득과 관련된 사회-경제적 지표를 모두 배제하고 순전히 환경 지표에만 집중하는 것은 해결책이 될 수 없다. 그 이유는 간단하다. 인간은 자연과 조화를 이루며 살아야 하지만, 의식주를 해결하고 문화생활도 해야 하기 때문이다. 그리고 무엇보다 인간에게는 정의(正義)가 필요하다. 그런데 소득, 소득 분배의 불평등, 그리고 시간에 따른 불평등의 변화를 측정하지 못한다면, 부자들에게 집중적으로 적용할 수 있는 정의의 규범을 마련하는 것도, 가난한 사람들이 수용할 수 있는 방식으로 세계 경제 질서를 재편하기 위해 정의의 기준을 수립하는 것도 쉽지 않

---

7 L. Chancel, T. Piketty, "Carbon and Inequality: From Kyoto to Paris", WID. world, 2015 참조. 또한 L. Chancel, "Global Carbon Inequality in the Long Run", WID.world, 2021 참조.

을 것이다. 사회-경제적 불평등을 획기적으로 축소하려는 결단력과 행동 없이는 환경과 기후 위기도 해결할 수 없다.[8] 이런 관점에서 환경과 경제의 다양한 지표를 결합해 사용하는 것이 필요하다. 가령 한편으로 탄소 배출과 생물 다양성에 관한 목표를 수립하는 동시에, 다른 한편으로 소득 불평등 감소, 세금과 사회 보장 분담금, 공공 지출 분배에 관한 목표를 설정하는 것이다. 그런 다음 여러 공공 정책을 비교해 환경 목표에 도달하기 위해 가장 적합한 것을 선택하면 된다.

평균 소득 외에 사회 계급 간 소득 분배도 살펴보아야 한다. 경우에 따라서는 국민 소득(혹은 필요에 따라 GDP) 같은 거시 경제 지표를 활용해, 가령, 종류별 세금의 비중을 표시하거나 국민 소득(혹은 GDP) 대비 교육과 의료, 환경 예산 규모를 나타내는 게 필요할 수도 있다. 거시 경제 지표는 이 금액이 시간에 따라 어떻게 변했는지, 또 국가별로는 얼마나 다른지 알기 쉽게 비교할 수 있는 차선의 방법이 될 수 있다. 가령 나는 앞으로의 장(章)들에서 이런 거시 경제 지표들을 가지고 18세기와 19세기 유럽 국가들의 조세 재정 능력과 군사 능력의 발전, 그리고 20세기 사회적 국가의 발전 과정을 살펴볼 것이다. 어떤 논지를 펼 때 '국민 소득 대비 비율'을 언급하거나, (결국 이것도 마찬가지이지만) 모든 금액을 특정 시기의 평균 소득이나 평균 임금과 연관 짓는 것은 당연히 추상적으로 들리고 많은 시민들에게 거부감을 불러일으킬 수 있다. 하지만 이런 기술적 문제를 극복하지 못

---

8 L. Chancel, *Insoutenables inégalités. Pour une justice sociale et environnementale*, Les Petits matins, 2017 참조. 또한 E. Laurent, *Sortir de la croissance: mode d'emploi*, Les Liens qui libèrent, 2019 참조.

하면 거의 필연적으로 데이터 조작에 직면할 수밖에 없다.

예를 하나 들어보자. 집권 세력은(그리고 반대 세력 역시) 주기적으로 수조 유로(혹은 달러나 위안) 단위의 투자 계획을 발표한다. 그런데 자세히 들여다보면 이 계획들은 1년짜리가 아니라 10년 혹은 20년짜리이며, 연간 금액으로 정확히 다시 계산해보면 국민 소득 대비 극히 미미한 비율이거나, 예상 증가분이 해당 시기의 예상 물가 상승률이나 경제 성장률보다도 못한(따라서 애초 발표된 어마어마한 투자는 실제로 국민 소득 대비 비중으로 보면 증가하는 게 아니라 감소하는 것이다) 경우가 흔하다. 언론에서 이런 금액을 이해하기 쉬운 규모로 그때그때 전환해 전해주면 좋겠지만, 지금의 현실은 이런 이상적인 상황과는 거리가 멀다. 가장 좋은 방법은 시민들이 직접 나서서 자기가 좋아하는 미디어에 이런 요구를 전달하는 것이다. 사회-경제적 지표의 선택은 지극히 정치적인 차원의 문제다. 이것은 우리 각자 각자와 관련된 문제이기 때문에 결코 다른 사람들에게 맡길 수 없다. 가만히 있으면 우리가 중요하게 생각하는 것과 다른 우선순위가 반영된 지표들이 채택될 것이다.

한 번 더 분명히 말해두자. 사회-경제적 지표들을 비롯하여 이 책에 나오는 역사적 시계열들, 그리고 통계 일반은 모두 불완전하고 일시적이며 취약한 구성물에 불과하다. 이것들로 '궁극적인' 숫자적 진실을 확립하거나 '사실'을 확증할 수는 없다. 주어진 정보를 사회적·경제적·역사적으로 이해시키기 위해 가용 요소들을 결합하는 합당한 방식은 여러 가지가 있을 수 있다. 여러 지표를 사용하는 이유는 규모를 비교하기 위해, 무엇보다 여러 상황과 역사적 순간과 시대와 사회를 가장 합리적인 방식으로 비교하기 위해서다. 이 비교 대상들 간의 거리가 너무 멀고 각각이 유일무이한 특수성과 예외성을 가지고 있음에도 불구하고, 나란히 놓고 살펴보는 일은 유용하다. 모든 통계는 사회적 구성물이라는 사실을 단순히 지적하는 데 그쳐서는 안 된다. 당연히 옳은 지적이지만, 이걸로는 부족하다. 이는 포기나 다름없기 때문이다. 분별 있게, 적절한 수준에서, 비판적으로 사용한다면, 사회-경제적 지표의 언어는 지적 민족주의에 맞서고 경제 엘리트의 조작에서 벗어나고 새로운 평등의 지평을 열기 위해 자연 언어를 보완하는 필수적인 도구가 될 것이다.

마지막으로, 복수의 지표를 사용하는 대신 여러 지표를 하나로 통합해 사용하려는 대안적 시도에 대해 언급하자. 가령 유엔이 개발한 인간 개발 지수(Human Development Index)는 의료와 교육, 국민 소득 관련 데이터를 취합해 국가별 세계 순위를 매긴다. 또한, 생태학자이자 경제학자인 팀 잭슨은 환경 관련 데이터와, 국민 소득 및 이것의 분배에 관한 데이터를 결합해 국제 발전 지수(Global Progress Indicator, GPI)를 만들었다.[9] 이 두 지표는 GDP에 집착하는 게 큰 의미가 없음을 잘 보여준다. 좀 더 균형 잡힌 지표만 채택해도 국가별 순위와 시기별 추이가 완전히 바뀌기 때문이다. 하지만 나는 GDP를 또 다른 단수의 지표로 대체하는 것은 최선의 방법이 아니라고 생각한다(그것이 좀 더 균형 잡힌 지표라 할지라도 말이다). 다차원적인 현실을 일차원적인 하나의 지수로 요약하려는 지표의 속성상 어느 정도의 불투명성은 필연적이다. 그래서 나는 탄소 배출, 소득 불평등, 의료, 교

9   T. Jackson, *Prosperity without Growth. Foundations for the Economy of Tomorrow*, Routledge, 2017 참조. 또한 J. Hickel, *Less is More. How Degrowth will Save the World*, Heinemann, 2020 참조.

육 등등에 대해 분명하고 투명하게 알려주는 복수의 지표를 사용하는 게 더 바람직하다고 생각한다. 방금 지적한 투명성 문제 때문에, 흔히 한 사회의 불평등 정도를 단적으로 나타내준다는 종합적 지표들(가령 해석이 꽤나 추상적인 지니 계수와 타일 지수)의 사용을 나는 권하고 싶지 않다. 그것들보다는 누구나 이해할 수 있는 직관적인 개념들, 예를 들어 하위 50%와 상위 10%가 전체 소득에서 차지하는 몫이나, 탄소 배출 상위 1%가 전체 배출량에서 차지하는 비중 같은 개념을 사용하는 게 더 적절하다고 생각한다.[10]

---

10 WID.world에는 지니 계수도 나와 있지만, 나는 이보다는 십분위와 백분위로 나눈 통계들을 사용하라고 권하고 싶다. 나 역시 이 책에서 그런 통계를 집중적으로 다루려고 한다.

제2장
서서히 일어난, 권력과 소유의 탈집중화

지금부터는 우리 연구에서 중요한 역할을 할 또 다른 사회-경제적 지표인 소유와 그 분배의 문제로 넘어가자. '소득'이 특정 시기 동안 우리가 벌어들이는 돈이라면, '소유'는 특정 순간 우리가 소유하고 있는 모든 것을 말한다. 소득이 그렇듯 소유 또한 일련의 규칙들과 사회 집단들 간 특수한 권력관계가 존재하는 특정 사회 내에서만 온전한 의미를 갖는다는 점에서 사회적 관계로 보아야 한다. 소유는 역사적 맥락에서 보아야 하는 개념이다. 각 사회가 합법적인 소유 형태들(토지, 주택, 공장, 기계, 바다, 산, 건축물, 유가 증권, 지식, 노예 등)을 정의하는 방식과, 소유 관계와 소유에 관련된 사회 집단들 간의 권력관계를 규정하는 법률적 절차와 관습을 확립하는 방식의 영향을 받기 때문이다.

18세기 이후 나타난 소유 집중의 변화

먼저 18세기 말 이후 프랑스에서 나타난 소유 집중의 변화를 상위 1%와 하위 50%가 각각 소유에서 차지하는 몫을 비교하면서 살펴보자(그래프 4 참조).[1] 프랑스의 사례가 특별히 흥미로운 이유는, 비록 프랑스 혁명이 완벽히 평등한 사회를 구현하는 데는 실패했지만(이와는 거리가 멀어도 한참 멀다) 방대한 상속 문서와, 소유 및 양도의 복잡한 등록 체계를 만들어 물려주었기 때문이다. 이것들은 우리가 부를 관측하는 데 더없이 소중한 도구로 쓰인다.[2] 더군다나, 프랑스의 사례에서 장기간 관찰된 변화들은 (비록 그다지 체계적인 자료는 아니지만) 우리가 비교 자료를 가지고 있는 유럽의 다른 나라들, 가령 영국과 스웨덴에서 확인된 결과들과도 일치하는 경향을 보인다. 일단, 사적 소유 전체(즉, 부채를 뺀 모든 형태의 토지, 건물, 사업, 산업, 금융 자산의 합)에서 상위 1%가 차지하는 몫은 프랑스 혁명 발발 후 아주 소폭의 감소를 보이는 데 그쳤다. 이후 19세기 내내, 그리고 20세기 초반까지 어마어마한 수준을 유지했다. 1810년에 프랑스 전체 소유의 45%를, 1910년에는 대략 55%를 차지할 정도였다. 19세기 말과 벨 에포크

---

1   이 그래프에는 하위 50%와 상위 1% 사이에 있는 49%가 차지하는 몫이 빠져 있다. 전체를 보려면 그래프 6 참조.

2   이 책에서 제시하는 결과들은 파리와 지방(데파르트망département) 상속 문서들에서 취합한 방대한 데이터에 기초하고 있다. 특히 T. Piketty, G. Postel-Vinay, J.-L. Rosenthal, "Wealth Concentration in a Developping Economy: Paris and France, 1807-1994", *American Economic Review*, 2006 ; "Inherited vs Self-Made Wealth: Theory and Evidence from a Rentier Society (Paris 1872-1927), *Explorations in Economic History*, 2014 참조.

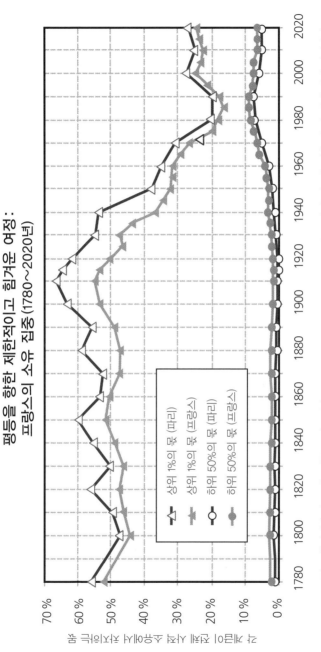

그래프 4

평등을 향한 제한적이고 힘겨운 여정:
프랑스의 소유 집중 (1780~2020년)

범례 (위에서 아래로):
- 상위 1%의 몫 (파리)
- 상위 1%의 몫 (프랑스)
- 하위 50%의 몫 (파리)
- 하위 50%의 몫 (프랑스)

세로축: 개인별 전체 소유에서 차지하는 몫

가로축: 1780, 1800, 1820, 1840, 1860, 1880, 1900, 1920, 1940, 1960, 1980, 2000, 2020

프랑스 혁명기에 다소 감소세를 보인 소유(부채를 뺀 부동산 자산, 사업 자산, 금융 자산)의 집중은 이후 제1차 세계 대전 직전까지 계속 증가하다가, 양차 세계 대전 이후 1980년대까지 급격히 감소한다. 상위 1%가 차지하는 몫이 1910년 55%에서 2020년 24%로 줄었으나 이 herfak 하위 50%에게 그다지 돌아가지는 않았다. 하위 50%의 몫은 1910년 2%에서 2020년 6%로 증가했다.

출처 및 통계: piketty.pse.ens.fr/egalite

시대에 금융 자산과 산업 자산의 축적이 급격히 증가한 파리에서는 이 상위 1%의 점유율이 제1차 세계 대전 직전 65%에까지 이르렀다. 이후 20세기에 들어와서는 자산의 급속한 탈집중화가 일어나, 프랑스 전체를 놓고 볼 때 1914년 55%에 이르렀던 상위 1%의 몫이 1980년대 초반에는 20% 이하로까지 떨어졌다. 그러나 이후에는 다시 서서히 증가해 2020년에 대략 25%에 이른다.

그래프 4에 나타난 결과들은 이 책의 전체적인 주제를 잘 드러내 보여준다. 우리는 한편으로 평등을 향한 장기적인 움직임이 존재함을 알 수 있다. 소유의 집중, 결국 사회적·경제적 권력의 집중이 점차 완화되는 쪽으로 가고 있는 것이다. 다른 한편으로는 여전히 극심한 수준의, 참을 수 없는 불평등이 존재함을 확인할 수 있다. 그러므로 지금 상황에 만족하기는 힘들다. 그리고 이런 상황이 다수의 이익을 위한 것이라고 주장하는 것[3]도 무리가 있다. 구체적으로 살펴보면, 오늘날 상위 1%가 사적 소유 전체에서 차지하는 몫은 한 세기 전에 비하면 절반밖에 되지 않지만, 여전히 하위 50%가 차지하는 몫의 다섯 배에 이른다. 하위 50%는 (수적으로는 상위 1%의 50배임에도 불구하고) 전체 사적 소유에서 차지하는 몫이 오늘날도 여전히 약 5%에 그친다.

---

3 1789년에 채택된 '인간과 시민의 권리 선언' 제 1조("사회적 차별은 공익에 근거할 때만 허용될 수 있다.")나 존 롤스의 정의 이론(1971)은 불평등을 정당화하려는 이러한 고전적 방식의 주장에 해당한다. 불평등은 정확한 역사적 분석에 기반할 때만 그 수용 여부를 고려해볼 수 있다. 불평등을 거시적 관점에서 조망하지도 않고 불평등이 과연 공익에 기여하는지를 평가하지도 않은 채, 어떤 수준의 불평등도 정당화할 목적으로 무분별하게 사용하는 것은 잘못이다.

물론 이 하위 50%의 사적 소유 내 비중이 19세기와 20세기 초반까지만 해도 2%에 불과했던 점을 감안하면 분명히 한 세기 동안 발전이 있었다고 할 수 있다. 하지만 그 변화는 극히 미미한 수준에 그쳤다. 그동안 일어난 소유 탈집중화의 혜택은 거의 대부분 상위 1%와 하위 50% 사이에 있는 사회 집단들에게 돌아갔고, 지금까지 거의 아무것도 소유한 적이 없는 하위 50%는 소유 탈집중화의 수혜를 거의 입지 못했다.

소유와 권력: 권리의 다발

논지를 더 펼치기 전에 몇 가지 분명히 해둘 게 있다. 먼저, 소유의 화폐적 집중이 보인 변화를 이렇게 정량화해 나타내는 방법은 유용하고 이해가 쉬운 장점이 있지만, 그동안 일어난 근본적인 변화들의 단면만 보여줄 수밖에 없다. 18세기 이후 소유권 행사의 조건들 자체가 재정립되었는데, 자산과 자산의 분배를 평가하기 위해 사용되는 재화의 화폐적 가치(부동산 가격이나 주가 등)는 소유가 지닌 권력과 기회로서의 가치를 불완전하게 측정하는 것일 뿐, 이 재화의 소유가 사회적 주체들에게 의미하는 사회적 가치를 제대로 반영해주지 못한다. 소유는 절대적이고 초시간적 권리가 아니라 각각의 사회-역사적 환경에 고유한 일련의 권리들로 인식되어야 한다. 소유는 다양한 행위자들과, 하나의 관계에 참여하는 소유자와 비소유자, 사용자와 임금 노동자, 지자체와 가족 집단이 가진 권력과 능력의 범위를 규정하는 진정한 의미의 '권리의 다발'[4]이다.

---

4   소유를 이렇게 '권리의 다발(bundle of rights)'로 인식하는 관점은 엘리너 오스트럼이 역사별·공간별로 '공동 자산(가령 목축지, 숲, 강, 연못, 사냥감, 물고기 등

프랑스 혁명 발발 직전, 인구의 채 1%가 되지 않던 프랑스 귀족이 대규모 사적 소유자 계급의 50% 이상을 차지하고 있었다. 조세·정치·사법 특권까지 함께 누렸던 이들의 막강한 권력은 (부르주아 소유자 계급과 달리) 자산의 화폐적 가치에만 한정되지 않았다. 프랑스 혁명은 모든 소유자의 평등한 법적 지위를 확립하는 동시에 소유권을 극단화하기에 이르렀다. 다시 말해, 소유자에게, 특히 백인 남성 소유자에게 (사회적 반대급부 없이) 비소유자를 지배할 권리를 부여한 것이다. 1804년 프랑스 민법은 지금까지도 효력을 갖는 소유의 절대주의적 정의를 채택했다.[5] 하지만 전반적으로는 프랑스 혁명 이후 법체계가 많이 달라졌다. 오랫동안 남편보다 낮은 법적 지위를 누렸던 기혼 여성이, 1960~1970년대부터는 은행 계좌를 만들거나 재산을 매각하거나 노동 계약을 체결할 때 동등한 형식적 권리를 누릴 수 있게 됐다. 남녀 불문하고 임금 노동자와 임차인들도 오늘날 과거와는 비교도 할 수 없는 권리를 누리고 있다. 19세기에는 고용주가 거의 자기 멋대로 노동자를 해고하거나 노동 조건과 급여 조건을 바꿀 수 있었다. 임대인이 사전 통고도 없이, 인정사정 봐주지 않고 임차인을 내쫓거나 임대료를 두 배 인상해도 아무 문제가 되지 않았다. 하지만 21세기 초인 지금은 그때와 상황이 다르다. 물론 임금 노동자와 임차인의 권리에 여전히 한

고갈 가능한 천연자원)이 관리되는 다양한 방식을 연구하면서 고안했는데, 우리는 이 책에서 그녀의 관점을 현실에 좀 더 폭넓게 적용할 수 있음을 알게 될 것이다.

5 "소유는 법과 규정이 금지하는 방식으로 사용되지 않는 한에서, 가장 절대적인 방식으로 누리고 가지는 권리다."(민법 544조). 이 정의가 제기하는 문제들과 다른 곳에서 채택된 대안들에 대해서는 이 책의 제5장 참조.

계가 존재하기 때문에 앞으로 그들의 권리가 좀 더 해방적인 방향으로 확대되어야 한다. 하지만 오늘날에는 단순히 이론상에만 그치지 않는 수많은 규칙과 절차가 존재하는 게 사실이다.

그동안 소유 체계에 일어난 변화는 한두 가지가 아니다. 가령, 1848년 프랑스령 노예제 섬들에서 노예제가 폐기되기 전에는 상속 문서에 등재된 소유 목록에 플랜테이션과 거기서 일하는 노예들의 화폐적 가치가 포함돼 있었다. 또한, 1960년대 초반까지만 해도 연구자들이 분석 대상으로 삼은 자산에는 비대칭적인 법적 관계와 극단적인 정치적·군사적 지배 관계 속에서 축적된 식민 자산이 포함돼 있었다. 이 책을 통해 이런 변화들을 하나씩 살펴보다 보면, 지난 두 세기 동안 일어난 평등을 향한 여정이 무엇보다 비소유자의 권리를 찾아 균형을 바로잡는 일이었음을 알게 될 것이다. 소유권의 변화는 19세기 후반에, 그리고 20세기 내내 사회적·정치적 투쟁의 핵심 의제가 되었다. 이 변화는 사회-경제적 평등을 확대했을 뿐 아니라, 더 많은 사람의 사회적·경제적 활동 참여를 통해 번영을 불러왔다. 나는 이 역사적 움직임이 21세기에도 계속될 수 있다고 믿는다. 물론 새로운 투쟁과 역사적 단절들이 그것을 가능하게 하는 동력이 될 것이다. 일단은 한 가지만 지적해두자. 19세기 초에는 소유자들이 지금보다 훨씬 절대적인 권리들을 누렸다는 사실 말이다. 소유와, 소유에 따르는 권력의 탈집중화는 그래프 4에 순전히 화폐적 가치로 표시된 것보다 훨씬 큰 규모로 일어났다. 이 변화를 다른 방식으로 설명해보자. 19세기 이후 전체 사적 소유에서 차지하는 몫이 거의 변하지 않았다는 점에서 하위 50%는 지금도 여전히 가난하지만, 과거에 비하면 소유자들(고용주나 집주인, 남편이나 식민지 정착민)의 지배력으로부터 훨씬 자유로워졌다.

생산 수단, 주택, 국가, 그리고 나머지 세계의 소유

소유 관계에서 작동하는 권력관계를 분석하고 소유의 화폐적 분배에서 나타난 변화를 더 잘 이해하기 위해서는 소유 대상이 될 수 있는 재화를 범주별로 구분할 필요가 있다. 앞으로 다시 다루게 될 노예제를 통한 다른 인간들의 소유를 별개로 놓으면, 소유의 범주는 크게 네 가지로 나뉜다. 생산 수단, 주택, 국가, 그리고 나머지 세계. 생산 수단에는 농지와 설비, 공장과 기계, 사무실과 컴퓨터, 점포와 식당, 대출금과 운전 자금 등, 다른 재화와 서비스를 생산하기 위해 필요한 모든 재화가 포함된다. 이 생산 수단은 농민이나 기업가에 의해, 혹은 주식이나 채권, 회사 지분, 다른 형태의 유가 증권 보유를 통해 직접 소유될 수도 있고, 예금이나 은행 계좌를 통해 간접적으로 소유될 수도 있다(이 경우에는 예금자들의 예금을 가지고 관련 규정에 따라 투자할 기업들을 결정하고 그 기업들에 권력을 행사하는 것은 은행이나 금융 중개인이다.).

전통적인 마르크스주의 관점에서는 생산 수단의 소유만이 진정한 의미의 자본주의적 소유에 해당한다. 생산 수단의 소유를 통해 노동력을 착취함으로써 이윤을 뽑아내고, 이 이윤을 통해 자본의 축적이 이루어진다고 보는 것이다. 물론 여기서 형성되는 극도로 위계적인 사회적 관계들의 특수성을 부인할 생각은 없다. 하지만 나는 모든 소유관계가 독특한 권력관계를 내포하고 있으며, 소유 형태를 불문하고[6] 그 안에서 작동하는 권력

---

6 예술품과 귀중품 소유는 예외가 될 수도 있을 것이다. 하지만 이 소유는 사적 소유 전체에서 극히 미미한 부분을 차지한다(시대별 혹은 국가별로 차이가 있지만 1~2%에 그친다). T. Piketty, *Le Capital au XXIe siècle*, op. cit., p. 283-284 참조.

관계를 분석의 대상으로 삼는 것이 중요하다고 생각한다. 특히 주택 소유와 관련해서는 그동안 임대인과 임차인의 권력관계가 (어느 정도) 부드러워지고 제도적 장치도 부분적으로 마련되었음에도 불구하고, 여전히 때때로 거친 폭력성을 띠고 월권적 행위와 수탈이 일어나기도 함을 지적할 필요가 있다. 주택에 대한 접근권과 자신의 집을 소유할 권리는 우리 각자의 가장 사적인 부분과 연관이 있다. 이는 가족생활의 영역이자 비판적 페미니스트 저자들이 사용하는 의미에서 '사회적 재생산'의 영역이다. 정통 마르크스주의자들이 (당연히 노동력 재생산과 자본 축적을 포함하는) 경제 시스템 전반의 작동에 필수적인 이 영역과 여기서 발생하는 심각한 불평등과 지배관계의 분석을 소홀히 한 채, 소위 '생산적' 영역만을 분석하는 데 집중했다는 페미니스트 저자들의 지적은 합당하다.[7] 현실에서 사회-경제 시스템과 소유관계에 내재된 권력관계를 전체적으로 이해하기 위해서는 생산 수단의 소유와 주택의 소유를 함께 살펴보아야 한다. 소유와 관련된 제도적 장치와 사회적 과정들을 세밀하게 분석할 때는 당연히 소유의 다양한 형태들을 구분해 들여다보아야 한다.

화폐 가치로 따져보면, 일반적으로 주택은 전체 사적 소유 중에서 상당한 비중을 차지한다. 종종 절반을 차지하기도 한다. 그리고 (기업들을 화폐 가치로 측정했을 때) 생산 수단이 대략 나머지 절반을 차지한다. 2020년대 초반을 기준으로 프랑스의 사적 소유는 성인 1인당 약 22만 유로(6년 치 평

---

7 가령 T. Bhattacharya, *Social Reproduction Theory. Remapping Class, Recentering Oppression*, Pluto Press, 2017 참조. 또한 C. Arruza, T. Bhattacharya, N. Fraser, *Feminism for the 99%. A Manifesto*, Verso, 2019 참조.

균 소득에 해당하는 금액)인데, 이 중 약 11만 유로가 (부채를 뺀) 주택이고 나머지 11만 유로는 사업 자산과 금융 자산이다.[8] 그런데 이 평균은 금액은 물론이고 자산 구성 면에서도 어마어마한 격차를 숨기고 있음을 지적하지 않을 수 없다(그래프 5 참조).

하위 20~30%에 속하는 사람들에게는 자산이라는 개념 자체가 거의 추상적으로만 존재한다. 이들은 빚만 있거나, 입출금 통장이나 예금 통장에 기껏해야 몇천 유로(한두 달 월급에 해당하는 금액)를 소유하고 있을 뿐이다. 이 금액은 위로 올라갈수록 차차 늘어나지만 여전히 아주 적은 수준에 그쳐, 하위 50%가 보유한 평균 자산은 2만 유로(인구 전체 평균 자산의 대략 1/10에 해당하는 금액으로, 비중으로 보면 전체 자산의 5%를 차지한다)에 그친다. 자산의 중간값, 다시 말해 인구를 아래위 절반으로 나누는 자산의 기준은 대략 10만 유로, 즉 평균 자산의 절반에 해당하는 금액이다. 나머지 40%, 그러니까 하위 50%와 상위 10% 사이에 있는 사람들의 자산은 대략 10만~40만 유로 사이로, 대부분 주택으로 구성되어 있다. 자산 규모가 40만 유로를 넘는 상위 10%에서는 자산의 구성이 훨씬 다양해진다. 사업 자산과 금융 자산(주로 주식)의 비중은 상위 자산으로 갈수록 점점 더 커지는데, 상위 1%에서는 절대적인 비중(180만 유로 이상)을 차지한다. 이 상위 1%의 평균 자산은 500만 유로로, 전체 평균 자산의 거의 25배에

---

8 코로나19 발생 이전인 2020년대 초반에 프랑스의 국민 소득은 대략 2조 유로(국립 통계 경제 연구소INSEE에 따르면 2022년에 다시 이 수준을 되찾을 것이라고 한다), 즉 성인 인구가 5,300만 명이었으므로 1인당 약 평균 3만 7,000유로(월 3,100유로)였다. (부채를 뺀) 사적 자산의 총합은 12조 유로, 즉 성인 1인당 약 22만 유로였다.

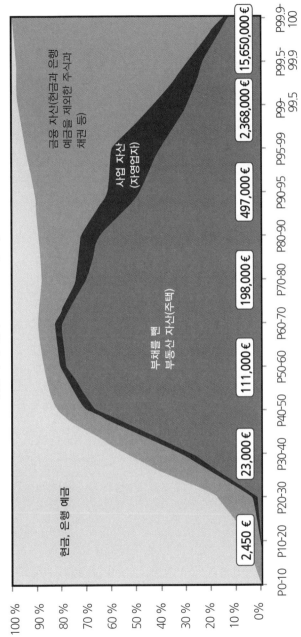

그래프 5

자산의 구성(2020년 프랑스)

금융 자산(현금과 은행 예금을 제외한 주식과 채권 등)

사업 자산 (자영업자)

부채를 뺀 부동산 자산(주택)

현금, 은행 예금

100 %
90 %
80 %
70 %
60 %
50 %
40 %
30 %
20 %
10 %
0%

P0-10 | P10-20 | P20-30 | P30-40 | P40-50 | P50-60 | P60-70 | P70-80 | P80-90 | P90-95 | P95-99 | P99-99.5 | P99.5-99.9 | P99.9-100

2,450 € | 23,000 € | 111,000 € | 198,000 € | 497,000 € | 2,368,000 € | 15,650,000 €

2020년 프랑스의 경우 (가용 데이터가 존재하는 다른 나라들과 마찬가지로) 하위 자산은 주로 현금과 은행 예금으로, 중위 자산은 부동산 자산으로, 상위 자산은 금융 자산(주로 주식)으로 구성되어 있다.
참고: 여기 표시된 분포는 (커플의 자산을 절반으로 나눈) 성인 1인당 자산의 분포를 나타낸 것이다.
출처 및 통계: piketty.pse.ens.fr/egalite

해당한다. 이렇다 보니 이들 1%가 전체 자산에서 차지하는 몫이 25%나 되는 것이다. 이 수치를 보면 과거처럼 상위 1%가 전체 소유의 50∼70%를 차지하는 사회의 모습이 어떨지 상상할 수 있다.

먼저 몇 가지 분명히 해두자. 이 책에서 우리는 가장 가난한 하위 50%를 '민중 계급', 그다음 40%를 '중위 계급', 나머지 가장 부유한 10%를 '상위 계급'이라 지칭할 것이다. 균질하지 않은 상위 계급 내에서도 (하위 9%에 해당하는) '부유한 계급'과 (상위 1%에 해당하는) '지배 계급'을 구분하기로 한다. 간단히 요약해 말하면, 민중 계급은 적은 금액의 은행 예금을 보유하고 있을 뿐이다. 이와 다르게 중위 계급의 자산은 주로 주택에 집중돼 있으며, 부유한 계급의 자산은 주택과 사업 자산, 금융 자산으로 나뉘어 있다. 반면 지배 계급의 자산은 생산 수단(사업 자산과, 주식과 유가 증권 위주)에 집중돼 있다. 계급 분류에 사용한 이 용어들은 분명한 의미를 전달해주지만, 결코 고정돼 있거나 경직된 개념이 아니다. 현실에서 계급적 정체성은 항상 유연하고 다원적인 방식으로 나타나기 때문이다. 계급적 정체성은 결코 화폐적 등급으로 환원될 수 있는 게 아니다. 사회 계급은 생산 수단과 주택의 소유, 그리고 이 소유의 규모뿐만 아니라 소득과 학력, 직업, 활동 분야, 나이, 젠더, 출신 지역과 국가, 더러는 종족-종교적 정체성에 의해 결정된다. 그리고 이것이 결정되는 방식은 사회역사적 맥락에 따라 유연하고 가변적이다.

또 한 가지, 주식과 채권, 회사 지분, 유가 증권을 통한 기업과 생산 수단의 소유를 의미하는 금융 자산에는 자국의 국채와 해외 발행 채권도 포함돼 있다는 사실을 지적해야 한다. 물론 국채 소유는 기업을 소유하듯이 '국가를 소유'한다는 의미는 아니다. 역사를 살펴보면, 소유자들이 국가를 소유 혹은 최소한 통제하거나, 일반인들보다 훨씬 긴밀하게 공동 생산하는 더 직접적인 방법이 여러 가지 있다. 여러 나라에서 19세기에 도입돼 20세기 초반까지 존재했던 납세 유권자 선거와, 21세기 초반인 지금 곳곳에서 행해지고 있는 정당과 미디어, 싱크탱크에 대한 사적 후원 시스템이 그런 예에 해당한다. 어쨌든 국채 소유가 시대를 불문하고 국가를 소유하는 또하나의 방식이 될 수 있다는 말의 의미는, 가령 국가가 채무 상환을 위해 자신이 보유한 것(건물, 도로, 공항, 공기업)을 매각해야 하는 상황에서 분명해진다. 이 밖에도 역사적 유적지를 광고 공간이나 반(半)사적 소유로 바꿔야 할 때(자신들에게 세금을 물리는 것은 불가능하다고 국가를 성공적으로 설득한 행위자들이 종종 이런 상황의 수혜자가 된다), 혹은 더 일반적으로 국가가 채권자들이나 금융 시장의 지배를 받거나, 그들이 좋아하는 정책과 '개혁'들에 발목 잡히게 될 때, 이 말의 의미는 또 분명해진다. 소유는 언제나 권력관계이며, 이 의미는 생산 수단 소유에만 국한되지 않는다. 공공 부채 문제와 이것에 내포된 권력의 문제, 그리고 이 부채가 축적되고 상환되고 탕감되는 방식의 문제는 18세기 프랑스 혁명 발발은 물론, 20세기 평등을 향한 여정과 소유의 탈신성화에 핵심적인 역할을 했다. 그리고 앞으로 21세기에도 분명히 중요한 역할을 할 것이다. 이 문제는 앞으로 좀 더 광범위하게 다루기로 하자.

생산 수단과 주택, 국가 외에 또 하나의 중요한 소유 형태는 해외에 소유한 자산이다. 이는 수에즈 운하일 수도 있고, 인도차이나 고무 플랜테이션일 수도 있고, 러시아나 아르헨티나의 부채 증권일 수도 있다. 현실에서 우리가 가질 수 있는 해외 자산에는 제한이 없어서, 생산 수단이든 국가든 주택이든 다 가질 수 있다. 하지만 이런 초국적 소유 형태는 법적-정치적인, 경우에 따라서는 군사적인 특수한 제도적 장치들과 지배 관계를 기반으로 존재한다. 2020년 프랑스의 경우, 프랑스 소유자들이 해외에 소유한 자산이 해외 소유자들이 프랑스 내에 소유한 자산과 비슷한 규모이기 때문에 '순 해외 자산'은 거의 제로에 가깝다(이것이 쌍방향의 거대한 초국적 소유가 중요한 의미를 갖지 않는다는 의미는 아니다. 오히려 그 반대다). 오늘날과 달리 식민지 시대에는 순 해외 자산이 막대한 규모에 이르렀고, 국내는 물론 세계적인 차원에서 소유와 불평등 구조에 심대한 영향을 미쳤다. 이 문제 또한 앞으로 상세히 다뤄질 텐데, 우리는 특히 해외 자산과 식민 자산의 존재, 그리고 이것들의 소멸이 20세기에 일어난 평등을 향한 여정에서 담당했던 핵심적인 역할을 살펴보고 나서, 미래에 초국적 소유가 어떤 역할을 할 수 있는지에 대해서도 살펴볼 것이다.

중위 자산 계급의 힘겨운 등장

18세기 말 이후 소유의 분배에서 일어난 변화의 문제로 다시 돌아가보자. 20세기 초부터 21세기 초에 이르는 동안 상위 1%의 소유가 절반 이하로 줄었음에도 불구하고 여전히 하위 50%가 차지하는 몫의 다섯 배가 넘는다는 것은 앞에서 이미 확인한 바 있다(그래프 4 참조). 지금부터는 전체 자산 분배의 변화를 살펴보기로 하자. 우리는 불평등 감소의 혜택이 주로 '중위 자산 계급'이라 지칭할 수 있는 이들, 다시 말해 하위 50%와 상위 10% 사이에 있는 그룹에 돌아갔음을 확인할 수 있다(그래프 6 참조).

좀 더 구체적으로 살펴보자. 상위 10%의 전체 사적 소유 내 점유율은 20세기 초와 제1차 세계 대전 발발 직전에 거의 85%에 이르렀으나, 이후 서서히 줄어들어 1980년대 초에는 50%까지 떨어졌다가 이후 다시 반등

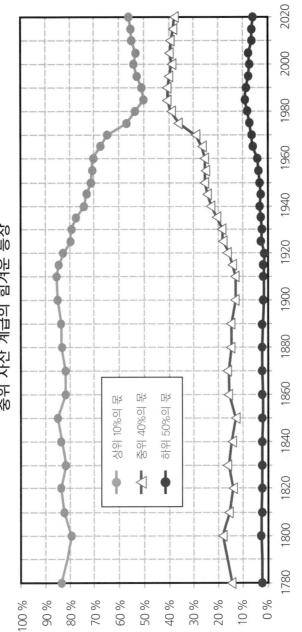

그래프 6

프랑스의 소유 분배(1780∼2020년):
중위 자산 계급의 힘겨운 등장

범례
- ● 상위 10%의 몫
- △ 중위 40%의 몫
- ● 하위 50%의 몫

사적 소유(부동산·부동산과 사업·금융 자산에서 부채를 뺀 부동산과 사업) 사람. 금융 자산에서 상위 10%가 차지하는 몫은 1780∼1910년 사이에는 80∼90%에 이르렀다. 제 1차 세계 대전 이후 시작된 자산의 탈집중화는 1980년대 초반에 들어 중단되었다. 자산 탈집중화의 혜택은 주로 (하위 50%인) '민중 계급'과 (상위 10%인) '상위 계급' 사이에 있는 중간 계급 그룹을 지칭하는 용어로 여기서 사용됨. '중위 자산 계급'(가운데 40%에 해당하는) '중위 자산 계급'에 돌아갔다.

출처 및 통계: piketty.pse.ens.fr/egalite

해 2020년에는 55%에 이르렀음을 알 수 있다. 이러한 추이는 상위 1%에서 관찰된 흐름과 비슷하게 맞아떨어진다(그래프 4 참조). 달리 말하면, (상위 1%인) '지배 계급'의 상대적인 지위가 무너지는 사이 (그 밑에 있는 9%에 해당하는) '부유한 계급'의 몫은 20세기 내내 거의 변화를 보이지 않았다(전체 자산의 30% 내외). 이와는 달리 하위 50%와 상위 10% 사이에 있는 40%의 몫은 눈부신 성장을 보였다. 20세기 초에 전체 자산에서 차지하는 몫이 13%에 불과했던 것이 1914~1980년 사이 3배 성장해 1980년대 초에는 40%에 이른 뒤 (살짝 감소하긴 했지만) 이 수준에서 안정되었다.

한 번 더 명확히 해두자. 소유의 집중은 여전히 극단적인 수준이며, 평등을 향한 도약의 규모를 절대 과대평가해서는 안 된다. 2020년 초반을 기준으로, 자산 상위 10%는 프랑스 내 모든 소유의 55% 이상을 차지하고 있는 반면(상위 1%는 대략 25%), 하위 50%는 거의 아무것도 소유하고 있지 않다(고작 전체 소유의 5%). 경제 권력과 일터에서의 위계적 질서를 좌우하는 생산 수단의 소유만을 따지면 집중의 정도는 더 높아질 것이다(특히 지난 몇십 년 동안 분명히 상황이 호전된 상위 0.1%나 0.01% 소수 그룹의 경우에 말이다).[9] 또한, 언제나 미미한 수준이었던 하위 50%의 몫이 1980년대 이후 눈에 띄게 (위에 있는 40%보다 훨씬 큰 폭으로) 줄어든 것도 확인할 수 있다. 여기서 한 가지 강조해야 할 점은, 소유의 이런 극단적 집중이 특정 연

9 상위 1%는 (전체 성인 인구 5,000만 명 중) 대략 50만 명에 해당한다. 잡지 《샬랑주Challenges》에 따르면, 프랑스 초상위 부자 단 500명(즉, 전체 성인 인구의 약 0.001%)이 소유한 자산 규모가 2010년 2,000억 유로(GDP의 10%)에서 2020년 7,100억 유로(GDP의 30%)로 증가했으며, 이는 대략 전체 자산의 2~6%에 해당한다.

령 그룹에만 한정돼 나타나는 현상이 아니라는 사실이다. 실제로 젊은 층과 노년층 할 것 없이 모든 연령 그룹에서 이런 심각한 집중이 나타난다.[10]

그럼에도 불구하고 중위 자산 계급의 출현은 사회적·경제적·정치적으로 엄청난 변화를 의미한다. 간단히 말하면, 20세기 초반까지만 해도 중간 계급이 존재한다고 할 수 없었다. 하위 50%와 상위 10% 사이에 있는 40%가 (전체 소유에서 차지하는 몫으로 볼 때) 하위 50% 못지않게 가난했기 때문이다. 그런데 20세기 말과 21세기 초에 오면, 물론 개개인으로 보면 엄청나게 부자는 아니지만 궁핍과는 거리가 먼 사람들로 중위 자산 계급이 만들어지고(이들은 성인 1인당 대략 10만~40만 유로의 자산을 보유하고 있다), 이 집단이 전체 자산에서 차지하는 몫은 40%[11]라는 상당한 수준에 이르게 된다. 이는 상위 1%가 차지하는 몫(24%)의 거의 두 배에 해당하는 규모인데, 제1차 세계 대전 발발 직전 이들의 점유율(13%)이 상위 1%의 점유율(55%)의 1/4~1/3에 그쳤던 것을 생각하면 놀라운 변화다. 이

---

10 부의 집중은 특히 20~39세 연령 그룹에서 극심하게 나타나는데, 2018년 이 그룹의 상위 10%가 자산의 62%를 차지했다(이 연령대 소유자들이 수적으로는 적지만, 상속의 규모는 컸다는 뜻이다). 이와 비교해 40~59세에서는 상위 10%의 자산 점유율이 54%, 60세 이상에서는 51%였고, 전체 평균은 55%였다. 반면 모든 연령 그룹 내에서 하위 50%는 거의 아무것도 소유하고 있지 않았다(모든 그룹에서 전체 자산의 약 5~10%). T. Piketty, *Capital et idéologie*, op. cit., p. 647-648, 그래프 11.18 참조. 연령별 자산 프로파일과 구성에 대한 상세한 분석은 B. Garbinti, J. Goupille-Lebret, T. Piketty, "Accounting for Wealth Inequality Dynamics: Methods and Estimates", WID.world, 2018 참조.

11 전체 인구의 40%를 포함하는 이 사회적 집단이 전체 자산의 약 40%를 소유하고 있다는 것은, 이 집단의 평균 자산이 전체 인구의 평균 자산(2020년 기준으로 성인 1인당 22만 유로)과 엇비슷하다는 의미다.

변화를 다른 방식으로 말해보자. 집단 전체를 놓고 말할 때, 한 세기 전에 지배 계급보다 3배 더 가난했던 중위 계급이 오늘날은 2배 더 부유하다고 말할 수 있다. 소유의 집중은 시대를 막론하고 한 번도 극단적이지 않았던 적이 없다. 하지만 이러한 전반적인 경향 속에서도 집중이 뚜렷하게 꺾이는 추세는 관찰된다. 이 두 가지 진단은 상호 모순적으로 들릴지 모르지만 모두가 사실이다. 이 같은 세계의 복잡성이야말로 우리가 물려받은 역사적 유산의 일부이기도 하다.

이러한 불평등의 감소는 전쟁과 경제 위기들에서 비롯된 것이기도 하지만, 무엇보다 19세기 말부터 20세기 내내 실행된 새로운 사회 정책과 조세 정책의 결과다. 사회적 국가, 교육과 의료를 비롯한 기초적 재화의 접근에서 실현된 일정 정도의 평등, 그리고 상위 소득과 자산에 대한 강력한 누진세 적용이 바로 그 내용이다. 강력한 사회적·정치적 투쟁들이 이끌어낸 이 같은 근본적인 변화들이 앞서 언급한 법 제도 및 소유권에 일어난 커다란 변화들은 물론 평등의 확대 또한 이루어냈다. 이 여정을 앞으로 계속하는 게 바람직한가? 바람직하다면, 어떤 방법으로 해나가야 할까? 나는 (여전히 불충분하지만) 이 평등을 향한 여정이 여러 면에서 긍정적인 효과가 있었다는 것을 강조하고 싶다. 더 많은 사람이 사회적·경제적 활동에 참여함으로써 얻어진 생산성 증대와 집단의 번영도 당연히 그 효과 중 하나일 것이다. 전체 소유에서 차지하는 몫이 대폭 줄었기 때문에 지배 계급의 지출과 투자 능력은 19세기 이후 급격히 감소했다. 하지만 이 감소분은 부상한 중위 계급과, 이들만큼은 아니지만 민중 계급에 의해 상쇄되고도 남았다. 현재의 불평등 수준에 만족해야 하며, 하위 50%가 전체 부에서 차지하는 몫이 5%에 불과한 게 바람직하다는 생각은 결코 견고한 역사적 경험에 기반한 생각이 아니다. 평등을 향한 여정은 앞으로 계속되는 게 바람직할 뿐만 아니라 얼마든지 가능하다. 이를 위해서는 사회적 국가와 누진세를 좀 더 확대 강화해야 할 것이다.

소득 평등의 확대를 향한 긴 여정

전체적인 개괄을 마치기 전에 소득 분배의 장기적인 추이를 나타내주는 규모 비교에 익숙해지는 것도 도움이 될 것 같아 잠시 언급하고 넘어가려 한다. 일반적으로 소득 불평등은 소유 불평등에 비하면 그 정도가 덜하다. 여기서 소득이라 함은 노동 소득(임금, 비임금 소득, 퇴직 연금, 실업 수당)과 자본 소득(이윤, 배당금, 이자, 임대료, 자본 수익 등)을 합한 개념이다. 자본 소득은 노동자와 고용주의 권력관계, 관련 법 제도와 사회적 제도(임대료 규제, 회사법, 노동법 등), 특히 노동조합에 주어진 역할과 노동조합의 협상력에 따라 달라져, 일반적으로 전체 소득의 1/4에서 1/3, 경우에 따라서는 절반 가까이 차지하기도 한다.[12] 구조적으로 자본 소득의 집중은 자본 소유의 집중 못지않게 극심하다.[13] 노동 소득의 불평등은 크긴 하지만 자본

---

12 프랑스와 영국 공히 19세기에 국민 소득의 40~45%를 차지하던 자본 소득의 비중은 세기말부터 감소해 20세기에 들어와서는 25~35% 사이를 오갔다. T. Piketty, *Le Capital au XXᵉ siècle*, op. cit., p. 317, 그래프 6.1-6.2 참조. 국제 투자자와 자본 소유자들을 상대하는 임금 노동자와 비공식 노동자(informal worker)들의 협상력이 극히 약한 일부 빈국과 신흥국들에서는 오늘날 자본 소득이 국민 소득의 40~50%를 차지하기도 한다. WID. world와 *The Global Labour Income Share and Distribution*, International Labour Organization, 2019 참조.

13 아니, 자본 소득 집중은 자본 소유 집중보다 더 극심하다. 자본 규모가 크면 클수록 자본 수익률은 더 커지기 때문이다. 소액 예금으로는 적은 이자 수입밖에

소득의 불평등에 비하면 상대적으로 덜한데, 이 또한 여러 요인에 의해 크게 좌우된다. 가령 협상 당사자들 간의 권력관계와 관련 법 제도와 사회적 제도, 예를 들어 최저 임금과 임금 체계의 존재 여부, 교육과 자격 취득, 취업에서의 평등을 보장하는 다양한 장치들, 그리고 성차별을 비롯한 다양한 차별을 없애려는 노력이 영향을 미친다. 총소득의 불평등은 자본 소득의 불평등과 노동 소득의 불평등의 중간 수준인데, 노동 소득이 차지하는 막대한 비중 때문에 대개 후자 쪽에 더 가깝게 나타난다.[14]

좀 더 자세히 살펴보자. 프랑스의 경우 총소득에서 상위 10%가 차지하는 몫은 20세기 초반까지 50~55%에 달하다가 1914~1945년 동안 35% 이하로 떨어진 뒤 30~38% 사이에 머물고 있다(그래프 7 참조). 소득 하위 50%가 차지하는 몫은 20세기 초반 대략 12~13%였으나 1945년에는 20%까지 상승해, 이후 18~23% 사이에 머물고 있다. 중위 40%의 몫은 1945년 이후로 상위 10%의 몫을 넘어서기까지 했다. 이 두 집단이 수적으로 4배 차이가 난다는 사실을 감안하면 이 자체는 전혀 특별할 게 없다. 사실상 프랑스 내 소득 불평등은 21세기 초인 지금도 여전히 무척 심각한 수준이다. 하위 50%의 소득은 상위 10%의 소득과 8배 차이가 나고, 상위 1%와는 20배, 상위 0.1%와는 무려 70배 차이가 난다. 그런데 소득의 불평등을 나타내주는 이러한 규모 차이가 소유의 불평등에서 관찰되는 차이보

올릴 수 없는 반면, 대량의 주식 소유는 중산층이 부동산으로 올리는 수익과는 비교할 수 없이 많은 수익을 장기적으로 가져다준다. 여기에도 당연히 다양한 제도들과 특수한 권력관계가 영향을 미친다. T. Piketty, *Capital et idéologie*, op. cit., p. 502-503, 그래프 10.6 참조.

14 T. Piketty, *Capital et idéologie*, op. cit., p.503, 그래프 10.6-10.7 참조

그래프 7

프랑스의 소득 분배 (1800~2020년) : 평등을 향한 장기적 여정의 시작?

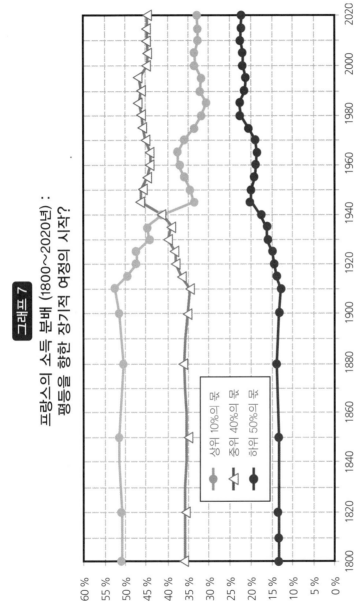

범례:
- 상위 10%의 몫
- 중위 40%의 몫
- 하위 50%의 몫

(세로축) 전체 국민 소득 중 사회집단 소유의 몫

프랑스의 총소득(임금과 비임금 소득, 퇴직 연금, 실업 수당을 포함하는 노동 소득과, 이윤, 배당금, 이자, 임대료, 자본 수익 등등을 포함하는 자본 소득의 합계)에서 상위 10%가 차지하는 몫은 1800~1910년 동안 50%에 달했다. 양차 세계 대전 이후 소득의 탈집중화가 시작됐다. 이 변화는 (소득 하위 50%에 해당하는) '민중 계급'과 (중위 40%에 해당하는) '중위 계급'에게는 유리하되, (상위 10%에 해당하는) '상위 계급'에게는 불리하게 작용했다.

출처 및 통계: piketty.pse.ens.fr/egalite

다는 작다는 것을 지적할 필요가 있다. 전체적인 평등의 확대가 소유보다 소득에서 더 큰 규모로 일어난 게 그 이유다(그래프 6 참조). 프랑스에서 나타난 이러한 변화는 대부분의 유럽 국가에서도 비슷하게 관찰되며, 1980년 이후 불평등 심화가 더욱 뚜렷해진 미국에서도 어느 정도 확인된다.

앞으로 우리는 이러한 변화들을 좀 더 상세히 살펴보면서 미래를 위한 교훈을 이끌어내게 될 것이다. 하지만 이보다 먼저 역사를 거슬러 올라가, 18세기 이후 세계적 차원에서 나타난 부의 분배의 변화부터 이해해보자.

제3장
노예제와 식민주의의 유산

　유럽과 미국이, 적어도 최근까지, 전 세계적으로 지배적 위치를 점할 수 있었던 이유는 무엇일까? 유일한 이유라고 말할 수는 없지만, 노예제와 식민주의가 서구의 부의 축적에 핵심적인 역할을 했음을 앞으로 우리는 알게 될 것이다. 노예제와 식민주의의 유산은 한 국가 내에서의 부의 분배 못지않게 국가 간의 부의 분배에서도 깊은 흔적을 남겼다. 따라서 이와 관련한 역사적 사건들을 자세히 살펴보는 것은 각별히 중요한 의미를 지닌다.

산업 혁명, 식민주의, 그리고 자연 생태계

　우리가 확보한 모든 연구 결과들이 다음의 사실을 입증해준다. 서구 산업 자본주의의 발달은 15~16세기에 시작해 18세기와 19세기에 걸쳐 가속화된 서구 열강의 다른 지역에 대한 군사적 지배와 식민 지배, 국제 노동 분업, 천연자원의 무분별한 착취와 밀접한 관계가 있다. 식민주의 유산에 대한 평가부터 시작하지 않고는 세계적 차원의 평등과 불평등의 역사를 쓸 수 없다는 뜻이다. 유럽의 팽창은 아프리카 해안에 최초의 포르투갈 상관이 설립되고 바스쿠 다가마가 인도로, 콜럼버스가 아메리카 대륙으로 원정을 떠난 1450~1500년 무렵에 시작돼, (인도차이나 전쟁과 알제리 전쟁을 비롯한) 잔혹한 독립 전쟁들에 의해 1960년대에, 남아공의 아파르트헤이트까지 포함하면 1990년대에 와서 끝이 난다. 긴 시간의 흐름에서 보면 우리는 이제 막 식민주의의 경험에서 벗어난 셈이다. 그러니 그것이 남긴 영향이 단 몇십 년 만에 사라질 수 있다고 믿는 것은 순진한 생각이다. 오늘날 지구상에 태어나는 개개인은 이 무거운 유산에 책임이 없다. 하지만 세계 경제 체제와 이것의 불공정성을 분석하고 앞으로 일어나야 할 변화를 고민하는 과정에서 이 식민주의의 유산을 고려할 것인가 아닌가에 대해서는 분명히 우리 모두가 책임이 있다.

케네스 포메란츠는 2000년에 출간한 유럽과 아시아의 '대분기'를 다룬 저작에서, 세계적 차원의 원자재 공급과 노동력 동원이 없었다면 서구의 산업 발전은 단시간에 대규모 '생태적' 제약에 봉착했을 것이라는 점을 강조한다.[1] 그는 특히 18세기 말부터 19세기까지 영국을 필두로 유럽 국가들에서 일어난 산업 혁명이 세계 다른 지역에서 행한 대규모 원료(특히 면화)와 에너지 자원(특히 목재) 수탈에 기반했다는 것, 그리고 이 과정이 식민 지배를 통해 강제적이고 조직적으로 일어났다는 것을 보여준다.

포메란츠가 보기에 1750~1800년 무렵에는 중국과 일본의 가장 발전한 지역들이 서유럽의 비슷한 지역들과 발전 수준에 차이가 없었고, 사회-경제 구조도 상당히 유사했다. 양쪽 모두 지속적인 인구 성장과 (경작 기술

---

1   K. Pomeranz, *The Great Divergence*, op. cit. 참조.

의 향상과, 개간과 벌목을 통한 농경지 면적의 놀라운 증대 덕분에 가능해진) 농업 발전이 진행 중이었고, 직물 산업을 중심으로 프로토산업화(proto-industrialization)와 자본 축적이 일어나고 있었다. 그런데, 포메란츠의 분석에 따르면, 핵심적인 두 가지 이유 때문에 1750~1800년부터 양쪽이 서로 다른 궤적을 그리게 된다. 첫째, 유럽에서 벌목으로 산업 발전에 심각한 제약이 발생한 상황에서 잉글랜드에서 풍부한 석탄 매장지가 확인된 것이다. 그러자 목재가 아닌 다른 에너지원으로 빠르게 눈을 돌렸고, 관련 기술도 일찍 발전하기 시작했다. 둘째, 이것이 좀 더 핵심적인 이유인데, 유럽 국가들의 조세 재정 능력과 군사 능력의 발전이 국제 노동 분업과 수익성 뛰어난 공급망 구축을 가능하게 했다. 당시 유럽 국가들이 지닌 조세 재정 능력과 군사 능력은 주로 오래전부터 벌인 경쟁의 산물이었는데, 여기에 국가 간 경쟁에서 비롯된 기술 혁신과 금융 혁신까지 더해지면서 강화되었다.

벌목과 관련해 포메란츠는 유럽이 18세기 말에 탈출구 없는 생태적 제약에 봉착하기 직전이었다는 점을 강조한다. 영국과 프랑스, 덴마크와 프로이센, 이탈리아와 에스파냐 모두에서 몇 세기 동안 숲이 급속도로 사라져, 1500년 무렵에는 전체 면적의 대략 30~40%를 차지하던 것이 1800년에는 10%에 불과했다(프랑스에서는 16%, 덴마크에서는 4%). 초기에는 아직 숲이 울창한 동유럽이나 북유럽 지역들과의 교역을 통해 목재의 부족분을 부분적으로 메울 수 있었지만, 곧 이것만으로는 불충분해졌다. 비슷한 시기인 1500~1800년 동안 중국에서도 벌목이 점차 늘어났지만 상황이 유럽만큼 심각하지는 않았다. 당시 중국의 발전한 지역들과 숲이 울창한 내륙 지역들 간에 좀 더 강력한 정치적·상업적 통합이 이루어지고 있었기 때문이다.

유럽은 아메리카의 '발견'과 아프리카와의 삼각 무역, 아시아와의 교역을 통해 그런 제약들을 타개해나가게 된다. 아프리카에서 북아메리카와 앤틸리스 제도, 남아메리카로 데려온 노동력이 생산한 원료(주로 목재, 면화, 설탕)는 식민 지배자들의 이윤 창출과 1750~1800년 무렵부터 급성장한 섬유 산업에 쓰였다. 군사력을 이용해 장거리 해상 운송로를 장악한 것도 원거리 지역과의 상호 보완성 강화를 가능하게 만들었다. 영국은 플랜테이션에서 가져온 목재와 면화로 섬유 제품과 공산품을 만들어 북아메리카에 수출했고, 여기서 번 돈을 다시 앤틸리스 제도와 현재 미국 남부에서 일하던 노예들의 식량 구입에 썼다. 18세기에 노예들이 입던 옷을 만든 천의 1/3이 인도에서 온 것이었다. 또한 아시아에서 물건(직물, 비단, 차, 도자기 등)을 수입해 오는 데 필요한 돈의 상당 부분을 아메리카에 수출해서 번 돈으로 충당했다. 포메란츠의 계산에 따르면, 1830년 무렵 영국이 해외 플랜테이션에서 들여온 면화와 목재, 설탕의 양은 100만 헥타르 이상 경작지의 생산량에 해당했고, 영국 전체 경작지 생산량의 1.5~2배에 해당하는 규모였다.[2] 이렇게 식민지를 통해 생태적 제약을 극복할 수 없었다면 다른

---

2 K. Pomeranz, *The Great Divergence*, p. 211-230, 264-297, 307-312 참조. 이 목재 수입은 이후에도 우리가 상상하는 것 이상으로 오랫동안 무척 중요한 역할을 했다. '에너지 전환'이라는 낙관적 개념이 머릿속에 떠오르게 하는 것과는 달리, 역사는 한 에너지 자원이 다른 것으로 대체되는 것이 아니라 에너지 자원의 종류(목재, 석탄, 석유)가 계속 추가되는 과정을 우리에게 보여준다. 1900년 무렵, 프랑스는 국내에서 생산되는 목재로 모자라 국내 생산량의 절반에 해당하는 양을 추가로 수입했고, (국내 생산량이 거의 바닥났던) 영국은 프랑스 생산량의 2년 치에 해당하는 목재를 해외로부터 수입했다. 수입 지역은 북유럽(러시아, 스웨덴, 핀란드)뿐 아니라 아프리카와 라틴 아메리카, 아시아까지 다양했

곳에서 공급원을 찾아야 했을 것이다. 물론 유럽이 자급자족으로 똑같은 산업 발전을 이루었을 시나리오가 역사적·기술적으로 절대 불가능하다고 말하는 건 아니다. 하지만 엄청난 상상력이 필요한 것은 사실이다. 가령 랭커셔의 영국인 농부들이 관리하는 비옥한 면화 플랜테이션의 모습을, 맨체스터 인근의 하늘 위로 쭉쭉 뻗은 나무들의 모습을 떠올리는 건 쉽지 않은 일이다. 그것은 아마도 우리가 지금 살고 있는 세계와는 거의 관련이 없는 세계의 이야기, 전혀 다른 이야기가 될 것이다.

대분기의 기원: 유럽의 군사적 지배

포메란츠가 보여주듯이, 18~19세기에 유럽을 성공으로 이끈 군사적 제도와 전략들은 1776년 애덤 스미스가 『국부론』에서 권고한 훌륭한 제도들과는 놀라울 만큼 거리가 멀다. 경제적 자유주의를 정립한 이 책에서 스미스는 무엇보다 낮은 세금과 (국채가 없거나 극히 적은) 균형 예산, 소유권의 절대적 보장, 가능한 한 통합적이고 경쟁적인 노동 시장과 재화 시장의 채택을 정부에 권고했다. 그런데 이 모든 측면에서 18세기 중국의 제도가 동시대 영국의 제도보다 훨씬 애덤 스미스적이었다. 특히 시장의 통합성 면에서는 중국이 영국을 훨씬 능가했다. 중국 곡물 시장은 훨씬 더 광범위한 지리적 범위에서 작동하고 있었을 뿐 아니라 노동의 이동성 또한 현저

다. J.-B. Fressoz, "Pour une histoire des symbioses énergétiques et matérielles", *Annales des Mines*, 2021 참조. 18세기와 19세기 유럽과 북미의 삼림 파괴의 심각성에 대해서는 L. Chancel, "Global Carbon Inequality in the Long-Run", WID. world, 2021 참조.

히 더 높았다. 이런 차이는 최소한 프랑스 혁명 전까지, 유럽에서 봉건제가 막강한 위력을 발휘했던 상황과 무관하지 않다. 농노제는 (중국에서는 16세기 초에 이미 거의 사라졌지만) 동유럽에서는 19세기까지 존속했고, 서유럽에서도 18세기까지 여전히 노동 이동성에 제약이 존재했다. 서유럽에서는 특히 프랑스와, 구빈법(Poor Laws)을 제정한 영국이 그러했다. 이 나라들에서는 엄청난 자치권을 가진 지방 엘리트들과 영주 법정들이 노동 계급에게 강압적인 규칙들을 강요했다. 일부가 거래 금지 대상이었던 교회 재산도 유럽이 훨씬 많았다.

마지막으로 가장 결정적인 차이는 세금이었다. 오스만 제국처럼 중국도 유럽에 비해 세금이 아주 낮았다. 청 제국은 예산에 엄격한 교조주의를 적용했다. 세금으로 정확히 지출을 충당해 적자를 발생시키지 않았다. 반면 프랑스 왕국과 잉글랜드를 비롯한 유럽 국가들은 1500~1800년 사이에 줄곧 전쟁을 벌여온 탓에 세금을 많이 거둬들였음에도 불구하고 계속 국가 부채가 쌓이고 있었다. 이전 부채에 따른 이자까지 더해지는 바람에 세수만으로는 전쟁 비용을 감당하기가 불가능했다. 그런데 바로 이렇게 형성된 조세·금융·군사 능력이 훗날 유럽의 부강에 결정적인 역할을 하게 된다. 좀 더 구체적으로 살펴보자. 중국 국가와 오스만 국가는 16세기와 17세기 대부분의 시기에 유럽 국가들과 군사력 면에서 대등했다(오스만 제국이 마지막으로 오스트리아의 빈을 포위했던 해가 1683년이다). 그런데 국가 간의 끝없는 경쟁을 통해 결국 18세기 말부터 시작해 19세기 동안 유럽 국가들은 절대적인 군사적 지배력을 갖게 되었다. 1550년 무렵에 오스만 제국은 보병과 해병을 합쳐 14만 명의 병력을 보유하고 있었는데, 이는 프랑스와 영국의 병력을 합친 숫자에 해당했다. 그런데 오스만 제국의 병력은 1780년에도 거의 변함이 없었던 반면(15만 명), 프랑스와 영국은 뛰어난 함내와 화력을 갖추게 됐고, 보병과 해병의 합계 병력이 45만 명에 달했다. 이 시기에 (1550년에는 군대라고 부를 만한 것이 거의 없었던) 오스트리아와 프로이센도 각각 25만 명과 18만 명의 병력을 보유하고 있었다.[3]

비록 완벽한 자료는 아니지만, 우리가 가진 세수 관련 자료에 따르면, 1500~1800년 사이에 유럽 국가들과 비유럽 국가들 사이에 대분기가 존재했음을 알 수 있다(그래프 8 참조). 1600~1650년 동안은 대부분의 국가에서 세수가 미미했다. 하지만 유럽 국가들이 부강해지는 1700~1750년 무렵부터 뚜렷한 격차가 나타나기 시작했다. 18세기 말과 19세기 초, 중국과 오스만 제국의 세수는 여전히 도시 노동자 임금의 2~4일 치(국민 소득의 1~2%)에 해당했다. 같은 시기 주요 유럽 국가들의 세수는 15~20일 치 임금(국민 소득의 6~8%)에 해당했다.[4] 데이터가 얼마나 부정확한가와는 별개로 격차는 분명히 존재하며, 이는 커다란 변화가 틀림없다. 국민 소득의 1%만을 세금으로 걷는 국가는 사회를 동원할 수 있는 권력과 역량이 극히 제한적이다. 달리 말하면, 이런 국가는 스스로 유용하다고 판단하는

---

3   K. Karaman, S. Pamuk, "Ottoman-State Finances in European Perspective", *Journal of Economic History*, 2010과 T. Piketty, *Capital et idéologie*, op. cit., p. 438-439 참조.

4   국민 소득 추정과 관련된 불확실성을 감안하면, 오래전부터 잘 알려진 단위인 도시 노동자 일당, 특히 건설 노동자 일당으로 표시한 수치를 사용하는 게 좀 더 바람직해 보인다. 유럽 국가들과 오스만 국가와 중국 국가 사이에는 거둬들인 세수의 가치를 등가의 은(톤 단위)으로 표시했을 때도 비슷하게 큰 격차가 확인된다. T. Piketty, *Capital et idéologie*, op. cit., 그래프 9.1, p. 432 참조.

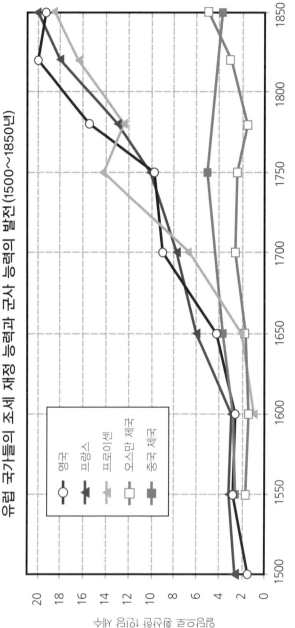

그래프 8

대분기의 기원 :
유럽 국가들의 조세 재정 능력과 군사 능력의 발전(1500~1850년)

1500~1600년 무렵, 유럽 국가들이 1인당 세수는 도시 노동자의 2~4일 치 임금. 1750~1850년에는 10~20일 치 임금에 해당했다. 이에 비해 중국 제국과 오스만 제국은 2~5일 치 임금 수준에서 안정됐다. 1인당 국민 소득이 대략 도시 노동자의 250일 치 임금에 해당한다고 하면, 중국 제국과 오스만 제국의 세수는 국민 소득의 약 1~2%에 계속 머무른 반면, 유럽 국가들의 세수는 1~2%대에서 6~8%대로 증가했다.

출처 및 통계: piketty.pse.ens.fr/egalite

국가적 기능들을 수행하는 데 국민의 1%밖에 동원할 수 없다.[5] 따라서 종종 자신의 영토 내에서 재화와 사람의 안전을 보장하는 것도 벽차 지역 엘리트들에게 의존할 수밖에 없다. 이와 달리 국민의 6~8%를 국가에 복무시킬 수 있는 국가는 특히 질서 유지와 대외적인 군사적 야망 실현에 훨씬 더 막강한 능력을 갖게 된다. 지구상의 모든 국가가 똑같이 약한 국가였을 때는 어떤 의미에서 균형이 존재했다. 그런데 다수의 유럽 국가가 좀 더 우월한 조세 재정 능력과 행정 능력, 군사 능력을 갖게 되면서부터 새로운 역학이 작동하기 시작했다.

면화 제국: 세계 섬유 산업의 장악

최근의 연구들은 '대분기'의 기원과, 군사 식민 지배와 이 과정에서 일어난 기술 및 금융 혁신의 핵심적인 역할을 분석한 포메란츠의 결론에 대부분 의견을 같이한다.[6] 아주 장기적인 관점에서는 유럽에 부정적인 영향

---

5 국가가 고용하는 사람들(경찰, 군인, 공무원 등)의 보수가 해당 사회의 평균이고, 이들이 직무를 수행하는 데 필요한 설비와 비품에 드는 비용도 평균이라고 가정할 때, 이 보수와 비용이 평균보다 3배 높아지면 고용 능력은 그 금액만큼 감소하게 된다.

6 산업 자본주의 발달에서 노예제와 식민주의 수탈이 한 역할은 이미 19세기에 (카를 마르크스를 비롯한) 많은 관찰자들과, (역사학자이자 경제학자이면서 1956~1981년에 트리니다드 토바고의 총리를 지낸) 에릭 윌리엄스가 『자본주의와 노예 제도(Capitalism and Slavery)』(1944)를 통해 지적한 바 있다. 이와 달리 막스 베버는 『프로테스탄트 윤리와 자본주의 정신』(1905)에서 문화적·종교적 요인들을 강조했으며, 페르낭 브로델은 『물질 문명과 자본주의』(1979)에서 서유럽에서 온 대규모 금융 자본의 역할을 부각했다. 이들에 비해 유럽 중심주의 색채가 훨씬 덜한 포메란츠와 파르타사라티, 베커트의 최근 연구들은 어떤 측면에서

(1914~1945년 동안 유럽 열강이 벌인 민족주의와 인종 학살의 자기 파괴적 악순환이 이것의 극단적인 예라면, 유럽 연합이 2020년 초에도 여전히 정치적으로 조직화되고 단합하는 데 어려움을 겪는 상황 또한 그 예에 해당한다)을 끼쳤다고 평가할 수 있는 정치적 분열이, 1750~1900년 동안에는 중국과 전 세계보다 앞서 나갈 수 있었던 원동력이었다는 점을 연구자들은 강조한다. 군사적 경쟁 과정에서 획득된 혁신들이 바로 그 원동력이었다는 것이다.[7]

'면화 제국'을 연구한 스벤 베커트 역시 영국과 유럽이 1750~1850년 동안 세계 섬유 생산을 장악한 데는 노예제를 통한 면화 수탈이 핵심적인 역할을 했다고 지적한다.[8] 1492~1888년 사이에 대서양을 건너간 아프리카 노예의 절반이 바로 1780~1860년에 이송됐다는 것이다. 그에 따르면, 노예제와 면화 플랜테이션의 마지막 급속 성장기인 이때가 바로 영국 섬유 산업의 황금기였다. 1780~1790년까지만 해도 앤틸리스 제도, 그중에서도 특히 생도맹그가 최대의 면화 생산지였다. 그런데 1791년 노예 혁명 이후 생도맹그의 플랜테이션 체제가 붕괴하자 미국 남부 주들이 바통을 이어 받아 노예 수와 면화 생산 능력을 역사상 유례없는 수준으로 증대시킨다. 흑인 노예 무역은 공식적으로는 1810년에 폐지되지만, 실제로는 이후 수십 년이나 더 불법적으로 (특히 브라질로의 노예 수출은) 지속된다. 이때 플랜

마르크스와 윌리엄스로의 회귀를 보여준다. 하지만 상호 연결된 세계 역사를 분석하기 위해 이들이 사용한 연구 도구와 자료들은 이전보다 훨씬 풍부해졌다.

7   J.-L. Rosenthal, R. Bin Wong, *Before and Beyond Divergence. The Politics of Economic Change in China and Europe*, Harvard University Press, 2011 참조.

8   S. Beckert, *Empire of Cotton*, op. cit. 참조.

평등의 짧은 역사

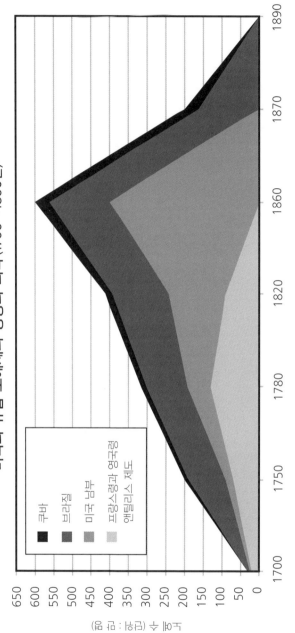

그래프 9

미국과 유럽 노예제의 성장과 쇠락 (1700~1890년)

노예 수 (단위: 만 명)

범례:
- 쿠바
- 브라질
- 미국 남부
- 프랑스령과 영국령 앤틸리스 제도

대서양 연안에 있는 유럽과 미국 플랜테이션의 총 노예 수는 1860년 600만 명(미국 남부에 400만 명, 브라질에 160만 명, 쿠바에 40만 명)에 달했다. (머리스와 레위니옹, 카프 프랑세까지 더한) 프랑스령과 영국령 앤틸리스 제도의 노예 수는 1780~1790년경 정점(130만 명)에 이른 후, 생도맹그 노예 혁명과 1833년과 1848년 노예제 폐지 이후 감소하게 된다.

출처 및 통계: piketty.pse.ens.fr/egalite

테이션 소유주들은 자연적인 방법을 통한 노예 재생산이 훨씬 빠르고 효과적이라는 것을 깨닫게 된다. 1800~1860년 사이 미국 남부의 노예 숫자는 100만 명에서 400만 명으로 네 배 증가한다(그래프 9 참조). 이들에 의한 면화 생산량 또한 기술 향상과 생산 집약에 힘입어 10배 증가한다. 남북전쟁 직전 유럽 섬유 공장들에서 수입한 면화의 75%가 미국 남부에서 왔다는 사실은 노예제의 결정적 역할을 분명히 보여준다.

프라사난 파르타사라티는 영국 섬유 산업 태동에 인도에 대한 적대적 보호 무역 정책이 핵심적 역할을 했음을 강조했다.[9] 17~18세기에 중국과 인도는 주로 공산품(각종 직물과 비단, 도자기)을 수출하는 대신 유럽과 아메리카, 일본에서 은과 금을 수입했다. 당시 날염한 인도산 천과 파란색 광목은 유럽과 전 세계에서 선풍적인 인기를 끌었다. 18세기 초 영국 상인들이 서아프리카에서 노예와 교환한 직물의 80%가 인도산이었는데, 이 비율은 18세기 말에도 여전히 60%에 달했다. 선적 기록을 분석해보면, 1770년대 프랑스 루앙에서 출항한 흑인 노예 무역 선박에 실린 화물의 1/3이 인도산 직물이었다. 오스만 제국의 기록을 살펴보면 중동으로 수출된 인도산 직물이 서아프리카로 수출된 양보다도 더 많았는데, 생산자의 이해보다 현지 소비자의 이해에 더 민감했던 오스만 정부는 이를 문제 삼지 않았던 것 같다.

섬유 산업 기술의 노하우를 획득하고 대륙을 연결하는 무역을 발전시키려 했던 유럽 상인들은 인도산 직물에 대한 반감을 조성하는 게 자신들에게 유리하다는 판단을 재빨리 내리게 된다. 그러자 1685년 영국 의회가

---

9 P. Parthasarathi, *Why Europe Grew Rich and Asia Did Not*, op. cit. 참조.

20%의 수입 관세 부과를 결정했고, 1690년에는 이를 30%로 인상하더니, 1700년에는 채색·날염된 직물의 수입을 전면 금지했다. 이때부터 비가공 인도산 섬유의 수입만 허용되자 영국 제조업자들은 채색·날염 섬유 산업을 발전시킬 기회를 얻게 됐다. 프랑스에서도 비슷한 조치들이 취해졌다. 영국에서는 18세기 동안 갈수록 강화돼 1787년에는 마침내 인도산 섬유 제품 전체에 대해 100% 관세 부과 결정이 내려졌다. 자신들이 보유한 금화와 은화를 모두 쓰지 않고 서아프리카 해안에서 무역을 확장하려면 고품질의 섬유 제품이 절실히 필요했던 리버풀 노예 상인들의 압력이 이 과정에 결정적인 역할을 했다. 1765~1785년 영국 섬유 생산이 급속히 증가했다. 영국은 석탄 사용에 힘입어 섬유 산업에서 확실한 비교 우위를 확보하고 나자 19세기 중반부터 확실한 자유 무역주의 담론을 펼치기 시작했다. 영국의 보호 무역주의 정책은 17~18세기에 꽃을 피운 인도의 조선업에도 관철됐다. 영국 정부는 1815년, 인도에서 건조된 선박에 실려 수입되는 모든 물품에 15%의 특별 관세를 매긴 데 이어, 희망봉 동쪽에서 오는 상품들은 오로지 영국 선박을 통해서만 국내 반입이 가능하다는 내용의 법령을 공포하기에 이르렀다. 전체 추정치를 제시하기는 어렵지만, 무력을 동원해 세계 다른 곳에 이 같은 보호 무역주의를 강제로 관철시킨 것이 영국과 유럽 산업이 세계를 지배하는 데 중요한 역할을 했음은 분명해 보인다. 우리가 보유한 추계에 따르면, 중국과 인도가 세계 제조업 생산에서 차지하는 비중은 1800년에 53%였으나 1900년에는 5%에 그쳤다.[10]

---

10 P. Parthasarathi, *Why Europe Grew Rich and Asia Did Not*, op. cit., p. 97-131, p. 234-235 참조. 또한 P. Singaravelou, S. Venayre, *Histoire du monde au XIXe*

보호 무역주의, 중심부-주변부 관계, 세계 체제

한 가지는 분명히 해두자. 보호 무역주의는 유럽의 부강에만 핵심적인 역할을 했던 게 아니다. 역사 속 성공적인 경제 발전의 경험들을 살펴보면 대부분 보호 무역주의가 작동한 것을 알 수 있다. 19세기 말 이후 일본, 20세기 중반 이후 한국과 대만, 그리고 20세기 말과 21세기 초 중국이 그 대표적인 경우다. 이들 국가는 타깃화된 보호 무역주의를 통해 자국이 중점 육성하는 산업들에서 전문성과 노하우를 축적하는 동시에, 막 자리를 잡아가는 이 분야들에 외국 투자자들이 지배권을 가지게 될 가능성을 철저히 차단했다. 이 국가들은 특정 품목에서 절대적으로 우월적인 지위를 확보하고 나면 그때부터 자유 무역주의를 외치기 시작했는데, 이로 인해 뒤처진 나라들은 종종 이들에게 장기적으로 종속되게 되었다. 세계 체제(world-systems)와 중심부-주변부 관계에 대한 월러스타인의 연구는 자본주의의 긴 역사 속 다양한 예들을 통해 이러한 현실을 잘 보여준다.[11] 월러스타인 외에 다른 연구자들도 좀 더 근래에 들어 국가별 산업 전략이 얼마나 핵심적인 역할을 하는지 분석해주고 있다.[12]

---

siècle, op. cit., p. 90-92 참조.

11 I. Wallerstein, *The Modern World-System*, op. cit., 1974-1989 ; G. Arrighi, *The Long Twentieth Century: Money, Power and the Origins of our Time*, Verso, 1944 참조. 또한 D. Harvey, *Géographie du capital. Vers un matérialisme historico-géographique*, Syllepse, 2010 참조.

12 가령 H. J. Chang, *Kicking Away the Ladder: Development Strategy in Historical Perspective*, Anthems, 2002 ; M. Mazzucato, *Entrepreneurial State: Debunking Public vs Private Sector Myths*, Anthems, 2013 참조.

그런데 18세기와 19세기 유럽의 약진에서는 한 가지 특이한 점이 발견된다. 당시 유럽 국가들은 안팎으로 대항 세력이 전혀 없는 상태에서 전 세계를 상대로 일방적인 무소불위의 군사력을 휘둘렀다는 사실이다. 최초의 유럽 무역 회사인 영국 동인도 회사(EIC)[13]와 네덜란드 동인도 회사(VOC)는 사병을 동원해 인구 전체를 폭압적으로 통제한 초국적 무장 강도 집단이나 다름없었다. 아편 전쟁의 역사는 그것을 단적으로 보여준다. 18세기 초반에 들어 그때까지 중국·인도와의 무역 수지 균형을 맞춰주던 아메리카의 은이 고갈되자 유럽인들은 불안해지기 시작했다. 두 거대 아시아 국가에서 비단, 직물, 도자기, 향신료, 차를 수입해 오면서 대신 팔 만한 물건이 더는 없어진 것이다. 그러자 영국인들은 인도에서 아편 재배를 늘려 중국에 수출하기 시작한다. 이렇게 해서 18세기에 아편 거래 규모가 크게 늘어났고, 영국 동인도 회사는 1773년 벵골에서 아편 생산과 수출에 대한 독점권을 확보했다.

1729년부터 공중 보건이라는 당연한 명분을 내세우며 아편 소비를 금지했지만 실효를 거두지 못하고 있던 청 제국은 아편 거래 규모가 크게 증가하자 결국 행동에 나서게 된다. 1839년, 황제는 광저우에 사절을 파견해 아편 밀매를 중단시키고 아편 재고를 즉각 불태우게 한다. 그러자 아편 상인들이 영국 언론에 돈을 대, 청나라가 용납할 수 없는 소유권 침해와 자유무역주의 원칙의 훼손을 저지르고 있다며 격렬한 반중국 여론전을 펼치기 시작한다. 청 황제는 영국의 조세 재정 능력과 군사 능력의 증대를 제대로

---

13 W. Dalrymple, *The Anarchy. The Relentless Rise of the East India Company*, Bloomsbury, 2019 참조.

평가하지 못하고 있었던 게 분명하다. 결국 제1차 아편 전쟁(1839~1842년) 은 중국의 참패로 끝나고 만다. 함대를 파견해 광저우와 상하이를 포격한 영국은 1842년 최초의 '불평등 조약'(1924년에 쑨원이 대중화시킨 표현)을 체결하는 데 성공한다. 중국인들은 불태운 아편과 영국의 전쟁 비용을 배상해야 해야 했고, 영국 상인들에게 법률과 조세상 특권을 부여했으며, 홍콩을 양도해야 했다.

하지만 청나라 국가가 여전히 아편 무역의 합법화를 거부하자 다시 제2차 아편 전쟁(1856~1860년)이 발발하게 된다. 1860년, 프랑스-영국 군대가 베이징 이화원을 침탈하자 황제는 마침내 항복을 선언한다. 전쟁에 패한 청나라는 1860~1863년 동안 유럽인들에게 조계지를 보장하고 영토를 양도하는 것은 물론 막대한 전쟁 배상금을 지불해야 했다. 또한 이때부터 종교의 자유라는 이름하에 기독교 선교사들이 나라를 자유롭게 돌아다니는 것도 허락할 수밖에 없었다(반면에 불교·이슬람교·힌두교 선교사들은 유럽 땅에서 동등한 권리를 누리지 못했다). 이때 중국 국가가 프랑스와 영국이 군대를 앞세워 강요한 조공을 바치면서부터 그동안 고수해온 애덤 스미스적 교조주의 예산 정책을 포기하고 처음으로 막대한 규모의 국채를 지게 됐다는 사실은 역사의 아이러니다. 빚은 눈덩이처럼 불어났다. 청 왕조는 유럽인들에게 빚을 갚기 위해 증세를 하지 않을 수 없었고, 결국 조세주권의 상당 부분을 유럽인들에게 넘겨야 했다. 부채를 통한 강압이라는 이 고전적인 식민주의 시나리오는 (모로코를 비롯한) 다른 여러 나라에서도 그 예를 찾아볼 수 있다.[14]

---

14 A. Barbe, *Dette publique et impérialisme au Maroc (1856-1956)*, La Croisée des

한편, 유럽 국가들은 유럽 내에서 벌인 전쟁 비용을 대느라 막대한 국채를 지게 됐는데, 이 과정에서 역설적으로 금융의 증권화와 금융 혁신이 일어났다. 당시 유럽 국가들이 했던 금융 실험들은 때때로 대규모 파산으로 이어지기도 했는데, 1718~1720년 일어난 그 유명한 존 로(John Law)의 파산이 대표적인 경우다. 이 사건은 프랑스 국가와 영국 국가가 각각 국채를 청산하기 위해 경쟁적으로 증권 보유자들에게 비정상적인 식민지 회사들(가령 금융 거품의 붕괴를 재촉했던 미시시피 회사)의 주식을 제공한 게 발단이었다. 당시 주식회사를 통해 추진된 이런 프로젝트 대부분은 식민지형 무역 독점과 조세 독점에 기반한 것이었을 뿐, 생산적인 기업가 정신과는 크게 상관이 없었다.[15] 어쨌든 유럽인들은 전 세계 곳곳에서 금융 기술과 무역 기술을 발전시키면서 19세기 말과 20세기 초 산업 자본주의 시대

---

chemins, 2020 참조. 또한 N. Barreyre, N. Delalande, *A World of Public Debts. A Political History*, Palgrave, 2020 ; P. Penet, J. Zendejas, *Sovereign Debt Diplomacies: Rethinking Sovereign Debt from Colonial Empires to Hegemony*, Oxford University Press, 2021 참조.

15 1718~1720년 거품 당시 구상된 가장 대규모 프로젝트는 프랑스 상인들이 자본금 8,000만 파운드(당시 영국의 약 1년 치 국민 소득)를 가지고 설립한, 아메리카 전체 무역의 독점권을 보유한 한 회사가 기획한 프로젝트였다. 당시 솔로몬 왕의 재물이 감춰져 있다는 오빌 왕국을 발견하기 위해 추진된 프로젝트는 한둘이 아니었다(이 신화적 왕국의 위치는 대략 오늘날의 모잠비크와 짐바브웨 사이로 추정됐다). 이 밖에 현지 상인들의 기호를 재빨리 반영하기 위해 노예와 교환할 직물을 아프리카 현지에서 생산하려는 프로젝트도 있었다. S. Condorelli, *From Quincampoix to Ophir. A Global History of the 1720 Financial Boom*, Bern University, 2019 참조. 또한 A. Orain, *La Politique du merveilleux. Une autre histoire du Système de Law*, Fayard, 2018 참조.

와 금융 자본주의 시대에 결정적인 역할을 하게 될 인프라를 구축하고 비교 우위를 확립했다.[16]

유럽을 하나의 지방의 관점에서 바라보기,
서구의 특수성에 대해 다시 생각하기

요약하자면, 서구 국가들은 식민주의와 군사적 지배를 통해 자신들한테 유리하게 경제계(économie-monde)를 조직하고 세계 다른 지역을 오랫동안 주변부적 위치에 머무르게 만들 수 있었다. 다시 말하지만, 이러한 전략 자체는 조금도 유럽만의 특수성이라고는 할 수 없다. 20세기 전반에 일본도 비슷한 전략으로 아시아 일부 지역에 피해를 주었고, 일본에 의한 식민 지배가 끝나자 한국과 대만도 자주적인 발전 전략을 수립했다. 서구와 일본의 식민 굴레에서 벗어나자 중국도 몇십 년 동안은 주저하는 모습을 보이다가 1980년대 초반부터 독자적인 발전 전략을 수립해 추진했다. 이 과정에서 중국보다 발전이 뒤처진 가난한 아시아와 아프리카의 여러 나라 경제가 이미 중국에 종속됐다. 유럽의 독특한 점은 이런 전략을 최초로, 게다가 수 세기에 걸쳐 전 세계적으로 추진했다는 데 있다. 이러한 전략을 현실

---

16 자본주의 역사를 종합적으로 살핀 최근 저서를 통해 피에르 프랑수아와 클레르 르메르시에는 자본주의 시대를 무역의 시대(1680~1880년), 공장의 시대(1880~1980년), 금융의 시대(1980년 이후)로 구분한다. 무역의 시대 동안 서양 국가들은 지구 전체와 해상 네크워크를 장악한 상태에서 다른 곳들에 자신들의 군사 지배, 무역 지배를 관철했다. 이를 통해 이루어진 자본 축적은 이후 공장의 시대로 이행하는 데 중요한 역할을 하게 된다. P. François, C. Lemercier, *Sociologie historique du capitalisme*, La Découverte, 2021 참조.

화시켰던 유럽의 군사적 지배는 오랫동안 도전받지 않았고, 내외적으로 조직적인 반대 세력의 저항도 없었다.

하지만 식민주의가 서구 자본주의 부상에 핵심적인 역할을 했다는 사실만으로 모든 것을 설명할 수는 없다. 결코 그렇지 않다. 우리는 유럽이 조세 재정 능력과 군사 능력에서 우위를 점할 수 있었던 이유를 설명해내야한다. 대개 1500~1800년 동안 펼쳐진 유럽 국가 간 경쟁과 유럽의 영토 구조를 그 이유로 내세우는데, 내가 보기에는 이것으로도 완전한 설명은 불가능하다. 예를 들어, 비록 국경 체계는 유럽보다 훨씬 더 불안정했지만, 인도 반도에서도 유럽 못지않게 국가 간 경쟁이 치열했다. 몇몇 저자는 식민지 팽창이 결정적 역할을 하기도 전인 16~17세기부터 이미 영국 농촌에는 (세계 다른 곳에서는 찾아볼 수 없는) 자본주의적 특성을 가진 생산의 사회적 관계가 발전하고 있었다는 점을 지적하면서, 이것이 아주 일찍 시작된 국가의 중앙 집권화와 관계가 있다고 설명한다.[17] 이 결론은 무척 흥미롭기 때문에 앞으로 관심을 가지고 더 연구할 필요가 있다. 하지만 이런 결론을 확고하게 내리기에는 아직 뒷받침할 수 있는 자료들이 취약하고 지나치게 유럽 중심적으로 보인다. 현 단계에서는 포메란츠와 파르타사라티의 주장, 즉 18세기 중반까지만 해도 유럽과 중국, 일본, 인도의 발달한 지역들에서 관찰된 사회경제적 구조가 전혀 다르지 않으나, 식민 지배와 군

---

17 R. Brenner, "Agrarian Class Structure and Economic Development in Pre-Industrial Europe", *Past and Present*, 1976 ; E. Meiksins Wood, *The Origin of Capitalism. A Longer View*, Verso, 2002 ; A. Bihr, *Le Premier Âge du capitalisme*, vol. 1: *L'Expansion européenne (1415-1763)*, Syllepse, 2018 참조.

사 지배의 영향으로 분기가 시작되었다는 논리가 가장 근거 있어 보인다.

하지만 새로운 연구와 새로운 자료들이 등장하면 역시 취약하고 임시적인 이 결론 또한 얼마든지 바뀔 가능성이 있다. 유럽이 좀 더 빨리 프로토자본주의적(proto-capitalist) 분기를 겪은 이유를 다른 방식으로 설명하는 연구자들도 있다. 가령, 중세 전문가인 자코모 토데스키니는, 독신인 성직자는 원칙적으로 계급으로 존재하기가 불가능함에도 불구하고 유럽 가톨릭 교회가 종교 조직, 정치 조직이자 동시에 소유 조직으로서의 영속성을 위해 수 세기에 걸쳐 무척 정교한 금융·상업·소유 관련 법체계를 만들었다는 점을 지적했다.[18] 토데스키니보다 앞서 인류학자 잭 구디는, 유럽 가족 구조에서 나타난 여러 가지 특수성(로마 시대 규칙들에 역행하는 사촌 간 결혼 금지, 입양과 과부의 재혼 금지)이 재산을 축적하고 소유 조직으로서 가족과 경쟁을 벌이려 했던 교회의 강력한 의지와 무관하지 않으리라는 가설을 내놓기도 했다.[19]

이보다 더 결정적으로 작용했을 수도 있는 다른 요인들을 지적하는 연구자들도 있다. 가령 산자이 수브라마니암을 비롯한 여러 학자들은 유럽 팽창주의의 바탕에는 지정학적 동기와 종교적 동기가 깔려 있었음을 강조한다. 포르투갈인들은 영원한 적인 무슬림을 포위할 목적으로 아프리카 원정에 나섰다. 그들은 아프리카 동쪽 해안에 있다는 가상의 기독교 왕국을 찾아 이슬람을 후미에서 공격할 계획이었다. 그런데 아프리카 동쪽 해안을

---

18 G. Todeschini, *Les Marchands et le Temple. La société chrétienne et le cercle vertueux de la richesse du Moyen Âge à l' Époque moderne*, Albin Michel, 2017 참조.

19 J. Goody, *The European Family*, Blackwell, 2000 참조.

평등의 짧은 역사

아무리 뒤져도 그 왕국은 발견되지 않았고, 결국 그들은 인도 해안에 닿게 됐다. 레콩키스타에서 활약한 기사단 출신이었던 바스쿠 다가마가 인도의 캘리컷과 코친 인근에서 만난 군주들이 기독교도가 아니라 힌두교도임을 알게 되기까지는 여러 해가 걸렸다.[20] 에드워드 사이드는 이슬람과의 경쟁 관계가 핵심적인 역할을 했음을 지적하면서, 오리엔트와 무슬림은 원래가 타락하고 자주적 통치 능력이 없다는 낙인을 찍는 담론들이 어떻게 식민주의 프로젝트의 정당화에 쓰였는지 보여준다.[21]

이와는 전혀 다른 각도에서 클로드 레비스트로스는 극동(Far East)과 극서(Far West) 사이에 존재하는 긴밀한 인류학적 관계를 부각한다. 그는 세계의 이 양쪽 끝이 국가 형성에 유리한 자연적인 국경의 혜택을 (특히 섬나

---

20 S. Subrahmanyan, *Vasco de Gama, Légende et tribulations du vice-roi des Indes*, Alma, 2012 참조.

21 1833년, 프랑스 시인 라마르틴은 동양에 대한 유럽의 통치권을 주장하고 이론화한 그의 유명한 저서 『동양으로의 여행(Voyage en Orient)』을 출간했다. 당시는 프랑스가 알제리를 정복하기 위해 야만적인 전쟁을 벌이던 때였다. 이보다 조금 앞서 작가 샤토브리앙은 두 책 『기독교의 정수(Génie du Christianisme)』와 『파리에서 예루살렘까지의 여정(Itinéraire de Paris à Jérusalem)』에서 여러 페이지를 할애해 거친 표현을 쓰며 십자군이 가진 문명자로서의 역할을 정당화하고 이슬람을 맹비난했다. "기사들이 이교도들을 집 안까지 쫓아갔다고들 비난한다. 하지만 이것이 결국 기독교 민족들을 먼저 공격했던 민족들에 대한 정당한 보복이었다는 사실은 지적하지 않는다. 무어인들의 존재는 십자군을 정당화해준다. 코란의 제자들이 그간 아라비아 사막에 조용히 머물렀던가, 아니면 델리와 빈의 성벽 앞까지 그들의 율법을 가져오고 약탈을 자행했던가? 이 맹수들의 소굴이 다시 가득 차기까지 기다렸어야 했다는 말인가!" E. Saïd, *Orientalism*, Vintage Books, 2003(1978) 참조. 또한 T. Piketty, *Capital et idéologie*, op. cit., 2019, p. 385-391 참조.

라 영국과 일본이, 그리고 어느 정도는 프랑스도) 누렸을 뿐 아니라, 신석기 시대에 인류의 이동이 시작한 이래로 신화와 이데올로기, 세계에 대한 지식이 모이는 장소였음을 지적했다.[22] 신석기 시대 최초 국가들의 형성에 관한 연구들을 보면, 의식(儀式)이 중요했으며, (섬이나 바다에 면한 땅처럼) 영토적 제약이 존재하는 곳을 제외하면 대부분의 국가 구조가 극도로 취약한 상태였음을 알 수 있다.[23]

경제·사회사와 국가 건설의 역사

앞서 언급한 종교, 이데올로기, 그리고 인류학적 요인들은 당연히 모두 유럽과 세계 다른 곳의 역사에 중요한 영향을 미쳤다. 그러므로 결과적으로 일어난 역사의 궤적에 결정적 영향을 끼친 원인 하나를 이 많은 요인들 가운데서 골라낼 수 있다고 주장하는 것은 착각이고 유치한 생각이다. 지금으로서는 서구 자본주의와 세계 자본주의의 발달이 국제 노동 분업과, 세계적인 천연자원과 인적 자원의 무분별한 착취에 기반하고 있으며, 국가 세력들 간의 권력관계가 이 역사에서 핵심적인 역할을 했음을 지적하는 게 더 유용해 보인다. 중요한 것은 국가 건설이 단순히 조세 재정 능력이나 군사 능력의 발전으로만 되는 게 아니라, 세계에 대한 비전, 이데올로기, 정체성, 언어, 그리고 수백만 명의 사람들을 연결하는 '상상의 공동체들'을 필요로 한다는 점이다. 이 수많은 사람들은 단 한 번 만난 적도, 앞으로 만날

---

22 C. Lévi-Strauss, *L'Autre Face de la Lune, Écrits sur le Japon*, Seuil, 2011 참조.

23 J.-P. Demoule, "Naissance des inégalités et prémisses de l'État", in *La Révolution néolithique dans le monde*, CNRS Éditions, 2010 참조.

일도 절대 없지만, 싫든 좋든 국가 권력이 요구하는 규칙들을 따르기로 한 사람들이다.[24] 이 국가 건설은 여러 세기 동안 지배 계급이 주도해왔는데, 이들은 세계 다른 곳을 정치·종교·무역의 식민지로 삼으려는 프로젝트에서 때때로 갈등을 보이기도 했다. 그런데 18세기 말부터 하위 계급들과 혁명, 그리고 사회적 투쟁이 점차 중요한 역할을 하기 시작해, 어떤 정치적 프로젝트를 위해 어떤 형태의 국가 권력을 만들 것인가를 결정하는 데 개입했다. 국가는 그 자체로 평등하지도 불평등하지도 않다. 모든 것은 누가, 무엇을 위해 국가를 장악하느냐에 달렸다. 비록 만족스러운 연구를 할 수 있을 만큼 데이터가 충분한 건 아니지만,[25] 초기 국가들[26]과 18세기 이

---

24 근대 민족 국가의 기원이 된 상상의 공동체들의 형성을 인쇄술의 전파와 관련해 다룬 연구는 고전이 된 B. Anderson의 저서 *Imagined Communities. Reflection on the Origin and Spread of Modern Nationalism*. Verso, 2006(1983) 참조.

25 관련 연구들 중 G. Alfani "Economic Inequality in Preindustrial Times", *Journal of Economic Literature*, 2021과 G. Alfani, M. Di Tulio, *The Lion's Share. Inequality and the Rise of the Fiscal States in Preindustrial Europe*, Cambridge University Press, 2019 참조. 이탈리아와 네덜란드 도시들의 지역 자료에 바탕을 둔 이 두 연구는 1500~1800년 사이 소유의 집중이 강화되는 경향이 있었음을 지적하면서, 그 이유로 조세 제도와 국가 시스템의 약화를 꼽는다. 이 시기 초반에 시골과 도시의 가난한 인구가 제대로 등록되지 않았던 상태였음을 감안하면, 그 변화의 규모가 유의미한지는 확실히 말할 수 없다. 또한 B. Van Bavel, *The Invisible Hand? How Market Economies Have Emerged and Declined since AD 500*, Oxford University Press, 2016 참조.

26 A. Testart, *L'Institution de l'esclavage. Une approche mondiale*, Gallimard, 2018 참조. 이 책에서는 국가 형성이 종종 국내 노예제 폐지와, 소유자와 피소유자 간의 극단적인 종속 관계에 대한 규제로 이어졌음을 지적한다(이는 평등을 선호해서가 아니라 공동체가 여러 개의 주권으로 흩어지고 파편화되는 것을 막기 위해서, 달리

전 시기들에서도 똑같은 양면성이 일정 정도 존재했음은 확인할 수 있다.

모든 국가 형성은 독특한 과정과 정체성, 특별한 투쟁의 방식을 동반하며, 각각은 그 자체로 연구의 대상이 되어야 한다. 18세기 영국과 프랑스의 국가 형성이 그랬고, 19세기 중국 국가와 미국 연방 국가, 인도, 유럽 연합도 그랬다. 자본주의와 경제 발전 역사의 중심에는 국가와 권력의 역사가 자리하고 있다. 따라서 자본주의와 경제 발전의 역사는 근본적으로 정치적이고 이데올로기적일 수밖에 없다.

말하면 통일된 하나의 국가 주권을 확립하기 위해서였다). 이와 반대로 다른 여러 저자들은 최초의 국가들이 억압과 강제 노동에 기반했으며, 탈집중화된 대안적 정치 형태들을 복원하려 했음을 강조한다. P. Clastres, *La Société contre l'État*, Minuit, 1974 ; J. Scott, *Against the Grain. A Deep History of the Earliest States*, Yale University Press, 2017 ; D. Graeber, D. Wengrow, "How to Change the Course of Human History", *Eurozine*, 2018 ; *The Dawn of Everything*, Allen Lane, 2021 참조.

제4장
배상의 문제

　이 책에서 다루는 평등을 향한 긴 여정에서 핵심적인 단계인 노예제와 식민주의의 종말은 충돌과 투쟁, 해방과 불공정으로 점철된다. 여기서 불공정이라 함은 가령 (노예가 아니라) 노예 소유주에게 지급된 금전적 보상을 말하는데, 이는 사안의 중대성에도 불구하고 잘 알려지지 않았으며 오늘날까지도 여전히 배상의 문제를 제기한다. 아무리 복잡해도 이 문제를 영원히 피해 갈 수만은 없다. 뿌리 깊은 불공정이 계속 존속하게 하지 않으려면 지금 행동에 나서지 않으면 안 된다. 노예제와 식민주의의 유산은 우리에게 배상을 통한 정의와 보편적 정의의 관계를 세계적 차원에서 다시 생각하지 않을 수 없게 만든다.

노예제의 종말 : 노예 소유주들에게 이루어진 금전적 보상

　18세기와 19세기 대서양 연안의 노예제 규모는 어마어마했다. 미국 남부의 노예 숫자는 1800년에서 1860년 사이 4배로 증가했다. 이 지역의 플랜테이션 규모는 역사상 유례를 찾아볼 수 없을 정도로 커져 서양 섬유 산업 발전에 핵심적인 역할을 했다. 몇십 년 전인 18세기 말까지만 해도 플랜테이션 경제의 중심은 프랑스령과 영국령이었다. 특히 프랑스령 노예제 섬들은 1780~1790년 동안 구미에서 노예가 가장 밀집됐던 곳으로, 그 수가 70만 명에 이르렀다. 당시 영국 속령들의 노예 숫자는 대략 60만 명, (막 독립한) 미국 남부 플랜테이션들의 노예 숫자는 50만 명이었다.

  프랑스령 앤틸리스 제도에서 노예가 가장 많았던 섬은 마르티니크, 과들루프, 특히 생도맹그였다. 1804년 독립 선포와 함께 아이티로 이름을 바꾼 생도맹그는 설탕과 커피, 면화 생산 덕분에 18세기 말 프랑스 식민지 중 가장 번영하고 가장 수익성이 좋은 보배였다. 1626년에 프랑스 식민지가 된 생도맹그는 1492년 콜럼버스가 정박했던 히스파니올라 섬의 서쪽 지역을 차지하고 있었다. 히스파니올라 섬의 동쪽 지역(훗날 도미니카 공화국이 된다)과 인근의 쿠바 섬(여기는 브라질과 마찬가지로 1886~1887년까지 노예제가 존속했다)은 에스파냐의 식민지였다. 인도양에도 두 개의 프랑스령 노예제 섬이 있었는데, 하나는 일드프랑스이고 다른 하나는 부르봉 섬이었다. 노예 숫자가 제일 많았던 일드프랑스는 1810년 영국군에 점령당해 결국 1815년 모리셔스라는 이름의 영국 속령이 되었다. 반면 1815년에도 여전히 프랑스령이었던 부르봉 섬은 훗날 레위니옹 섬으로 이름이 바뀌었다. 1780년경, 이 두 섬의 플랜테이션들에는 10만 명에 가까운 노예들이 있었다. 당시 프랑스령 앤틸리스 제도의 노예 숫자는 60만 명이었는데, 그 중 45만 명 가까이가 생도맹그에 있었다.

  1780년 노예가 전체 인구의 90%(메스티소와 물라토, 유색 인종 자유인을 포함하면 무려 95%)를 차지했다는 점에서 생도맹그는 진정한 의미의 노예제 섬이었다는 사실을 강조해둘 필요가 있다. 1780~1830년 앤틸리스 제도의 다른 영국령과 프랑스령 섬들도 상황이 비슷해, 자메이카의 노예 비중은 84%, 바베이도스 80%, 마르티니크 85%, 과들루프 86%였다. 이는 대서양 연안 노예제 사회 역사상 가장 높은 수준이었을 뿐 아니라, 넓게는 세계사적 차원에서도 가장 높은 수준이었다(그래프 10 참조). 같은 시기에 미국 남부와 브라질에서는 노예의 비중이 30~50% 사이에 달했다. 가용 자료에 따르면, 이는 고대 아테네나 로마와 비슷한 수준이었다. 앤틸리스 제도의 영국령과 프랑스령 섬들은 18세기와 19세기 초 노예가 인구의 거의 대부분을 차지했던 사회들 중 역사적으로 자료가 가장 잘 확보돼 있는 경우에 해당한다.

노예 비중이 인구의 80~90%를 차지하면, 아무리 폭압적인 기제가 작동하고 있다 하더라도 반란의 위험이 높아질 수밖에 없다. 노예 숫자가 급속히 증가했고, 다른 섬들에 비해 절대적으로 많았던 아이티의 경우가 전형적으로 이런 예였다. 1700년 무렵, 아이티 인구 3만 명 중 노예는 절반이 조금 넘었다. 1750년대 초에 이르면 이 숫자는 (전체 인구의 77%인) 12만 명으로 늘어나게 된다. 당시 백인 인구는 2만 5,000명(19%), 메스티소와 유색 인종 자유인은 5,000명(4%)으로 집계된다. 그런데 1780년대 말에는 식민지 아이티의 노예 숫자는 (전체 인구의 90%에 해당하는) 47만 명을 넘기게 되는 반면, 백인은 2만 8,000명(5%), 메스티소와 물라토, 유색 인종 자유인은 2만 5,000명(5%)에 그친다(그래프 11 참조).

1789년 프랑스 혁명 직전에는 사망한 노예들을 대체하고 전체 노예 보유고를 늘리기 위해 매년 4만 명의 아프리카인이 포르토프랭스와 카프프랑세에 도착한다. 이렇게 노예 수가 급속히 늘어나던 와중에 프랑스 혁명

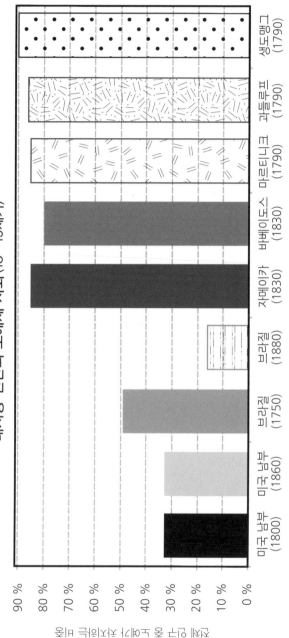

그래프 10

대서양 연안의 노예제 사회(18~19세기)

전체 인구 중 노예가 차지하는 비중

90 %
80 %
70 %
60 %
50 %
40 %
30 %
20 %
10 %
0 %

미국 남부 (1800)
미국 남부 (1860)
브라질 (1750)
브라질 (1880)
자메이카 (1830)
바베이도스 (1830)
마르티니크 (1790)
과들루프 (1790)
생도맹그 (1790)

1800~1860년 동안 미국 남부 인구의 1/3이 노예였다. 브라질에서는 이 비율이 1750년 약 50%였으나 1880년에는 20% 이하로 내려갔다. 이에 비해 1780~1830년 동안 앤틸리스 제도의 영국령과 프랑스령 노예제 섬들에서는 이 비율이 80%에 달했고, 생도맹그는 1790년에 90%까지 달했다.

출처 및 통계: piketty.pse.ens.fr/egalite

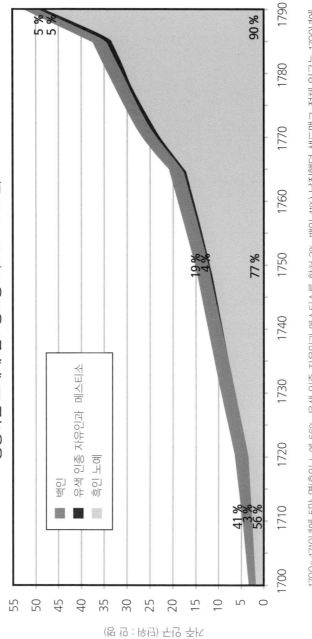

그래프 11

팽창하는 노예제 섬: 생도맹그(1700~1790년)

1700~1710년에 5만 명(흑인 노예 56%, 유색 인종 자유인과 메스티소를 합쳐 3%, 백인 41%) 넘짓했던 생도맹그 전체 인구는 1790년에 50만 명 이상(흑인 노예 90%, 유색 인종 자유인과 메스티소를 합쳐 5%, 백인 5%)으로 증가했다.

출처 및 통계: piketty.pse.ens.fr/egalite

이 발발하고, 자유로운 흑인들은 혁명 초기인 1789~1790년부터 투표권과 참정권을 요구하기 시작한다. 파리에서 행해진 권리의 평등에 대한 위대한 선언들을 생각하면 지극히 당연한 요구로 보이지만, 그들에겐 이런 권리가 거부된다. 그러자 1791년 8월, 수십 년간 산악 지대에 은신해 살던 '마롱(marron)'(즉 탈주 노예) 수천 명이 생도맹그 북부 평원의 부아카이망 숲에 모인 것을 기점으로 노예 봉기가 시작된다. 프랑스에서 지원군이 파견됐지만, 반란 노예들이 재빠르게 영토를 점령하고 플랜테이션들을 장악하는 사이 농장주들은 도주한다. 본국에서 파견된 판무관들은 1793년 8월 노예 해방을 법령으로 공포하는 것밖에 다른 선택의 여지가 없었다. 결국 노예제 폐지는 1794년 2월 국민 공회에 의해 프랑스령 식민지 전체로 확대된다. (노예 반란 때문에 어쩔 수 없이 내려진 것이지만) 노예제 폐지를 확대 적용하기로 한 국민 공회의 이 결정은 앞선 체제들에서도, 이후 체제들에서도 하지 못한 것이었다. 하지만 이 결정이 미처 현실에 적용될 사이도 없이 1802년에 노예 소유주들이 나폴레옹으로부터 노예제 복원을 얻어냈다. 이전 노예제 섬들 모두가 그 대상이 되었으나, 식민지 재산을 회수하러 온 프랑스 군대를 또다시 물리치고 난 뒤 1804년에 독립을 선포한 아이티만은 예외였다. 결국 1825년이 되어서야 샤를 10세가 아이티의 독립을 인정하게 되고, 1848년에는 새로운 노예제 폐지법이 채택돼 마르티니크, 과들루프, 레위니옹 같은 다른 영토들에까지 적용된다.

아이티가 갚은 부채를 프랑스 국가가 되돌려줘야 하나?

아이티의 사례가 상징적인 이유는 성공적인 노예 반란을 통해 이루어진 근대 최초의 노예제 폐지인 동시에 흑인 노예가 유럽 열강을 상대로 쟁취

106

한 최초의 독립 사례이기 때문이기도 하지만, 이것이 결국에는 막대한 국가 부채로 이어져 이후 두 세기 동안 아이티의 발전을 가로막았기 때문이다. 프랑스가 1825년 마침내 아이티의 독립을 인정하고 군대를 동원한 침략 위협을 중단하겠다고 수용한 것은 단 한 가지 이유 때문이다. 샤를 10세가 노예 소유주들의 재산 상실을 배상하는 데 들어갈 1억 5,000만 금본위 프랑을 지불하겠다는 약속을 아이티 정부로부터 받아냈기 때문이다. 당시 아이티 정부에게는 명백히 우월한 프랑스의 군사력과, 결정이 내려지는 동안 이루어졌던 프랑스 함대에 의한 항구 봉쇄, 그리고 현실로 나타날지 모르는 점령 가능성 때문에 다른 선택의 여지가 없었다.

조공이나 다름없는 이 상황의 규모는 1825년 당시 아이티 국민 소득의 300%였다. 이는 3년 치 생산을 넘는 액수로, 단기간에 갚는 것은 물리적으로 불가능했다. 프랑스와 아이티가 맺은 협정의 내용은, 아이티 정부가 전체 금액을 5년 안에 신속하게 예금 공탁 금고(Caisse des dépôts et consignation, 프랑스 혁명기에 만들어져 지금까지도 존재하는 공공 금융 기관)에 갚으면, 예금 공탁 금고에서는 이 돈을 받아 노예를 몰수당한 소유주들에게 배상금을 지급하며(실제로 이렇게 되었다), 아이티 정부는 분할 상환을 위해 프랑스 민간 은행들에 이자를 내고 돈을 빌리기로 한다(실제로 이렇게 되었다)는 것이었다. 이후 아이티의 부채는 여러 차례 시끌벅적한 재협상의 대상이 되었으나, (원금과 이자를 포함한) 대부분이 상환되었다. 아이티가 1840~1915년에 매해 평균 국민 소득의 약 5%에 해당하는 금액을 부채 상환에 할애하는 사이, 프랑스 은행들은 주기적으로 연체에 대한 불만을 제기하다가 결국은 정부의 지원을 받아 남은 채권을 미국에 양도하기로 결정한다.[1] 미국은 아이티 영토의 질서를 복원하고 자신들의 금융적 이익을 지킬 목적으로 1915~1934년 아이티를 점령한다. 채권자가 바뀐 아이티의 부채는 1950년대 초반에 가서야 완전히 상환되면서 공식적으로 소멸한다. 1825~1950년 한 세기가 넘는 동안 프랑스는 아이티에게 자유를 위한 대가를 치르게 했고, 결과적으로 이 섬나라의 발전은 배상 문제에 발목 잡히고 말았다. 이 배상 문제는 아이티의 국내 정치 상황이 수시로 바뀌는 동안 맹렬한 비난의 대상이 되기도, 체념과 수용의 대상이 되기도 했다.[2]

만약 아이티 국가가 수십 년 전부터 요구하는 대로, 과거에 아이티가 프랑스에 갚은 부채를 프랑스 국가가 마침내 되돌려주기로 결정했다고 가정해보자. 그렇다면 이 배상의 금액은 얼마가 되어야 할까? 이에 대한 대답은 한 가지가 될 수 없으며, 서로 다른 의견이 충돌하는 민주적 숙의 과정을 거쳐 결정되어야 할 것이다. 어쨌든 이 문제를 모르는 척할 수는 없다. 간단하고 투명한 해결책 하나는, 배상 금액을 2020년 아이티 국민 소득의 300%로 정하는 것인데, 그러면 대략 300억 유로가 될 것이다. 이 제안은 그동안 지급된 이자를 극히 일부만 반영하기 때문에 최대 금액과는 거리

---

1   T. Piketty, *Capital et idéologie*, op. cit., 2019, p. 263-267 참조. 또한 S. Henochsberg, "Public Debt and Slavery: the Case of Haïti", Paris School of Economics, 2016 참조.

2   이 파괴적 사이클은 1802년 투생 루베르튀르(어떻게든 백인들이 계속 아이티 땅에 머무르게 하고 프랑스와의 평화적인 관계를 구축하면서 아이티의 국제 경제 체제로의 편입 가능성을 모색했던 인물)가 체포되고, 1803년 프랑스 원정군(반란자들을 절멸시키기 위해 파견된 군대)이 항복한 뒤 1804년 권력을 잡은 장-자크 데살린부터 시작됐다. 데살린은 과도한 권위주의와 군주제, 반(反)백인주의, 고립주의에 기반한 체제를 수립했다. 이후에도 아이티의 역사는 이전과 비슷한 비난과 체념의 반복 사이클을 겪었다.

가 멀다.[3] 이 밖에 비슷한 수준이거나 금액이 더 많아지는 다른 계산 방식들도 생각해볼 수 있다.[4] 프랑스 입장에서 보면 이 300억 유로는 현재 공공 부채의 1%가 조금 넘는 금액이다. 얼마 안 되는 액수다. 반면 아이티 입장에서는 이 돈이 투자와 사회 간접 자본 건설에 엄청난 차이를 만들 수 있을 것이다. 막대한 역사적 불공정을 청산한 상태에서 진정한 의미의 새로운 출발이 가능할 것이다.

이 문제에 대해 프랑스 정부가 주기적으로 내세우는 논리, 즉 배상하기에는 너무 오래된 과거의 일이라는 논리는 전혀 설득력을 갖지 못한다. 20세기 전반에 일어난 몰수와 불공정 사례에 대한 배상 과정들이 지금도 여전히 곳곳에서 진행 중이기 때문이다. 특히 제2차 세계 대전 동안 나치 당국과 그 동맹들이 저지른 유대인 재산 몰수에 대한 반환 절차는 1997년 프랑스에서 마테올리 미션[5]이 시작된 후 오늘날까지도 진행되고 있다. 호엔촐레른(1918년 권력을 상실한 프로이센 왕가) 상속자들은 자신들이 빼앗긴 주택과 예술품에 대해 충분한 배상이 이루어지지 않았다며 아직도 독

---

3   시간이 흘렀지만 국민 소득에 대비해 과거와 똑같은 비율을 적용해 계산하는 것은 애초의 배상 금액을 경제의 명목 성장에 연동시키는 것이나 마찬가지다. 이 방법은 물가 지수에만 연동시킨 계산값과 명목 이자율에 연동시킨 계산값의 중간값에 해당한다.

4   가령, 1억 5,000만 금본위 프랑은 1825년 프랑스 국민 소득의 2%에 해당하는 금액이었는데, 똑같은 비율을 2020년의 프랑스 국민 소득에 적용해 계산하면 400억 유로라는 금액이 나온다.

5   [역자 주] 마테올리 미션(Mattéoli Mission): 당시 총리였던 알랭 쥐페가 프랑스 내 유대인 재산 몰수 현황에 대한 경제·사회 자문위원회 위원장이었던 장 마테올리에게 의뢰한 조사 및 연구 용역. 2000년에 최종 보고서가 발표되었다.

일 국가와 소송 중이다. 제2차 세계 대전 기간 억류됐던 일본계 미국인들에게 2만 달러를 지급하기로 결정한 미국의 1988년 법도 떠올릴 수 있다.[6] 1825~1950년에 실제로 이루어진 부채 상환의 기록이 잘 남아 있고 이에 대해 아무도 이의를 제기하지 않음에도 불구하고, 노예 상태에서 벗어나고자 한 대가로 아이티가 프랑스에 지불해야 했던 부채에 대한 일체의 논의를 거부한다면, 어떤 불공정은 다른 불공정보다 더 중요하다는 인식을 필연적으로 남길 수밖에 없다. 이런 태도는 중립적이고 보편적인 정의의 원칙들을 바탕으로 상호 화해를 도모해도 모자랄 판에 출신 지역이 다른 사람들 간의 반목을 조장하는 꼴이 될 것이다. 프랑스 국가가 시민들의 압력하에 아이티 독립 300주년이 오기 전에 해결책을 찾을 수 있기를 바라마지않는다.[7]

---

6 일반적으로 상속자들에게 권리가 양도되는 재산 몰수와 달리, 이 배상의 대상은 1988년 당시 생존해 있던 사람들로 한정되었다. 이런 식의 차별은 당연히 전혀 '자연스러운' 게 아닌 정치적 선택이다. 내가 보기에는 상속세와 재산세에 적용되는 과세표(제6장, 도표 2) 등을 참고하면서 민주적 숙의 과정을 통해 적절한 사후 배상과 양도 수준을 정하는 게 합당하다.

7 1904년, 프랑스 제3공화국 정부는 아이티 독립 100주년 기념식에 공식 사절단 파견을 거부했다. 아이티의 부채 상환 속도에 불만을 느끼고 있던 프랑스 정부의 입장에서 그런 불량 채무자에게 관대한 모습을 보이는 것은 어림없는 일이었다. 당시에는 식민 제국이 부채를 통한 강압 정책에 의존하는 경우가 흔했다. 아이티 독립 200주년인 2004년, 제5공화국 정부도 이유는 달랐지만 똑같은 결론을 내렸다. 프랑스 대통령이 기념식 참석을 거부한 것은 아이티 대통령이 그 기회에 자신들이 갚아야 했던 끔찍한 부채를 되갚아달라고 프랑스에 요청할까 봐 두려웠기 때문이다. 프랑스 정부는 어떤 핑계를 대서라도 그 문제가 거론되는 상황을 피하려 했다. 2015년, 지진 발생 뒤 아이티를 방문한 프랑스 대통령도 그런

1833년과 1848년 노예제 폐지에 따른 영국과 프랑스의 배상 방식

아이티 사례 외에도 1833년과 1848년 영국과 프랑스가 노예제 폐지 결정을 내린 후 상당한 규모의 금전적 배상이 노예 소유주들에게 이루어졌던 점을 강조할 필요가 있다. 1791년 생도맹그 반란이 성공을 거두자 노예 소유주들은 긴장과 두려움에 휩싸인다. 1802년, 과들루프 섬의 대규모 반란이 인구의 10%에 달하던 노예 1만 명을 처형하거나 추방하면서 끝이 나자, 프랑스 정부는 줄어든 인구를 다시 채우고 설탕 플랜테이션을 재가동하기 위해 1810~1820년 동안 일시적으로 노예 무역을 재개하기에 이른다. 영국령 기아나 섬에서 1815년에 봉기가 일어났지만 이 또한 유혈 진압된다. 노예제 폐지에 가장 결정적이었던 사건은 두말할 것 없이 1831년 크리스마스에 자메이카에서 일어난 대규모 노예 반란이다. 영국 언론을 통해 전해진 이 사건의 참혹한 진상이 영국 여론에 강렬한 인상을 남긴 덕에 1832~1833년에 벌어진 논쟁에서 노예제 폐지론자들이 힘을 얻을 수 있었다. 노예제 폐지론자들은 다시 충돌이 벌어질 위험을 감수하느니 후한 금전적 보상을 받아들이는 게 더 현명하다고 노예 소유주들을 설득했다.

1833년 영국 의회는 노예 소유주들에 대한 전면적인 배상을 내용으로 하는 노예제 폐지법을 채택했다. 최대한 공정하고 정확한 배상이 이루어지도록 노예의 나이, 성별, 생산성을 기준으로 상당히 세분화된 배상 계산표

입장을 반복했다. 물론 프랑스가 아이티에 대해 일종의 '도덕적' 부채를 지긴 했지만, 금전적 배상에 관해 거론하는 것은 있을 수 없는 일이었다. 다행히도 아이티 독립 300주년이 되는 2104년까지 프랑스 국가가 입장을 바꿀 시간은 80년이나 남아 있다.

가 만들어졌다. 이렇게 해서 노예 소유주 4,000명에게 당시 영국 국민 소득의 약 5%에 해당하는 2,000만 파운드가 지급됐다. 만약 오늘날 어떤 정부가 당시 영국 국민 소득 대비 동일 비율의 금액을 유사한 정책에 할애하기로 결정한다면, 이 금액은 대략 1,200억 유로가 될 것이다. 그러니 4,000명의 노예 소유주 각각에게 평균 3,000만 유로씩 지급되게 될 것이다. 지금 여기서 언급하고 있는 사람들은 대소유주, 즉 노예를 수백 명, 심지어는 수천 명씩 보유하고 있었던 이들이다. 이 배상에 들어가는 재원을 마련하느라 영국 국채는 그만큼 늘어났고, 그 부채를 갚는 사람들은 결국 영국 납세자들이었다. 당시 (간접세 위주로 짜였던) 영국 조세 체계의 강한 역진성을 감안하면 실제로는 서민과 중산층 가구가 주로 그 부담을 졌던 셈이다.[8]

당시에는 (적어도 정치권력을 가진 소수의 시민-노예 소유주들의 눈에는) 무척 합리적이고 정당하게 여겨졌던 이 배상 과정을 기록한 의회 문서가 최근 체계적인 검토를 거쳐 여러 권의 단행본으로 출간됐다. 또한 인터넷에 완벽한 실명 데이터베이스까지 구축됐다.[9] 1830년대 후한 배상금을 받았던 노예 소유주들의 후손 중에 전 보수당 출신 총리 데이비드 캐머런의

---

8 규모 비교를 위해 19세기에 영국의 (모든 교육 과정을 합친) 전체 교육 예산이 연간 국민 소득의 0.5%를 넘지 않았다는 점을 지적할 필요가 있다(제5장 참조). 이 말은 노예 소유주들에 대한 배상에 투입된 공적 자금이 교육 분야의 10년 치 투자 액수와 맞먹는다는 뜻이다.

9 N. Draper, *The Price of Emancipation: Slave-Ownership, Compensation and British Society at the End of Slavery*, Cambridge University Press, 2010 ; C. Hall, N. Draper, K. McClelland, K. Donington, R. Lang, *Legacies of British Slave-Ownership*, op. cit. 참조. LBS(Legacies of British Slave-Ownership) 데이터베이스는 https://www.ucl.ac.uk/lbs/에서 확인할 수 있다.

사촌이 포함돼 있음도 이를 계기로 밝혀졌다. 21세기 초 영국의 많은 부유한 가문들이 부동산과 유가 증권 형태로 보유한 부의 원천이었던 그 배상금을 국고로 환수하라는 요구들이 터져 나왔지만, 이후 어떠한 조치도 취해지지 않았다.

1848년 노예제 폐지 이후 노예 소유주들에게 비슷한 배상이 이루어진 프랑스에서도 관련 문서들이 검토를 거쳐 인터넷에 공개됐다.[10] 배상이라는 원칙은 당시 '자유주의적' 엘리트 대부분이 보기에 당연하고 이론의 여지가 없는 것이었다. 가령 토크빌은 1840년대 프랑스에서 노예제 폐지 논쟁이 벌어졌을 때, 스스로 기발하다고 여긴 해결책(배상금의 절반은 국고에서 부담하고 나머지 절반은 10~20년간 저임금 노동을 통해 노예들이 갚는 방식)을 제안했다. 그가 제시한 해법은 무엇보다 노예 소유주들에게 관대한 방식이었다. 위대한 노예제 폐지론자로 역사에 남아 있는 쉴셰르는 배상에 대해 불편하게 여기면서도, 노예제가 법제화돼 있었기 때문에 다른 방식의 해결은 불가능하다는 점을 강조했다.[11] 쉴셰르의 생각은 이렇게 표현해볼

10　미리암 코티아스가 이끈 연구팀이 2021년 구축한 인터넷 사이트 '노예와 배상 (Esclavages et indemnités)'(http://esclavage-indemnites.fr)에는 1825년 아이티와 협약이 체결되고 1848년 노예제가 실질적으로 폐지된 뒤 노예 소유주들에게 이루어진 배상에 관한 완벽한 데이터베이스가 구축돼 있다.

11　역시 노예제 폐지론자였던 시인 라마르틴 또한 하원 단상에서 다음과 같은 입장을 강한 어조로 표명했다. "식민지 정착민들에게 우리가 그들에게서 노예로 빼앗는 합법한 소유분만큼 배상을 해줘야 한다. 혁명에서만 배상 없이 소유를 박탈한다. 입법자들은 그렇게 행동하지 않는다. 입법자들은 고치고 바꿀 뿐이지 절대 파괴하지 않는다. 그 기원이 어떠하든 입법자들은 취득된 권리를 보장해준다." T. Piketty, *Capital et idéologie*, op. cit., p. 267-273 참조. 관련 논쟁에 대해

수 있을 것이다. 배상 없이 소유주들에게서 노예를 빼앗는다면, 몇 년 전에 노예를 처분한 돈으로 지금은 유가 증권을 사서 가지고 있거나, 보르도 근처의 성이나 파리의 건물을 이미 매입한 소유주들은 어떻게 할 것인가? 가랑비에 옷 젖는 줄 모른다고, 이러다 종국에는 사회적 질서와 사적 소유 체계 전체를 문제 삼는 일이 벌어지는 건 아닐까? 지금 그때 일을 되돌아보면, 정의로운 노예제 폐지라면 마땅히 (노예주들이 아니라) 수십 년간 부당한 대우를 받으며 무보수로 노동한 노예들에게 배상을 했어야 했다. 또한 이 배상에 들어가는 재원은 직간접적으로 노예제 덕분에 부를 축적한 모든 사람들, 다시 말해 당시의 부유한 노예 소유주들이 부담하는 게 맞았다.[12] 프랑스 혁명기에 활약한 콩도르세와 토머스 페인 같은 사상가들은 (비록 성공하진 못했지만) 노예에 대한 배상이 이루어지는 노예제 폐지를 주장하기도 했다. 이들은 해방된 노예들에게 토지를 나눠 주거나 이전 노예주들이 연금을 지급하는 형식의 배상 방식을 제안했다. 하지만 이들의 제안은 소유권의 절대적인 옹호를 주장하면서 이 위험한 판도라의 상자를 열지 않고 싶었던 지배 계급 엘리트들의 지지를 얻지 못했다.

1848년 4월 27일에 공포된 노예제 폐지 법령들은 노예 소유주에 대한 배상 외에 "부랑과 구걸을 금지하고 식민지에 징벌 작업장을 개설"하는 조항들을 포함하고 있어 농장주들이 값싼 노동력을 구할 수 있게 해주었다.

서는 C. Oudin-Bastide, P. Steiner, *Calcul et morale. Coûts de l'esclavage et valeur de l'émancipation (XVIIIᵉ-XIXᵉ siècles)*, Albin Michel, 2015 참조.

12 누진세가 지닌 장점 중 하나는 바로 사회 구조를 연속성의 관점에서 바라볼 수 있다는 것, 그리고 소규모 소유자와 대규모 소유자를 동일하게 대하지 않는다는 것이다.

반면 노예들과 관련해서는 어떤 배상이나 토지 지급도 명시하지 않았다. 결국 쉴셰르식 노예 해방은 노예 소유주들에 대한 배상에 해방 노예들의 준(準)강제 노동 체계를 추가한 것이나 다름없었다. 이 때문에 노예들은 해방된 이후에도 농장주들과 국가 권력의 통제하에 있을 수밖에 없었다. 당시 레위니옹 섬 총독은 이 법령의 적용 방식을 즉시 구체적으로 명시했다. 과거 노예였던 사람들은 플랜테이션 일꾼이나 가정부로 고용돼 일하고 있음을 증명하는 장기 노동 계약서를 제시해야 한다. 그렇지 못할 경우 부랑죄로 체포되어 법령으로 정한 징벌 작업장으로 보내질 것이다.

2020년, Black Lives Matter 운동의 영향으로 노예 상인들과, 그들에게 배상을 해준 쉴셰르 같은 인물들의 동상이 철거되는 일이 영국과 프랑스에서 벌어졌다. 이런 식으로 노예제 폐지 당시에 일어난 역사적 불공정을 환기시키는 것은 그로 인한 분노를 좀 더 잘 이해하고 해결책을 찾는 데 도움을 줄 것이다. 2001년, 노예 무역과 노예제를 '반인도적 범죄'로 규정하는 법안이 발의되었다. 표결에 앞선 토론에서 기아나 섬 국회의원 크리스티안 토비라는 배상 원칙을 수용하고 배상의 구체적인 방식을 검토할 위원회[13]를 설치하자고 당시 여당에 제안했으나 결국 실패했다. 아이티에 대한 금전적 배상 말고도 레위니옹, 마르티니크, 과들루프, 기아나의 농지 개혁 같은 큰 문제가 오늘날까지도 해결되지 않은 채 남아 있다. 1848년 노

---

13 그녀가 제안한 관련 법 5조에는 다음과 같은 내용이 담겨 있었다. "이 범죄로 입은 피해를 확정하고 배상 조건들을 검토할 자격 있는 인사들로 구성된 위원회를 설립한다. 이 위원회의 권한과 임무는 최고 행정 재판소(Conseil d'État)의 명령을 통해 정해질 것이다."

예제 폐지 이후 배상을 받은 농장주 가문들의 후손인 백인들이 지금도 여전히 토지와 금융 자산을 독점하다시피 하는 상황에서, 농지 개혁이 이루어져야 비로소 노예의 후손들이 토지를 소유할 기회를 가질 수 있게 될 것이다. 이 문제가 복잡한 문제인 것은 사실이지만 언젠가는 반드시 해결되어야 한다고 나는 생각한다.

미국: 노예제 공화국의 긴 여정

배상을 둘러싼 논쟁이 유독 격렬하게 벌어지는 미국의 경우를 한번 살펴보자. 노예제는 미국 발전에 결정적 역할을 했다. 독립 국가 초기의 미국은 진정한 의미의 노예제 공화국이나 다름없었다. 1860년 링컨이 선출되기 전에 대통령직을 맡았던 열다섯 명 중 열한 명이 노예 소유주였다. 이 열한 명에는 워싱턴과 제퍼슨도 포함되는데, 이 둘은 모두 신생 연방 국가의 심장부 역할을 했던 버지니아 주 출신이었다. 1800~1860년 사이 미국에서는 노예제가 급속히 확대되고 있었다. 그런데 당시 경제 발전 속도가 다른 지역들을 월등히 앞질렀던 북동부와 (링컨의 고향인) 중서부는 서부 개척과 자유로운 노동에 기반한 발전 모델을 채택하고 있었다. 이들 지역은 노예제가 서부의 새로운 영토들로 확대되는 것을 바라지 않았다.

1860년 대통령에 당선된 공화주의자 링컨은 1833년과 1848년 각각 노예제를 폐지한 영국과 프랑스의 사례를 감안해 노예 소유주들에게 보상을 해줌으로써 평화롭고 점진적인 노예제 폐지 협상을 벌일 생각이었다. 비슷한 맥락의 제안은 이미 1820년대에 제퍼슨과 매디슨이 한 바 있었다. 이두 대통령은 서부 영토의 상당 부분을 노예 소유주들에게 넘겨줌으로써 새로운 영토의 거대 지주로 만들어주는 동시에, 옛 주인들과의 공존이 쉽지 않은 노예들은 아프리카로 돌려보내자고 했다. 그런데 막상 계산을 해 보니 이 양도의 규모가 너무도 막대해 현실적인 실현 가능성이 희박했다.[14] 이 문제를 인식한 남부 연합은 자신들의 세계를 지키기 위해 분리 카드를 선택했다. 20세기 남아공과 알제리의 일부 백인 정착민들이 택한 방식과 똑같은 방식을 택한 것이다. 하지만 북부 연합이 이를 수용하지 않자 결국 1861년 전쟁이 발발한다. 이 전쟁은 60만 명의 사망자(양차 세계 대전과 한 국 전쟁, 베트남 전쟁, 이라크 전쟁을 포함해 건국 이래 미국이 참여한 모든 전 쟁의 사망자를 합친 것과 비슷한 숫자)를 내고 4년 뒤인 1865년 5월, 남부군 이 항복하면서 끝이 난다. 하지만 흑인들이 아직 시민이 될 준비가 되지 않았으며, 소유주가 될 준비는 더더욱 되지 않았다고 판단한 북부 연합은 다시 백인들에게 남부의 통제권을 넘겼고, 백인들은 철저한 인종 분리 정 책을 시행하며 이로부터 1965년까지 100년이나 더 권력을 유지할 수 있었 다. 그사이 미국은 세계 제일의 군사 강국으로 변모해 1914~1945년에 유 럽 열강들이 벌인 민족주의와 인종 학살의 자기 파괴적 악순환을 중단시 키는 역할을 했다. 역사를 되돌아보면 남북 전쟁 시기 노예제의 정당이었 던 미국 민주당이 뉴딜의 정당이 된 것을 알 수 있다.[15] 공산주의 체제와의

---

14 T. Piketty, *Capital et idéologie*, op. cit., 2019, p. 283-286 참조. 노예 소유주들에 대한 전면적인 배상에 들어가는 토지 양도 비용은 1년 치 미국 국민 소득에 해 당하는 금액이었을 것이고, 이는 (막대한 비용을 초래한) 남북 전쟁으로 미연방 이 졌던 부채의 서너 배에 달하는 것이었다. 미국 노예제의 어마어마한 규모 때 문에 결국 노예 소유주들과 평화로운 방식으로 문제를 해결하기는 불가능했다. 노예들을 아프리카로 보내는 계획은 라이베리아의 건국으로 이어졌고 이는 참 담한 결과로 귀결됐다.

경쟁과 아프리카계 미국인들의 집단행동 압력에 맞닥뜨린 민주당은 결국 시민권을 인정할 수밖에 없게 된다.

남북 전쟁 때 분리주의자들이 초래한 막대한 피해를 고려하면 노예 소유주들에 대한 배상은 당치 않은 일이었다. 결국 그런 배상 계획은 자연스럽게 모두 폐기되었다. 하지만 종전을 몇 달 앞둔 1865년 1월, 북부군은 전쟁에서 승리하면 "노새 한 마리와 토지 40에이커(약 16헥타르)"를 받게 될 것이라고 해방된 노예들에게 약속했다. 한편으로는 이들을 전쟁에 동원하기 위해서였고, 다른 한편으로는 수십 년간 무보수 노동을 했던 이들에게 배상을 해줌으로써 자유로운 노동자로서 새로운 미래를 개척할 수 있게 해주기 위해서였다. 만약 약속대로 이행됐다면 이는 대규모 농지 재분배 사례로 남았을 것이다. 특히 이 과정에서 대형 노예 소유주들이 손해를 입었을 것이다. 하지만 전쟁이 끝나기 무섭게 약속은 잊혔고, 이후 어떠한 배상 법안도 채택된 적이 없다. 이렇게 해서 40에이커와 노새 한 마리는 북부군의 기만과 위선의 상징으로 남게 되었다. 흑인 영화감독 스파이크 리는 이를 조롱하는 취지에서 자신의 제작사 이름을 '40에이커와 노새 한 마리'라고 짓기도 했다.

이 배상 문제는 여전히 현재 진행형이다. 2021년, 일리노이 주의 에번스턴 시는 흑인 1인당 최고 2만 5,000달러에 달하는 배상금을 지급해 주택

---

15 남북 전쟁 후 재건 시기에 미국의 정치 갈등 구조에서 관찰된 변화들을 다룬 흥미진진한 책인 N. Barreyre, *L'Or et la Liberté. Une histoire spatiale des États-Unis après la guerre de Sécession*, EHESS, 2014 참조. 또한 N. Maggor, *Brahmin Capitalism. Frontiers of Wealth and Populism in America's First Gilded Age*, Harvard University Press, 2017 참조

구입에 사용하도록 하는 정책을 시행했다. 미국 내에 존재하는 극심한 부의 집중, 그리고 무엇보다 막대한 인종 간 자산 불평등, 그동안 흑인들이 노예제와 이에 뒤따른 인종 분리로 입은 많은 피해를 고려하면 이 금액은 너무도 적게 비칠 수 있다. 하지만 이것은 시작에 불과할지도 모른다.[16] 현재이 문제가 연방 정부 차원에서 자주 언급되고 있기 때문이다. 수십 년 동안불가능해 보였지만 결국 1988년에 채택돼 적용된 일본계 미국인에 대한 배상법과 비슷하게 볼 수 있다는 것이다. 이처럼 평등과 정의를 향한 여정은끝나지 않고 계속되는 투쟁의 과정이다.

노예제 이후의 식민주의와 강제 노동 문제

우리는 노예제와 노예 소유주에 대한 금전적 배상 문제를 넘어 식민주의유산 전반에 대해 살펴보아야 한다. 부의 분배에 관한 가용 자료들을 취합해 검토하면서 확인된 것은 노예제 사회와 식민 사회들이 역사상 불평등이 가장 극심했던 곳들이라는 사실이다(그래프 12 참조). 이 중에서 정점을찍은 곳은 바로 프랑스 혁명 발발 직전의 생도맹그를 포함한 노예제 섬들이었다. 플랜테이션들의 회계 장부와 우리가 확보한 문서들에 따르면, 노예주와 백인 식민지 정착민들, 메스티소, 유색 인종 자유인들(인구의 10%)이 섬 전체 생산의 80%를 가져갔고[17], 나머지 20%가 겨우 노예들(인구의

---

16 이와 관련한 제안으로 가령 W. Darity, K. Mullen, *From Here to Equality. Reparations for Black Americans in the Twenty-First Century*, University of North Carolina Press, 2020 참조.

17 노예 소유주들과 백인 식민지 정착민들, 메스티소, 유색 인종 자유인들이 차지한 이 80%를 세분화해 들여다보면, 55%는 (인구의 1% 이하인) 노예 소유주들

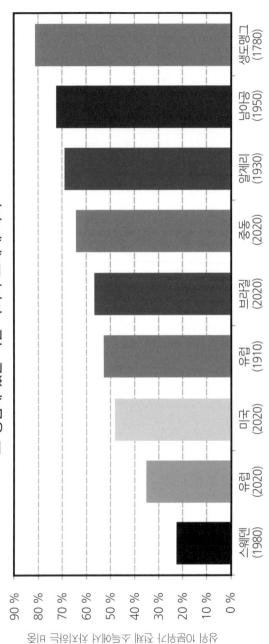

그래프 12

역사적으로 살펴본 극단적인 소득 불평등:
그 정점에 있는 식민 사회와 노예제 사회

상위 10분위가 전체 소득에서 차지하는 비중

관찰 대상으로 삼은 사회들 중 1980년의 스웨덴은 전체 소득에서 상위 10분위가 차지하는 비중이 23%로 가장 적었던 반면,
(노예 인구가 90%를 차지했던) 1780년의 생도맹그는 81%로 가장 컸다. 1930년 알제리와 1950년 남아공 같은 식민 사회들은 역
사상 불평등 수준이 가장 높은 사회들에 속했는데, 유럽 출신 정착민들로 이루어진 이들 나라의 상위 10분위가 전체 소득에서
차지하는 비중은 거의 70%에 달했다.
출처 및 통계: piketty.pse.ens.fr/egalite

90%)을 먹이고 입히는 데 쓰였다. 이론적으로는 미래의 하이퍼테크놀로지 사회들이 이보다 더 극심한 불평등 사회가 될 가능성도 얼마든지 상상해볼 수 있다. 그때 권력을 쥔 테크노 억만장자 계급이 억압과 설득의 기제를 개발하는 데 성공하면, 물질적으로 풍요로울수록 훨씬 더 강력한 수탈이 이루어질 수도 있다. 원칙적으로 불가능한 일이 아니다. 하지만 아직은 그런 때가 오지 않았고, 1780~1790년 노예제 섬들은 세계 불평등의 역사에서 여전히 1위를 차지하고 있다.[18]

1930년 프랑스령 알제리나 1950년 남아공 같은 식민 사회 또한 노예제 사회들만큼 극단적인 수준은 아니지만 높은 불평등 수준을 보여(상위 10분위가 전체 소득에서 차지하는 비중이 80%까진 아니더라도 60~70%에 이른다), 식민 제도와 불평등이 무관하다고 말할 수 없게 만든다. 달리 말하면, 성격이 다른 불평등 체제들임에도 불구하고 이들 간에는 어떤 실질적인 연속성이 발견된다(그래프 13 참조).[19] 가령, 노예제 이후의 식민 사회들에서는

의 수익을 위해 수출돼 프랑스 본토나 다른 식민지들에서 자산 축적이나 소비를 위해 쓰였고, 나머지 25%만이 현지에서 자산으로 축적되거나 소비되었다. T. Piketty, *Capital et idéologie*, op. cit., 2019, p. 264-266 참조.

18 여기서도 똑같이 자산 분배와 소득 분배 간의 차이가 확인된다.(제2장 참조) 자산 분배의 불평등은 좀 더 극심하게 나타나는데, 1914년의 프랑스가 그랬던 것처럼 상위 10분위가 전체 자산에서 차지하는 비중이 종종 80~90%에 달하기도 한다. 소득 분배는 (최저 생계 유지라는 문제가 있기 때문에) 훨씬 복잡해지며, 좀 더 가혹한 지배 체계가 작동하게 된다.

19 몇몇 연구를 통해 1960년 레위니옹의 소득 불평등이 프랑스령 알제리나 남아공과 비슷한 수준이었음이 밝혀졌다. T. Piketty, *Capital et idéologie.* op. cit., p. 316-317 ; Y. Govind, "Post-colonial Trends of Income Inequality: Evidence from the

본국과 식민지에서의 소득 분배

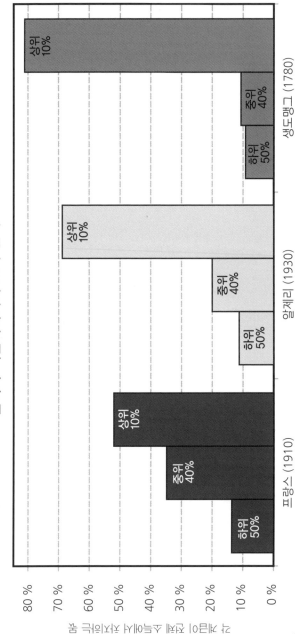

전체 소득에서 상위 10%가 차지하는 몫은 1780년 생도맹그(노예 약 90%와 유럽계 식민지 정착민 10%로 구성)에서 80%를 넘었고, 1930년 알제리('무슬림 알제리인' 약 90%와 유럽계 정착민 식민지 정착민 10%로 구성됨)에서 65%를 넘었으며, 1910년 프랑스 본국에서는 50% 내외였다.

출처 및 통계: piketty.pse.ens.fr/egalite

평등의 짧은 역사

다른 형태의 기제들을 통해, 무엇보다 극도로 차별적인 사법·사회·조세·교육 제도를 통해 불평등이 만들어진 것을 볼 수 있다. 프랑스 제국에 대한 연구들, 특히 에마뉘엘 사다의 연구는 식민 열강들이 20세기 중반까지 자신들의 제국에서 어떻게 세밀한 방식으로 종족-인종 범주를 나눈 뒤 이에 따라 권리를 (차등) 부여하는 법체계를 만들었는지 보여준다.[20] 이러한 범주들은 프랑스 본토에서는 노예제 폐지 이후 폐기되었다고 여겨지고 있었다. 드니 롱바르는 네덜란드령 인도네시아에서 '토착민'과 '동양계 외국인'(중국계, 인도계, 아랍계의 다양한 소수 인종이 포함된 범주)을 엄격히 구분한 1854년 식민지 법규가 어떤 해악을 끼쳤는지 연구해 보여준다.[21] 남아공

Overseas Departments of France", WID.world, 2020 ; F. Alvaredo, D. Cogneau, T. Piketty, "Inequality under Colonial Rule: Evidence from French Algeria, Cameroon, Tunisia, Vietnam and Comparison with British Colonies 1920–1960", WID.world, 2020 참조.

20 "인도차이나에서 신원 미상의 부모에게서 태어난 혼혈인의 지위를 규정하는" 1928년 법에서 부모 중 적어도 한 사람은 "프랑스 혈통으로 추정되는" 개인에게 프랑스인의 자격을 부여했다. 그러자 법원에서는 고소인들의 신체적·인종적 특징에 주의를 기울이게 되었다. E. Saada, *Les Enfants de la colonie. Les métis de l'empire français, entre sujétion et citoyenneté*, op. cit., 2007 참조.

21 1,000년이 넘게 힌두 문화와 유교 문화, 불교 문화, 이슬람 문화가 뒤섞여 있던 인술린디아(Insulindia)는 식민 열강들의 군국주의적 관점에는 부합하지 않았다. 그들이 취한 분리 정책은 결국 장기적으로 정체성과 적대성을 고착화시키는 데 기여했다. D. Lombard, *Le Carrefour javanais. Essai d'histoire globale*, EHESS, 1900 참조. 미얀마의 불교도와 회교도 간 갈등에 관해서는 J. Lavialle-Prélois, "De la colonisation à la légitimation: l'autre 'terroriste' en Arakan", *Journal des anthropologues*, 2018 참조. 아프리카(말리, 르완다, 부룬디, 콩고)에서 식민 지배자들에 의한 '종족적' 정체성 강화에 관해서는 J.-L. Amselle, E. M'Bokolo, *Au*

제4장 배상의 문제   **123**

의 경우는 그야말로 극단적이고 폭압적인 차별의 사례에 해당한다. 1913년 토착민 토지법(Native Land Act)이 실행되자 흑인 인구는 남아공 영토의 7%에 불과한 거주 지정 구역에 사실상 격리되었다. 흑인 노동자들은 통행증을 소지하지 않고는 자신이 고용된 지역을 벗어날 수 없었다. 이러한 조치는 1948년 공식적으로 수립돼 1990년까지 적용된 아파르트헤이트로 더욱 강화되었다. 남아공만큼 극단적인 차별까진 아니더라도, 세계 여러 곳의 식민지에서는 고용, 교육, 소유권 면에서 식민지인들을 유럽계 식민지 정착민들과 차별하는 법체계가 다양한 방식으로 작동하고 있었다.

엄밀한 의미에서의 노예제와 정도가 다른 다양한 강제 노동 사이에 실질적인 연속성이 존재한다는 사실 또한 상기할 필요가 있다. 노예제 폐지 이후 영국과 프랑스 정부는 장거리 노동력 수급을 위한 새로운 계획을 마련했다. 이 두 나라는 장기 노동 계약을 맺은 인도 노동자들을 (프랑스는 '전속 노동자engagés', 영국은 '계약 노동자intentured workers'라는 명칭을 붙여) 각각 레위니옹 섬과 모리셔스 섬으로 데려왔다. 이 '전속' 계약의 내용은 자신을 고용해 바다를 건너 데려온 고용주에게 장기간에 걸쳐, 가령 10년에 걸쳐 항해 비용을 갚는다는 것이었다. 인도 노동자들은 자신들이 받는 임금의 상당 부분을 이 상환에 써야 했다. 만약 고용주의 마음에 차게 일을 하지 못하거나, 심지어 고용주의 말을 듣지 않으면 상환 기간이 10년 더, 혹은 그 이상으로 연장될 수도 있었다. 보존돼 있는 사법 문서들을 살펴보면, 고용주들한테 유리하게 편향된 당시 사법 체계하에서 착취와 전횡이 일어났음을 알 수 있다. 물론 이는 엄밀한 의미에서의 노예제와는 분명히 다르지

---

cœur de l'ethnie. Ethnies, tribalisme et État en Afrique, La Découverte, 1999 참조.

만, 그렇다고 아주 다르다고는 말할 수 없다. 우리가 확보한 자료들은 고용주와 법원이 노동 현장에 적용되는 규율 체계의 변화를 같이 협상했음을 보여주고 있다. 소유주들은 노예제하에서 만연했던 체벌을 점차 줄여가겠다고 합의하는 대신, 사법 당국의 협조를 얻어 그와 동일한 효과를 낼 수 있는 금전적 제재를 가할 수 있었다.[22]

그 대표적 사례가 바로 1912~1946년 동안 프랑스 식민지에서 합법적인 형태로(혹은 합법을 가장한 형태로) 행해진 강제 노동이었다. 19세기 말, 아프리카 대륙의 천연자원과 광물 자원을 개발하기 위해 아프리카 내륙 깊숙이까지 들어간 유럽인들은 매우 잔인한 조건하에 강제 노동을 통해 인력을 충원했다. 1885년부터 레오폴드 2세의 개인 소유가 된 벨기에령 콩고에서 벌어지는 잔혹 행위들에 대한 증언들이 잇따르자 논란이 일기 시작했다. 당시 현지 노동력에 기반해 있던 이곳의 고무 산업은 원주민 마을에 불을 지르고 원주민 노동자의 손을 절단하는 등 폭력적인 규율과 경영 방식으로 운영되고 있었다. 결국 1908년 유럽인들이 나서서 영토의 소유권을 벨기에 정부에게 넘기라고 요구했다. 의회의 감독하에 두면 이 같은 폭력적 체계가 완화될 것이라고 기대했기 때문이다. 프랑스령 식민지들에서도 유사한 수탈 사례가 지속적으로 발생하자, 프랑스 식민지부는 프랑스령 아프리카 주민들에게 요구되는 (보통은 '부역corvée'으로 불렀던) '용역(prestations)'에 대한 법적 틀을 마련한 후 문건을 만들어 배포하기에 이른다.

논리 자체는 흠잡을 데가 없어 보인다. 식민지 행정은 만인의 납세에 기초해 이루어진다. 그런데 일부 토착민들이 이 세금을 납부할 재정적 여력

---

22 A. Stanziani, *Les Métamorphoses du travail contraint*, op. cit. 참조.

이 없다면, 현금이 아닌 현물로 모자란 세금을 납부해야 하는 게 당연한 것 아닌가. 그 방식은 모자란 액수만큼을 일수로 따져 현지 식민지 당국을 위해 무보수 노동을 하는 형태를 취한다. 문제는 이 부역이 이미 식민지인들이 부담하고 있던 과중한 현금과 현물(수확에서 공제하는 식) 형태의 세금 납부에 단순히 추가되는 차원에서 그치지 않았다는 데 있다. 이러한 무보수 노동은 모든 착취의 가능성을 열어두는 것이며, 더 나아가 미리 그것을 합법화해주는 것이나 다름없었다. "서아프리카 프랑스 식민지와 영토에서의 토착민 용역에 관한 규정"을 담은 1912년 법령이 제정돼 그나마 약간의 보호책이 만들어지긴 했지만, 그 내용이 제한적이고 관리 감독 또한 제대로 이루어지지 않았다.[23] 강제 노동 문제는 콩고 횡단 철도 건설의 비극이 벌어지고 있던 1921~1934년에 또 한 번 논란을 일으켰다. 애초에 프랑스령 적도 아프리카 행정부는 건설 예정이던 철도 주변 100킬로미터에 이르는 지역에서 8,000명 내외의 현지 노동자를 '모집'해 현장에 제공하겠다고 약속했다. 그런데 공사 현장의 위험성과 이례적으로 높은 사망률이 알려지면서 인력 모집이 힘들어지자, 식민지 당국은 중앙 콩고의 먼 곳까지 가서 '성인 남성'들을 구하기 시작했다. 이러다 1925년부터는 카메룬과 차드에서 약탈까지 하는 지경에 이르렀다. 1927년 앙드레 지드의 그 유명한 『콩고 여행(Voyage au Congo)』이 출간되고, 이어 1929년 알베르 롱드르의 르포르타주 『검은 땅(Terre d'ébène)』이 출간되자 "잔혹한 인간 생명의 소비"에 관한 여러 증언들이 봇물 터지듯 쏟아져 나왔다.

---

23 M. Van Waijenburg, "Financing the African Colonial State: the Revenue Imperative and Forced Labor", *Journal of Economic History*, 2018 참조.

그러자 프랑스에 대한 국제적 압력, 특히 1919년 국제 연맹과 동시에 창립된 신생 조직이던 국제 노동 기구(ILO)의 압력이 커지기 시작했다. ILO의 정관 앞머리에는 다음과 같이 쓰여 있다. "세계적이고 항구적인 평화는 사회적 정의에 기초할 때만 확립될 수 있다. 다수에게 불공정과 빈곤, 궁핍을 초래하는 노동 조건들이 존재해 세계적인 평화와 화합을 위협할 정도의 불만을 발생시키기에, 이러한 조건들의 개선이 시급하다. 어떤 한 나라가 인간적인 노동 체계를 채택하지 않는 것은 자국에서 노동자들의 처지를 개선하고자 하는 다른 나라들의 노력에 장애물이 된다." 그리고 노동 시간과 노동의 위험성, 임금 책정, 노동자와 노동자 대표의 권리를 담은 권고와 보고서들이 줄줄이 이어진다. 하지만 ILO에는 결정적으로 자신들의 권고안을 강제하기 위해 필요한 제재 수단과 권한이 없었다. 1920년대에 ILO는 주기적으로 프랑스에 무보수 노동과 인력의 강제 이동 관행을 중단하라고 명령했다. 이런 관행을 일종의 노예 노동으로 간주했기 때문이다. 하지만 프랑스 정부는 ILO의 비난을 수용하기는커녕, 이때까지는 화폐 지급을 통한 용역 구매 가능 대상을 소수 '진화된 사람들'('유럽식' 생활 방식을 채택한 소수 토착민들을 지칭하기 위해 프랑스 식민 행정 당국이 사용한 용어)에게 한정했으나, 앞으로는 '토착민' 전체로 확대하기 위해 내린 결정이라는 논리를 내세우며 맞섰다. 당시 프랑스가 즐겨 내세운 또 다른 논리 중 하나는, 콩고 횡단 철도 건설 과정에서 발생한 여러 불미스러운 사건은 용역 체계가 아니라 병역 제도의 관점에서 바라보아야 한다는 것이었다. 군 병력의 무보수 노동은 ILO에서 허용한 몇 가지 무급 노동 중 하나이다. 물론 이 예외 사항을 악용해 병력을 민간 임무에 동원해서는 안 된다고 ILO는 규정하고 있다(당시 ILO는 프랑스의 경우가 바로 이러한 악용 사례에 해당한다고 의

심했다). ILO의 개입을 '국가 주권'에 대한 침해로 여겨 격분한 프랑스 정부는 결국 1930년 ILO 협약 비준을 거부했다. 이렇게 해서 용역과 병역 형태의 무보수 강제 노동은 제2차 세계 대전이 끝날 때까지도 프랑스 식민지들에서 계속됐다. 그 대표적인 사례가 바로 코트디부아르의 카카오 플랜테이션이다. 1912년 법령은 훗날 코트디부아르 초대 대통령이 되는 펠릭스 우푸에부아니의 긴박한 압력에 못 이겨 결국 1946년에 폐지되었다. 당시는 제국 붕괴를 막기 위해 프랑스가 어떠한 양보도 서슴지 않던 상황이었다.

스스로는 식민 공화국임을 모르는 프랑스

다른 불평등 체제도 마찬가지이지만 식민지라는 불평등 체제에서 나타나는 가장 음험하고도 위선적인 차별이 바로 교육 기회의 차별이다. 미국 남부에서 흑인 아이들을 백인 아이들과 같은 학교에 다니지 못하게 한 것은 1964~1965년까지 지속된 합법적 인종 차별 시스템의 핵심 내용 중 하나였다. 이것은 나중에 결국 불법이 되긴 했지만, 미국 사회에는 이런 인종과 지역에 따른 불평등의 흔적이 깊이 새겨져 있어 지금까지도 해소되지 않고 있다. 유럽, 특히 프랑스에서는 이런 합법적 인종 차별의 무거운 유산이 미국에 한정된 문제이며 유럽 대륙은 예외라고 믿는 경향이 있다. 프랑스인들은 툭하면 '공화주의적' 유산과 '공화주의적' 가치들을 입에 올린다. 무수한 군주정과 제정이 1870년대에 완전히 공화국으로 대체됐다는 사실만으로 모든 권리의 평등, 특히 인종 간의 평등을 충분히 보장할 수 있다는 듯이 말이다.

하지만 현실은 어떤가. 제3공화국은 수십 년 동안 서슴없이 아이티에서 부를 빼내왔다. 군주제 국가가 1825년에 아이티에 요구했던 조공을 1950년까지 계속 받았던 것이다. 그뿐만 아니라 1912년에는 아프리카 식민지 '토착민'들을 상대로 '용역'이라는 이름을 붙인 강제 노동 체제를 만들어 1946년까지 존속시켰다. 프랑스 공화국 국가는 1962년까지 다른 모든 식민지에서와 마찬가지로 알제리에서도 고도의 인종적·종족적·종교적 차별에 기반한 지배 체제를 운영했다. 구체적으로 말하자면, 어떤 이름으로 어떻게 바뀌면서 불렸든, '알제리 무슬림'들은 프랑스 식민 제국의 마지막 날까지 단 한 번도 식민지 정착민들과 동등한 정치적 권리[24]나 사회적·경제적 권리를 누리지 못했다. 물론 무슬림이 아닌 토착민들도 사정은 마찬가지였다. 특히 교육 제도에는 극심한 분리주의가 작동해, 식민지 정착민들의 자녀와 현지인들의 자녀는 철저히 분리된 상태에서 대부분의 경우 서로 다른 학교에 배정받았다. 물론 미국 남부에서 채택했던 제도와 똑같지는 않았지만, 그렇다고 불평등이 덜했다고는 말할 수 없다. 미국이 노예제 공화국이었다면, 프랑스는 오랫동안 식민 공화국이었다. 아니, 머리는 식민 제국이고 몸만 공화국인 국가였다고 표현하면 어떨까. 미국과 프랑스, 이 두 공화국은 각각의 통제하에 있던 영토에서 1960년대까지 철저히 차별적인 통치를 해왔다. 언젠가 이 무거운 역사의 유산에서 벗어나고 싶으면 이 사실부터 직시하지 않으면 안 된다.

　최근에 발표된 몇몇 연구는 프랑스 식민지에 적용된 식민 예산의 구조를

24　물론 식민지인들도 1946~1962년에 프랑스 의회에 의석을 가지고 있었다. 하지만 인구 비중을 전혀 반영하지 않고 정해진 의석수였다. T. Piketty, *Capital et idéologie*, op. cit., p. 354-360과 F. Cooper의 흥미진진한 책 *Citizenship Between Empire and Nation*, op. cit. 참조.

상세히 들여다볼 수 있게 해주었다.[25] 모로코에서는 1925년 (인구의 고작 4%를 차지하는) 유럽인들이 배정된 초중등학교에 전체 교육 예산의 79%가 지급되었다. 당시 현지인 자녀들의 초등학교 취학률은 북아프리카와 인도차이나에서 5% 이하, 프랑스령 서아프리카에서 2% 이하였다. 참으로 놀라운 것은, 교육 예산상의 이 극심한 불평등이 식민지 시대 말기에도 여전히 개선되지 않았던 것처럼 보인다는 사실이다. 알제리 예산 문서들을 살펴보면, 1925년 전체 교육 예산의 78%가 식민지 정착민 자녀들이 배정받는 교육 기관들에 할애됐음을 알 수 있다. 이 비중은 알제리 독립 투쟁이 이미 시작됐던 1955년에는 82%에 이른다. 이를 보면 식민 제도의 작동 방식 자체가 너무도 불평등해, 개혁이 불가능해 보이기도 한다. 여기서 한 가지 사실을 더 분명히 해두자. 이 교육 예산에 들어가는 재정을 충당하는 조세 제도 또한 주로 현지인들이 낸 세금(소비세와 각종 간접세)에 기반하고 있었다는 점에서 불공정하고 역진적이었다. 간단히 요약해 말하자면, 식민지인들은 자신들을 정치적·군사적으로 지배하러 온 사람들에게 주로 혜택이 돌아가는 예산에 필요한 재정을 충당하기 위해 무거운 세금을 내고 있었다.

20세기 초 프랑스 본국의 교육 제도 또한 극도로 위계적이고 불평등했

---

25 D. Cogneau, Y. Dupraz, S. Mesplé-Somps, "Fiscal Capacity and Dualism in Colonial States: The French Empire 1830-1962", EHESS et PSE, 2018 ; É. Huillery, "The Black Man's Burden: the Costs of Colonization of French West Africa", *Journal of Economic History*, 2014 ; M. Woker, *Empire of Inequality: the Politics of Taxation in the French Colonial Empire, 1900-1950s*, Columbia, 2020 참조.

다. 어떤 의미에서는 역사상 한 번도 그렇지 않았던 적이 없다. 다만 우리는 이런 교육 예산의 불평등이 식민지에서는 더 극심하게 나타났다는 사실은 주지할 필요가 있다(그래프 14 참조). 1910년, 프랑스는 민중 계급의 경우 중등학교 진학이 매우 드물 정도로 교육의 계층화가 극심했다. 우리가 수집한 예산 관련 데이터를 살펴보면, 교육 투자의 혜택을 가장 많이 입은(고등학교에 진학하거나 드물게는 대학에 진학한) 연령 그룹의 상위 10%에게 전체 교육 지출의 38%가 쓰였고, 같은 연령 그룹 중 가장 교육받지 못한 하위 50%에게 쓰인 예산은 26%에 불과했음을 알 수 있다. 하위 50%가 상위 10%보다 수적으로 다섯 배나 많다는 점에서 이는 엄청난 불평등이다. 이 사실을 달리 표현하면, 가장 부유한 상위 10%에 속하는 아이 한 명당 들어간 교육 투자가 가장 가난한 하위 50%에 속하는 아이 한 명에 들어간 교육 투자의 8배에 이른다는 뜻이다. 프랑스에서 교육 지출의 불평등은 1910~2020년 사이 현저하게 감소했지만 오늘날에도 여전히 존재한다. 지금도 부유한 상위 10%에 속하는 아이 한 명당 들어가는 공적 자금이 가난한 하위 50%에 속하는 아이 한 명에게 들어가는 공적 자금의 3배 가까이 되기 때문이다. 이것이 부의 세습을 줄이겠다는 체제에서 벌어지는 현상이라 더욱 놀랍게 느껴진다(이 문제는 나중에 다시 다루기로 하자). 일단은 다음과 같이 간단히 정리하고 넘어가자. 프랑스령 알제리 같은 식민 사회에서는 교육 불평등이 더욱 극심한 형태로 나타나, 식민지 정착민 자녀에게 쓰인 교육 지출이 식민지 현지인 자녀에게 쓰인 교육 지출의 40배에 달했다.

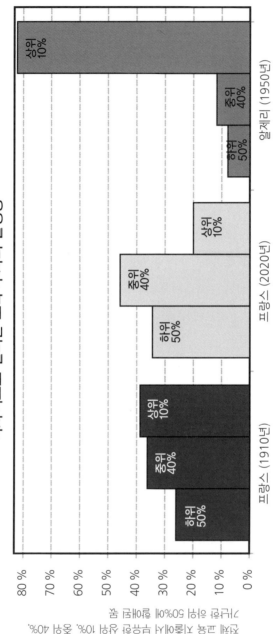

그래프 14

식민지 정착민을 위한 식민지:
역사적으로 살펴본 교육 투자의 불평등

1950년, 알제리에서 초중고 및 대학 교육 투자의 가장 많은 혜택을 입은 상위 10%(다시 말해 식민지 정착민의 자녀들)에게 전체 교육 예산의 82%가 쓰였다. 이 비율이 1910년 프랑스에서는 38%, 2020년 프랑스에서는 20%(이 그룹이 인구에서 차지하는 비중보다 여전히 두 배 높은 비율이다)였다.

출처 및 통계: piketty.pse.ens.fr/egalite

배상의 문제: 초국적 정의를 다시 생각하기

지금까지의 내용을 요약해보자. 오늘날 국가 간, 그리고 한 국가 내에서 일어나는 부의 분배에는 노예제와 식민주의 유산의 흔적이 깊이 남아 있다. 현 경제 체제의 기원과 불공정성을 좀 더 잘 이해하기 위해 노예제와 식민주의의 과거를 반드시 알아야 하는 이유다. 하지만 이해하는 것만으로 해결책이 찾아지지는 않는다. 이것은 워낙 복잡한 문제이기 때문에 깊은 고민과 숙의를 통하지 않으면 해결 방법을 모색할 수 없다. 어떤 경우에는 분명한 배상이 해결책이 될 수 있을 것이다. 가령 아이티가 지불한 국채를 프랑스가 되돌려주는 것은 내가 보기에 반드시 필요한 일이다. 또 어떤 경우에는 농지 개혁을 통한 토지 분배가 해결책이 될 수 있을 것이다. 또 어떤 경우에는 미국의 사례처럼 배상이 해결책이 될 수 있을 것이다. 오래전 과거에 일어난 어떤 수탈과 불공정에 대해서는 배상이 이루어지고 있는 마당에, 다른 사안에 대해서는 배상 논의를 거부한다면, 다수가 수용할 수 있는 보편적 정의의 규범을 세우는 일이 무척 힘들어질 것이다. 이제는 배상을 통한 정의와 보편적 정의라는 두 논리가 상호 보완적임을 깨달아야 할 때다. 이 두 가지 정의는 상호 작용을 통해 함께 발전해야 한다.

물론 배상만으로 모든 문제를 해결할 수는 없다. 인종 차별과 식민주의가 남긴 폐해를 없애려면 무엇보다 체계적인 방식으로 경제 시스템을 바꾸지 않으면 안 된다. 그리고 출신에 상관없이 모두가 최대한 평등하게 교육과 일자리, 소유의 기회를 누릴 수 있게 만들어야 한다. 이를 위해서는 과감하고 일관적이며 확인 가능한 차별 철폐 정책을 추진해야 하는데, 이 과정에서 원래 다원적이고 다차원적인 특성을 가진 정체성의 고착화가 일어나서는 안 될 것이다. 이 책에서 우리는 수집된 과거 사례들을 제시하면서 사회적 기준과 출신이라는 두 가지 기준 사이에서 균형과 절충점을 찾는 게 가능함을 보여줄 것이다. 비슷한 논리에서 우리는 한 국가 내에서 이루어지는 부의 재분배와 국가 간에 이루어지는 부의 재분배를 결코 대립되는 개념으로 보아서는 안 될 것이다. 지구상에 존재하는 모든 나라와 시민은 다국적 기업들과 억만장자들에게서 거둬들인 세금에 대해 일정 정도의 권리를 누릴 수 있어야 한다. 그 이유는 크게 두 가지다. 첫째, 인간이라면 누구나 똑같이 의료와 교육, 발전에서 최소한의 권리를 누려야 하기 때문이다. 둘째, 가난한 나라들 없이는 부유한 나라들의 번영이 불가능할 것이기 때문이다. 서구 사회의 부의 축적도 그랬지만 일본이나 중국의 부의 축적 또한 국제 노동 분업과, 전 지구적인 천연자원의 무분별한 개발과 인적 자원의 착취가 있기에 가능했다. 지구상에서 일어난 모든 형태의 부의 축적은 세계 경제 체제와 불가분의 관계를 가진다. 따라서 정의의 문제와 평등을 향한 여정 또한 이 차원에서 사고되어야 한다. 이 문제에 좀 더 깊숙이 들어가기 전에 우선 18세기 이후에 넓게는 세계적 차원에서, 좁게는 서구 차원에서 지위와 계급의 불평등이 어떻게 변화해왔는지부터 살펴보기로 하자.

제5장
혁명, 지위, 계급

1791년 생도맹그에서 노예들이 일으킨 반란이 노예제와 식민주의의 종언을 고하는 데 크게 기여한 것은 사실이지만, 이것으로 문제가 끝나진 않았다. 인종 간 평등을 위한 투쟁은 오늘날에도 여전히 계속되고 있다. 전반적인 지위의 불평등도 마찬가지다. 1789년 프랑스 혁명이 귀족들의 특권을 폐지한 것은 결정적인 진전이었음이 분명하나, 돈에 기반한 무수한 특권을 모두 없앤 것은 아니었다. 앞으로 우리는 심화된 납세 유권자 제도와 금권 정치가 스웨덴을 비롯한 여러 나라에서 20세기 초반까지 지속됐음을 보게 될 것이다. 부분적으로 완화되긴 했지만 유사한 논리들은 오늘날까지도 계속해서 작동하고 있다. 금권 선거도 그런 경우에 해당하며, 더 자격이 있고 더 헌신적으로 생산 과정에 참여하는 사람들 대신 주주들에게 권력이 집중되는 것도 그런 경우에 해당할 것이다.

특권과 지위의 불평등은 사라졌는가?

계몽주의 시대와 '대서양 혁명들' 이후 서구 사회에서 법적 평등이 완전히 확립되었다는 동화 같은 믿음이 꽤 널리 확산돼 있다. 이 믿음의 중심에 있는 결정적인 사건이 바로 프랑스 혁명과 1789년 8월 4일 밤에 이루어진 귀족 계급의 특권 폐지다. 하지만 현실은 당연히 이보다 훨씬 복잡하다. 미국과 프랑스 공화국은 1960년대까지도 엄연히 법적 차별이 존속한 노예제 공화국이고 식민 공화국이었다. 영국과 네덜란드 같은 군주제 국가의 상황도 다르지 않았다. 세계 도처의 기혼 여성들은 1960~1970년대가 되어서야 배우자의 법적 후견에서 벗어나 형식적으로 평등한 법적 권리를 누릴 수 있었다. 18세기 말에 터져 나온 권리의 평등에 대한 요구는 사실상 백인 남성들 간의 평등, 그중에서도 특히 백인 남성 소유자들 간의 평등에 대한 요구였다.

1789년 8월 4일 밤에 일어난 특권 폐지는 결정적인 사건임에는 틀림없으나, 우리는 이를 평등을 위한 아직 끝나지 않은 긴 투쟁의 관점에서 바라보아야 한다. 7월 14일 바스티유가 함락되지 않았더라면, 아니 1789년 여름에 영주들과 그들의 성을 공격해 토지 소유 증서를 찾아내 불태운 농민 반란이 없었더라면, 8월 4일 밤은 존재하지 않았을 것이다. 그해 여름 농민 반란이 일어났기 때문에 파리에서 소집된 의회가 저주의 대상이 된 봉건 제도를 폐지하겠다는 신속한 결정을 내린 것이다. 그런데 따져보면 그여름의 반란 역시 분권된 통치 세력이 갈수록 통제력을 상실해가는 상황에서 수십 년간 일어났던 무수한 농민 반란의 연장선상에 있음을 알 수 있다. 특히 1788년 여름에는 토지와 공공 재화를 점유하고 토지 소유자들을 공격하는 등 봉기에 가까울 만큼 분위기가 들끓자 마침내 삼부회 선출 방

식에 대한 문제 제기가 이루어진다.[1]

한 가지 주목해야 할 점은 1789년에 조세·정치·법률상의 특권을 완전히 상실하고 나서도 프랑스 귀족이 한참 더 소유자 계급으로서의 특권과 사회적 지위를 누렸다는 사실이다. 파리 상속 문서들에 등재된 성(姓)을 분석한 결과, 우리는 19세기 파리 인구의 고작 1%를 차지했던 귀족들이 1830~1840년대 상위 자산가의 40~45%를 차지했던 것을 알 수 있었다. 이 비중은 프랑스 혁명 직전과 비교해 아주 약간 낮아진 것에 불과했다. 1880~1910년대에 가서야 비로소 상위 자산가 중 귀족이 차지하는 비율이 현저히 줄어들게 된다(그래프 15 참조).

이토록 변화가 더딘 이유는 여러 가지로 설명할 수 있다. 1789~1815년 동안 가까운 유럽 군주제 국가들로 망명했던 귀족들이 1815년 대거 귀국해 당시 프랑스의 납세 유권자 군주정이 베푼 각종 혜택을 누렸기 때문이다. 그 대표적인 예가 바로 '이민자를 위한 10억'이라는 상징적인 법이다. 이 법에 따라 프랑스 혁명 당시 상실한 토지와 임대료에 대한 보상 명목으로 돌아온 귀족들에게 막대한 금액이 지급된다(대략 당시 국민 소득의 15%에 해당했던 이 비용은 세금과 국채로 충당된다). 왕정복고 직후부터 논의가 시작된 이 법은 샤를 10세 치하였던 1825년 빌렐 백작의 주도로 채택됐다.

---

1 J. Nicolas, *La Rébellion française. Mouvement populaires et conscience sociale, 1661-1789.* Gallimard, 2002 참조. 이 책은 1730~1759년 사이 일어난 반(反)영주 반란 87건과 1760~1789년 사이 일어난 246건을 다루었다. 또한 G. Lemarchand, *Paysans et seigneurs en Europe. Une histoire comparée, XVIᵉ-XIXᵉ siècles*, Presses Universitaires de Rennes, 2011 참조. 이 책은 1848년 혁명의 물결이 일어나기 전 유럽 차원에서 농민 혁명들이 했던 역할을 다루었다.

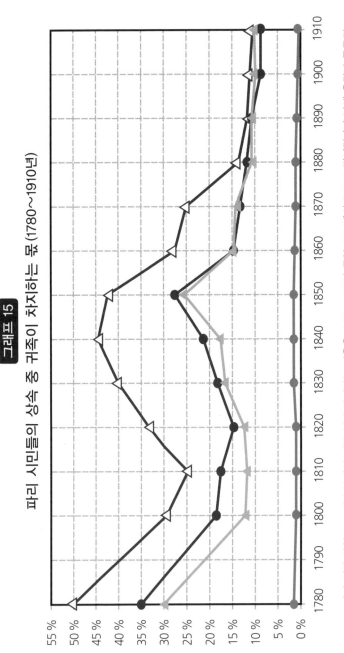

그래프 15

파리 시민들의 상속 중 귀족이 차지하는 몫 (1780~1910년)

파리 시민 상위 0.1% 상속분에서 귀족 성이 차지하는 비율은 1780~1810년 동안 50%에서 25%로 떨어졌다가 남세 유권자 군주정 시기(1815~1848년)에 다시 40~45%대로 상승한다. 이 비율은 19세기 말과 20세기 조에 다시 10%대로 하락한다. 점유율이 이렇게 오르내리락하는 동안 1780~1910년 사이 파리 전체 사망자 수 중 귀족 성이 차지하는 비율은 변함없이 2%대 미만에 머물렀다.
출처 및 통계: piketty.pse.ens.fr/egalite

같은 해에 프랑스는 (상당수가 귀족인) 노예 소유주들에 대한 배상을 아이티에 강제했다.

주목해야 할 것은 프랑스 혁명기에 이루어진 부의 재분배가 우리가 흔히 상상하는 것보다 훨씬 제한적인 규모로 이루어졌다는 사실이다. 당시 (교회 십일조의 가치까지 포함해) 왕국 전체 토지와 부동산 자산의 25%를 차지했던 교회의 재산은 물론 배상 없이 국유화됐다. 그런데 국유화된 교회 자산은 소작농들에게 분배되지 않고 경매에 부쳐져 경제적 능력이 있는 사람들이 차지했다. 1789년 1월 발간한 그 유명한 소책자에서 제3신분을 지지했던[2] 시에예스 신부는 이러한 방식이 결국 귀족이나 부르주아 같은 소유자들의 배만 불려주었으며, 교회는 사회 복지(구빈, 학교, 병원 등)를 위해 쓸 돈이 사라지게 됐다며 비분강개했다. 영국에서도 헨리 8세의 수도원 해체 결정이 소유자 계급을 강화하는 결과를 낳았다. 이전에는 성직자들이 의석의 절반을 차지했던 상원을 이때부터 귀족들이 거의 독점하기 시작했다. 영국이나 프랑스나 이렇게 제3신분과 사회 전체를 위해 수행하는 두 지배 계급의 기능(성직자는 정신적 버팀목과 사회 복지의 기능, 귀족은 질서 유지와 보호의 기능)이 그들이 가진 지위를 정당화해주었던 삼기능 이데올로기에서, 국가의 보호하에 자신의 재산으로 최대 수익을 내기 위해 애쓰는, 사회적 반대급부 없이 오로지 개인의 축재에만 몰두하는 사적 소유자들이 존재하는 '소유주의적' 이데올로기, 더 간단히 말하면 '자본주의적' 이데올로기로 서서히 이행하기 시작한 것이었다.

---

2 "제3신분이란 무엇인가? 전부다. 그런 그들이 지금까지 정치에서 무엇이었는가? 아무것도 아니었다. 그들은 무엇을 요구하는가? 무엇인가가 되겠다는 것이다."

지난한 과정을 거쳐 사라진 강제 노동과 반(半)강제 노동

결과적으로 프랑스 혁명은 귀족 계급의 특권을 폐지하는 대신 소유자들의 권리를 강화해주었다. 따라서 아무것도 소유하지 않은 사람들의 입장에서는 반쪽의 성공이었다. 물론 영주들의 전횡에서 벗어났고, 모든 시민을 똑같이 대우하는 중앙 집권화된 국가의 사법 시스템이 작동한다는 것은 실질적인 진보라고 할 수 있다. 하지만 상위 1% 자산가들, 다시 말해 귀족과 부르주아들에게 소유가 집중되는 현상은 1780~1800년에도 크게 개선되지 않았다. 오히려 1800~1910년 동안 더 심화되기까지 했다. 결국 자산 하위 50%의 입장에서 달라진 것은 거의 없었다.[3]

우리는 프랑스와 유럽 사회에서 노동의 지위가 변해가는 지난한 과정 속에 프랑스 혁명을 놓고 바라볼 필요가 있다. 프랑스와 영국의 농촌에서는 프랑스 혁명 발발 몇 세기 전에 이미 농노제가 사라졌다고 알려져 있다. 그리고 그 원인으로는 14세기 중반에 발생한 흑사병이 자주 언급된다. 흑사병 때문에 노동력이 상대적으로 귀해지고 사회 제도가 붕괴하자 농노들의 '영지 이탈(déguerpissement)'과 해방에 유리한 환경이 만들어졌다는 것이다. 하지만 많은 역사학자들이 이 같은 설명은 지나치게 도식적이라고 지적한다. 결국 개별 지역의 권력관계와 사회정치적 환경이 모든 것을 결정한다는 것이다. 가령 유럽 대륙 동쪽에서 14세기 이후 농노제가 강화돼 19세기까지 존속하다 뒤늦게 사라진 것이 그런 예라고 학자들은 말한다.[4] 일부

---

3 제2장 그래프 4 참조.

4 동쪽(특히 발트해 연안)에서 농노제가 강화된 것은 16~18세기 동안 서쪽으로의
  곡물 수출이 늘어난 것과 소유자들이 더 가혹한 노동 규칙을 강제할 수 있었던

낙관적인 중세학자들은 기독교 삼기능 이데올로기가 예속 노동의 점진적 폐지에 끼친 긍정적 역할을 부각하기도 한다. 유럽 대륙 서쪽에서 예속 노동이 점차 끝나고 노동자들이 자유롭게 존재하는 하나의 노동자 계급으로 통합될 수 있었던 것은 기독교 삼기능 이데올로기 때문이며, 이러한 과정은 이미 흑사병 발생 이전부터 시작됐다는 것이다.[5] 물론 부분적으로 맞는 설명일 수도 있지만, 지역에 따라 큰 차이가 있기 때문에 가용 자료만을 가지고 단정적으로 말하기는 힘들다.

확실한 것은 프랑스 혁명 때까지도 생클로드 수도원(쥐라 지역의 대규모 교회 장원) 같은 곳에는 농노제 경작 토지가 존재했으며, 프랑스 혁명 이후에야 노동을 위한 이동에 가해지던 제약이 완전히, 그리고 영구적으로 철폐됐다는 사실이다. '부역'이라는 용어는 1789년 프랑스 농촌에도 흔하게 존재했다. 당시 농민들은 전반적으로 이동의 자유(아무것도 소유하지 못하고 인적 네트워크도 없는 사람에게는 유명무실한 개념이다)가 있었지만 영주

상황과 연관이 있어 보인다. T. Raster, "Serfs and the Market: Second Serfdom and the East-West Goods Exchange, 1579-1859", PSE, 2019 참조. 1807년 프로이센, 1848년 오스트리아-헝가리 제국, 1861년 러시아에서 농노제가 폐지될 때 소유자들에 대한 배상이 이루어졌다. 해방된 농노들은 20세기 초반까지 이 배상금을 자신들의 전 소유자들에게 지급해야 했다. S. A. Eddie, *Freedom's Price. Serfdom, Subjection and Reform in Prussia 1648-1848*, Oxford University Press, 2013 ; T. Dennison, "The Institutional Framework of Serfdom in Russia: the View from 1861", in S. Cavaciocchi, *Serfdom and Slavery in the European Economy. 11th-19th Centuries*, Firenze University Press, 2014 참조.

5 M. Arnoux, *Le Temps des laboureurs. Travail, ordre social et croissance en Europe (XIᵉ-XIVᵉ siècle)*, Albin Michel, 2012 참조. 또한 J. Le Goff, "Les trois fonctions indo-européennes, l'historien et l'Europe féodale", *Annales E.S.C.*, 1979 참조.

를 위해 며칠씩 무보수 노동을 해야 했다. 이러한 형태의 부역은 프랑스 혁명 기간에 뜨거운 논쟁의 중심에 놓였다. 프랑스 혁명 기간 중 평등과 재분배가 가장 잘 구현된 1792~1794년 동안 국민 의회는 부역(corvée)이라는 이름 자체가 농노제와 봉건제의 뿌리를 보여주는 것이라면서, 이를 8월 4일 밤 폐지가 결정된 귀족의 특권 중 하나로 간주해 보상 없이 폐지할 것을 요구한다. 이렇게 해서 일부 가난한 농민들은 자신의 노동의 결과물과 자신이 경작하던 땅에 대한 완전하고 전적인 소유권을 갖게 된다. 하지만 1789~1791년을 포함한 혁명기 대부분 동안, 그리고 다시 1795년에 납세 유권자 원칙이 부활하면서부터는 좀 더 보수적인 인식이 자리를 잡는다.[6] 부역은 기본적으로 임대료나 마찬가지이기 때문에 미래에는 마땅히 그렇게 불려야 하며, 다른 결정을 하면 결과적으로 소유 체계 전체를 뒤흔들게 된다는 주장이었다. 이렇게 해서 봉건 제도의 부역은 자동적으로 자본주의식 임대료로 전환되는 경우가 많았다(가령 주당 1일의 부역은 수확한 농산물의 1/5 혹은 1/6에 해당하는 임대료가 됐다).[7]

18세기 내내, 그리고 19세기의 상당 기간 동안 노동에는 가혹한 징벌 체계가 적용됐으며 소유권은 지속적으로 강화되었다는 점 또한 주목할 필요

---

6 1793년 헌법에서 남성 보통 선거권이 확립됐지만 적용될 시간이 없었다.

7 이 논쟁에 관해서는 T. Piketty, *Capital et idéologie*, op. cit., 130-138과 R. Blaufarb의 흥미진진한 저서 *The Great Demarcation. The French Revolution and the Invention of Modern Property*, Oxford University Press, 2016 참조. 2013년 저서 *Freedom's Price*에서 S. A. Eddie는 1807년 프로이센의 (소유주들에게 배상에 이루어진) 농노제 폐지가 결과적으로 프랑스 혁명보다 가난한 농민들에게 더 유리했다고까지 주장한다.

가 있다. 1604년 처음 채택된 이래 수차례, 특히 1773~1801년 사이에 좀 더 엄격해진 영국의 인클로저 법(Enclosure Acts)은 토지에 울타리를 쳐 가난한 농민들이 공유지와 방목지를 사용할 수 없게 했다. 그러자 일이 없어진 농민들은 일자리를 찾아 고향을 떠났고, 손쉬운 착취 대상이었던 이들은 영국 산업화에 동원됐다. 1723년의 블랙 액트(Black Act)도 가난한 사람들에게 치명적인 법이었다. 이 법의 시행으로 들키지 않으려고 얼굴에 검댕 칠을 하고 남의 땅에 들어가 몰래 나무를 훔치고 작은 사냥감을 사냥하는 하층민들은 교수형에 처해질 수 있었다. 토지 소유주들이 자신의 땅을 독점적으로 사용하고자 했기 때문에 벌어진 일이었다.[8] 영국에서 가난에 내몰린 새로운 프롤레타리아는 1875년까지 그 이름에 걸맞은 주인과 하인 법(Master and Servant Act)의 적용을 받게 된다. 이 법은 (계약 해지를 범죄시하는 등) 고용주들에게 전권을 부여해 저임금을 유지할 수 있게 만들어 준다.[9] 프랑스에는 1803년에 도입돼 1854년에 강화된 뒤 1890년에 폐지된

8 E. P. Thompson의 고전적 저술 *Whigs and Hunters. The Origin of the Black Act*, Pantheon, 1975 참조. 이 법의 적용 대상은 남의 땅에 들어가 사슴을 잡고, 나무를 베고, 양어장의 물고기를 훔치고, 잡목을 뽑는 사람들이었다. 피의자는 현장에서 교수형에 처해질 수도 있었다. 애초에 3년 시한으로 만들어졌던 이 법은 지속적으로 강화되면서 100년 넘게 존속하게 된다. 유사한 소유권 강화 사례들은 유럽 다른 곳, 가령 1821년의 프로이센에서도 발견되는데, 이는 청년 마르크스에게 지대한 영향을 끼친다. 그는 소유라는 것은 국가와 지배 계급들의 보호 하에 역사적으로 만들어지고 제도화된 사회적 관계이지, 시간을 초월한 당연한 현실이 아니라는 확신을 갖게 된다. 프랑스 혁명은 개인 소유의 땅과 숲에서 누구나 사냥할 수 있어야 한다고 결정했고, 이 조치는 오늘날까지도 유효하다.

9 18세기 말과 19세기 초에 삶의 여건이 나빠졌다는 가장 확실한 증거는 특히 도시와 산업화 지역에서 징집자들의 키가 작아졌다는 사실이다. S. Nicholas, R.

노동증(livret ouvrier)이라는 제도가 있었는데, 이것은 소유자들이 행동이 고분고분하지 않은 노동자들을 미래의 고용주들에게 미리 알려주는 기능을 했다. 스웨덴에는 일자리가 없거나 생계를 유지할 만큼의 재산이 없는 사람들에게 의무적으로 강제 노동을 시키는 법이 1885년까지 존재했다. 국가와 소유자 계급이 부랑자를 처벌하고 엄격한 노동 규율을 적용하기 위해 만든 유사한 조치들은 19세기에 대부분의 유럽 국가들에 존재했다.

식민지의 법체계는 더 가혹했다. 강제 노동은 1946년, 심지어 식민지 독립 때까지도 실제로 존재했다. 반면 식민국들 본토에서는 노조와 노동자들의 집단행동과 격렬한 사회적 투쟁이 새로운 규범들의 도입을 좀 더 빨리 강제했다. 프랑스의 경우 1841년에 아동 노동에 관한 법, 1884년에 노조 결성의 자유에 관한 법, 1898년에 산업 재해에 관한 법, 1919년에 집단 협약과 8시간 노동에 관한 법, 1936년에 유급 휴가에 관한 법, 1945년에 사회 보장 제도에 관한 법이 채택됐다. 임금 노동의 지위와 진정한 '임금 노동자 기업'의 정착은 문명사적으로 거대한 진보이다. 하지만 이러한 진보는 오랜 기간이 걸려 수많은 변화를 거친 끝에 달성된 것이다. 가령 1969~1977년이 되어서야 (더는 일급이나 주급이 아니라 매달 고정 소득을 보장해주는) 월급제가 일반화됐다.[10] 우리는 정치적·경제적 권력관계의 변동에 따라 이러

Steckel "Hegiths and Living Standards of English Workers During the Early Years of Industrialization", *Journal of Economic History*, 1991 참조.

10 R. Castel, *Les métamorphoses de la question sociale*, Folio, 1995, p. 594-595 ; R. Castel, C. Haroche, *Propriété privée, propriété sociale, propriété de soi*, Pluriel, 2001 참조. 또한 C. Didry, *L'Institution du travail. Droit et salariat dans l'histoire*, La Dispute, 2016 ; M. Margairaz, M. Pigenet, *Le Prix du travail. France et espaces*

한 변화에 역행하는 움직임이 얼마든지 일어날 수 있음을 모르지 않는다. 근래에 들어 임금 노동자의 지위가 현저하게 약화되는 일이 실제로 일어나기도 했다. 2008년 프랑스에서 채택된 경제 '근대화'법에 1인 자영업자 범주가 포함된 게 그 대표적인 경우인데, 1인 자영업자가 사회 보장 분담금을 덜 내는 대신 혜택도 덜 받게 하는 게 핵심 내용이었다. 그러한 변화가 관련 노동자들에게 얼마나 악영향을 끼치는지는 이미 2020~2021년 팬데믹 시기에 확인된 바 있다. 디지털 플랫폼의 발전과, 업무에 따라 임금을 받는 기그 노동자(gig worker)의 증가는 오늘날 임금 노동자의 지위뿐 아니라 우리의 자유를 위해서도 심대한 위협이 되고 있다. 이 문제는 정부가 나서고 새로운 법률들이 도입돼야 해결이 가능할 것이다.[11] 또 한 가지 강조해야 할 것은, 임금 노동자를 좀 더 보호하는 쪽으로 일어난 변화는 주로 선진국인 민족 국가들 내부에서 일어났고, 이를 위해 때때로 국경을 강화하는 대가를 치러야 했다는 사실이다. 개도국 노동자들은 이런 변화의 혜택을 거의 입지 못했다. 세계 경제 체제 속에서 이들은 21세기 초에도 18세기 생클로

---

coloniaux, XIXe-XXIe siècles, Éditions de la Sorbonne, 2019 참조. L. Duguit는 *Les Transformations générales du droit privédepuis le Code Napoléon*, Alcan, 1912에서 노동법과 소유 관련 법의 사례를 통해 법의 '사회화'라는 긴 과정을 살펴본다. 이 책은 당시의 연대주의와 뒤르켐식 사회주의와 비슷한 맥락에서 쓰였다.

11 S. Zuboff, *The Age of Surveillance Capitalism*, Verso, 2019 ; C. Durand, *Technoféodalisme. Critique de l'économie numérique*, Zones, 2020 ; S. Abdelnour & D. Méda, *Les Nouveaux Travailleurs des applis*, PUF, 2020 참조. 인구의 상당수가 이용하는 플랫폼들을 '시스템 플랫폼'으로 정의하고 그것들을 준공공 서비스로 규정한 다음, 알고리즘을 엄격히 규제하고 기본권을 보장하는 것이 가장 최선의 해결책일 것이다.

드 수도원의 농노들과 다를 바 없이 자신들이 태어난 곳에 꼼짝없이 붙박여 있다. 평등을 향한 여정과 노동 앞에서의 존엄은 지금도 여전히 진행 중인 투쟁의 과정이며, 오늘날 이 투쟁은 세계 경제 체제의 근본적인 변화를 요구한다. 이와 관련해서는 앞으로 다시 다루게 될 것이다.

1900년 스웨덴: 1명이 100표

노동법이 19세기와 20세기 초 대규모 사회적·정치적 투쟁의 한 축이었다면 보통 선거는 또 다른 축이었다. 1815년, 루이 18세는 영국에 체류할 때 봤던 정치 제도를 본떠, (영국 상원처럼) 상층 귀족에게 의석을 할당하는 상원과, 납세 유권자 선거를 통해 의원을 선출하는 (영국 하원과 비슷하지만 훨씬 더 제한적이었던) 하원으로 이루어진 의회 체계를 만들었다. 좀 더 구체적으로 살펴보면, 1차 왕정복고기에는 직접세를 가장 많이 납부하는 상위 1% 남성만 선거권을 가질 수 있었다. 피선거권 자격은 이보다 더 까다로워, 피선거권을 가진 사람은 성인 남성 0.2%에 불과했다.[12] 1830년 7월 혁명 이후 선거권은 다소 확대되어, 7월 왕정하에서는 유권자의 수가 성인 남성의 2%를 조금 넘었고 피선거권자 수는 성인 남성의 대략 0.4%를 차지하게 됐다. 남성의 보통 선거는 1848년 혁명 이후 잠시 적용됐다가 1871년에 가

---

12 직접세 중에서도 주로 토지세(토지와 부동산 소유자에 부과)와 면허세(공장, 설비 같은 사업 자산에 부과)가 고려의 대상이 됐다. 간단히 말하면, 이들은 다른 납세 유권자 체제들에서도 그렇듯이 상위 소유자 집단이었다. 프랑스에서는 1820년 '이중 투표'법이 공포되어 제일 부유한 납세 유권자들(이 집단은 피선거권자 집단과 대략 일치한다)이 한 번 더 투표권을 행사해 하원의 일부를 선출할 수 있게 했다.

서야 완전히 적용된다. 여성에게까지 보통 선거가 확대된 것은 1944년의 일이다. 영국에서는 남성 보통 선거를 향한 여정이 프랑스보다 더 점진적인 과정을 밟았다(그래프 16 참조). 투표권을 가진 성인 남성의 비율은 1820년 5%에 불과했으나 1832년 선거제 개혁 후 14%, 1867년 선거제 개혁 후 30%로 늘어났고, 1884년 선거법 채택으로 60%까지 늘어났다. 이러한 선거권 확대는 영국 정치 지형의 변화를 불러온 것은 물론, 재분배 개념이 강화된 사회 및 조세 관련 입법을 가능하게 했다. 남성의 보통 선거는 1918년 마침내 제도화되었으며, 1928년에는 여성 유권자에게까지 확대됐다.

잘 알려지지 않은 스웨덴의 사례는 무척 흥미롭다. 1527~1865년 동안 군주정하의 스웨덴에는 리크스다그(Riksdag)라는 의회가 존재했다. 당시 왕국을 구성하던 네 신분, 즉 귀족, 성직자, 도시 부르주아, 소유자 농민의 대표들로 이루어졌던 리크스다그는 1865년에 이르러 납세 유권자 제도에 기반한 양원제로 대체된다. 양원 중 상원은 극소수의 대규모 소유자들(당시 성인 남성 인구의 1%에도 못 미치던 9,000명 남짓의 유권자)만 선거권을 가졌고, 똑같은 납세 유권자 선거제였으나 문호가 좀 더 넓었던 하원 선거에는 성인 남성의 20%가 투표권을 행사했다. 1900~1911년 개혁 이후에야 비로소 선거권이 확대되었고, 1919년에 가서야 남성 투표권 행사에서 재산 소유 조건이 완전히 철폐됐다. 보통 선거가 여성으로까지 확대된 것은 1921년의 일이다. 1900년경 고작 성인 남성의 20%만이 투표권을 행사할 수 있었던 스웨덴은 유럽 국가 중 정치 개도국에 속해 있었다.

1865~1911년 동안 스웨덴에 존재했던 납세 유권자 제도의 가장 큰 특징은 납부 세금과 재산, 소득의 액수에 따라 유권자가 여러 개의 투표권을 가질 수 있었다는 점이다.[13] 투표할 수 있을 만큼 부유한 상위 20%의

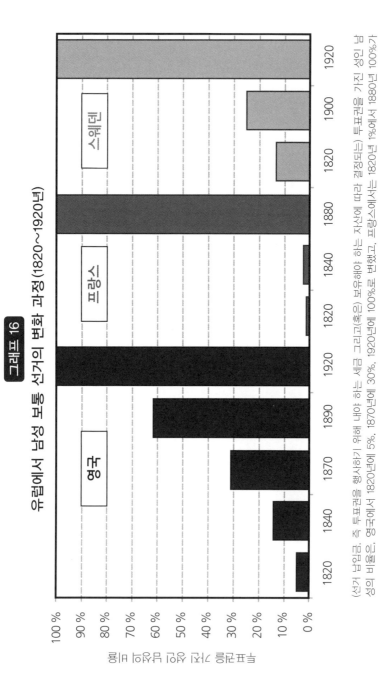

그래프 16

유럽에서 남성 보통 선거의 변화 과정 (1820~1920년)

(선거 납입금, 즉 투표권을 행사하기 위해 내야 하는 세금 그리고(혹은) 보유해야 하는 자산에 따라 결정되는 투표권을 가진 성인 남성의 비율은, 영국에서 1820년에 5%, 1870년에 30%, 1920년에 100%로 변했고, 프랑스에서는 1820년 1%에서 1880년 100%가 되었다.

출처 및 통계: piketty.pse.ens.fr/egalite

남성 유권자들은 40개 그룹으로 세분화됐고, 각각의 그룹이 투표권 행사에서 차지한 비중도 달랐다. 구체적으로 살펴보자면, 최하위 그룹의 남성 유권자는 1인당 1표를 행사한 반면, 최상위 그룹의 남성 유권자는 1인당 54표까지도 행사할 수 있었다. 각 유권자가 행사할 수 있는 투표권 비중을 정하는 계산표는 정확히 그가 낸 세금과 재산, 소득을 반영해 만들어졌다. 지방 선거에도 비슷한 방식이 적용됐는데, 양원 선거와 다른 한 가지 특징이라면 주식회사에도 선거권이 주어졌다는 점이다. 주식회사는 납부한 세금과 회사 자산, 그리고 수익 규모에 따라 주어지는 투표권 개수가 달라졌다. 도시 지자체 선거에서는 개인이든 기업이든 한 유권자가 100표 이상의 투표권을 행사할 수는 없었다. 하지만 농촌 지자체 선거에는 이런 상한선이 존재하지 않아, 1871년 지방 선거 당시 스웨덴의 54개 콤문에서는 단 한 명의 유권자가 전체 투표권의 50% 이상을 갖기도 했다. 이런 방식을 통해 완벽한 민주적 정당성을 확보한 독재자들 중에는 스웨덴 총리를 지낸 아르비드 포세 백작도 포함돼 있다. 그는 1880년대 자신의 가문이 거대한 영지를 소유하고 있던 콤문에 거주하면서, 전체 투표권의 과반 이상을 행사했다. 스웨덴의 414개 콤문에서 단 한 명의 유권자가 전체 투표권의 25% 이상을 행사했다.

스웨덴의 이 놀라운 납세 유권자 선거 제도 사례는 여러 면에서 흥미를 끈다. 일단, 스웨덴은 몇십 년 만에 극단적으로 불평등한 소유 체제에서 상

---

13 E. Bengtsson의 흥미로운 논문 "The Swedish *Sonderweg* in Question: Democratization and Inequality in Comparative Perspective, c. 1750-1920", *Past and Present*, 2018 참조.

대적으로 평등한(최소한 우리가 알고 있는 모든 다른 사회들보다는 평등한) 사회의 상징으로 탈바꿈했다. 이 이행에는 노조와 노동자들의 강력한 집단행동에 힘입어 1920년대 초 집권한 이래로 1932~2006년 동안 거의 내내 권력을 잡았던 사민당의 존재가 결정적 역할을 했다. 제1차 세계 대전 발발 직전만 해도 스웨덴은 프랑스와 영국 못지않게 부의 집중도가 높았다(그래프 17 참조). 당시 선거와 헌법을 통한 불평등의 제도화가 가장 극심한 유럽 국가가 스웨덴이었다는 점은 이견의 여지가 없다.[14] 또 한 가지, 전간기(戰間期)부터 행정부를 장악한 스웨덴 사민주의자들은 국가적 역량을 전혀 다른 차원의 새로운 정치적 목표를 위해 사용했다. 과거 투표권을 배분하기 위해 사용했던 자산과 소득 관련 문서들을 부자들에게 누진세를 과세하기 위해 활용하기 시작한 것이다. 이렇게 마련된 공공 서비스 재원은 전 국민이 (다른 국가들과 비교해볼 때) 상대적으로 평등하게 의료와 교육의 기회를 누릴 수 있게 하는 데 쓰였다. 스웨덴의 경험은 고정불변한 것은 없음을 잘 보여주는 사례다. 태생적으로 평등 지향적 혹은 불평등 지향적 문화와 문명이 존재한다고 보는 관점들이 있다. 가령, 스웨덴은 오래전 바이킹으로부터 전해져 내려오는 열정이 있어 원래가 평등한 나라인 반면, 인도의 카스트 제도가 지닌 불평등은 아리아인이라는 특성과 결합된 신비주

---

14 비록 스웨덴만큼 극단적이지는 않지만 흥미로운 또 하나의 사례는 프로이센 왕국이다. 1871~1918년 동안 독일 제국의 중추였던 프로이센 왕국은 1848~1918년 동안 독창적인 선거 제도를 운영했다. 이 제도하에서는 유권자가 납부 세금에 따라 세 범주로 나뉘었다. 더 정확히 말하자면, 세금 납부 액수에 비례해 계급이 정해졌는데, 각각의 계급은 전체 세금의 1/3씩을 내고 선거인단의 1/3씩을 선출했으며, 이렇게 선출된 선거인단이 하원을 선출했다.

평등의 짧은 역사

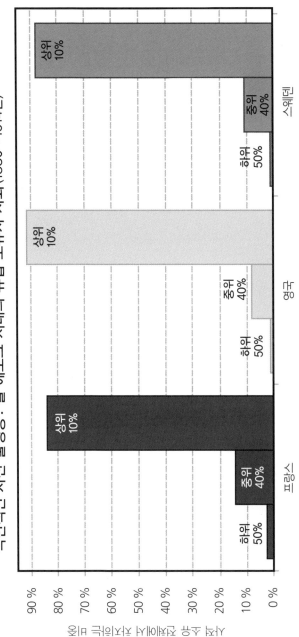

그래프 17

극단적인 자산 불평등 : 벨 에포크 시대의 유럽 소유자 사회 (1880~1914년)

1880~1914년 동안 프랑스의 사적 소유 전체(부동산 빼 부동산 사업 자산, 금융 자산)에서 자산 상위 10%가 차지하는 비중은 평균 84%(중위 40%의 비중은 14%, 하위 50%의 비중은 2%)였다. 같은 시기 영국은 이 비중이 91%(중위는 8%, 하위는 1%), 스웨덴은 88%(중위는 11%, 하위는 1%)였다.

출처 및 통계 : piketty.pse.ens.fr/egalite

의에 가까운 기원이 있다는 것이다. 하지만 모든 것은 각각의 인간 공동체가 만든 제도와 규칙에 달렸다. 그리고 모든 것은 권력관계와 집단행동, 사회적 투쟁에 따라 급변할 수 있다. 이 변화의 과정이 그리는 불안정한 궤적들은 당연히 치밀한 연구의 대상으로 삼을 가치가 있다.

특권의 변신: 금권 민주주의

스웨덴이 그린 궤적은 소유자 계급이 자신들의 이익을 실현하는 데 필요한 제도들을 만들기 위해 얼마나 놀라운 상상력을 발휘할 수 있는지 잘 보여준다. 그들의 그런 천재성이 과거 스웨덴에서 그친다고 생각하면 착각이다. 오늘날 억만장자들은 더는 스웨덴식의 투표권을 공개적으로 요구하지는 않지만, 그 대신 다른 방법들을 통해 똑같은 목표를 달성하려고 한다. 우리는 선거 민주주의에서 선거 자금 조달 문제가 한 번도 만족스럽게 논의된 적이 없다는 사실에 주목할 필요가 있다. 보통 선거가 이루어진다면 이론상 당연히 시민 누구나 똑같은 금액을 자신이 선택한 정당이나 정치 단체에 기부할 수 있어야 한다. 그리고 이런 평등한 시스템의 핵심은 고액 기부금을 금지하고 선거 비용에 철저한 제한을 두어, 선거에 출마한 모든 후보들과 모든 유권자들이 동등한 위치에 서게 하는 것이다. 그뿐만 아니라 이러한 정치적 평등은 헌법을 통해 보장되어야 하며, 관련 법규들은 보통 선거 원칙만큼 강력하게 보호되어야 할 것이다.

그런데 현실은 이와 거리가 멀다. 오히려 정반대의 일이 벌어지고 있다. 소극적인 수준이긴 하지만, 공적 자금으로 선거 캠페인과 정당을 지원하는 제도를 만들어 운영하는 국가들이 있긴 있다. 독일은 1950년대부터, 미국과 이탈리아는 1970~1980년대부터, 그리고 프랑스는 1990년대에 들어와 이런 제도를 운영하기 시작했다. 하지만 이 공적 자금은 충분하지 않고, 정치에 유입되는 사적 자금과 비교하면 어림도 없이 적은 액수다. 유럽과 인도, 브라질도 그렇지만 미국에서는 특히 이런 현상이 두드러지게 나타난다. 미국 로비스트들은 정치에 지출하는 비용에 상한선을 정할 수는 없다고 (상한선을 설정하는 것은 부자들의 표현의 자유를 제약하는 것에 해당한다고) 법원을 설득하는 데 성공했다.[15] 세계 어디서나 정치 기부금을 포함한 기부금 전반에 세금 감면 혜택이 주어지는데, 이는 결국 가난한 사람들의 돈을 가지고 부유한 사람들이 정치적·문화적 애호를 표시하는 데 쓰는 꼴이다. 프랑스의 경우, 부유한 유권자가 자신이 좋아하는 정당에 7,500유로 (연간 기부금 상한선)를 기부하면 5,000유로의 세액 공제를 받을 수 있는데, 이 돈은 결국 다른 납세자들이 내는 것이다. 이에 비해 평범한 유권자는, 정당들에 지원되는 공적 자금 액수를 감안하면, 1인당 대략 1유로만 낼 수 있는 셈이다.[16] 이는 납세 유권자 선거의 논리가 눈에 덜 띄게 형태만 바뀌

---

15 T. Kuhner, *Capitalism vs Democracy. Money in Politics and the Free Market Constitution*, Stanford University Press, 2014; L. Bartels, *Unequal Democracy. The Political Economy of the New Gilded Age*, Princeton University Press, 2016 참조.

16 J. Cagé, *Le Prix de la démocratie*, Fayard, 2018 ; *Libres et égaux en voix*, Fayard, 2020 참조. 정치 기부금의 세금 감면(대부분 부유한 상위 1% 납세자들, 그중에서도 특히 최상위 0.01% 납세자들이 혜택을 받는다)에 들어가는 공적 자금의 규모는 공식적으로 정치에 지원되는 공적 자금(가장 최근의 선거 결과에 따라 금액이 결정되므로 이것은 결국 모든 유권자를 동등하게 취급하는 셈이다)의 규모와 대략 비슷한 수준이다. Cagé는 현재의 불평등한 시스템을 모두에게 동일한 액수가 지급되는 '민주적 평등 바우처'로 대체할 것을 제안한다. 또한 유사한 방식을 자선(慈善)과 미디어 분야에도 적용할 것을 제안한다.

었을 뿐 오늘날에도 여전히 건재함을 보여주는 것이다.

여론을 형성하는 역할을 하는 미디어와 싱크탱크, 각종 기관의 재정 문제에도 비슷한 문제점이 발견된다. 언론의 집중화를 막거나 주주들의 권력을 제한하는 법들이 일부 국가에서, 대부분 제2차 세계 대전 직후 만들어졌다. 하지만 관련 법들은 너무나도 불충분하며, 디지털 시대에 맞게 정비된 적이 없다. 프랑스의 경우 오늘날 극소수의 억만장자들이 뉴스 미디어의 절반 이상을 소유하고 있다. 이런 상황은 가난한 나라 부유한 나라 할 것 없이 똑같다. 가장 좋은 해결 방법은 법 제도를 바꿔 진정한 언론 민주화를 구현할 수 있는 법을 만드는 것이다. 이 법을 통해 어떠한 법률적 형태를 취하는 의사 결정 기구든 간에 임금 노동자들과 기자들이 의석의 반을 가진 상태에서 의사 결정에 참여할 수 있게 보장해주는 것이다. 또한 독자 대표들에게 언론의 문을 개방하고, 주주들의 권한을 절대적으로 제한해야 할 것이다.[17]

중요한 것은 돈에 장악된 현대 민주주의를 비난하는 데 그치지 않고 평등을 확대하기 위한 구체적인 제도적 장치들을 마련해야 한다는 사실이다. 지난 20세기에 '부르주아' 민주주의에 대한 비난은 소비에트 연방 국가들과 일부 신흥 독립국들의 통치자들과 관료 계급들에 의해 다당제 선거를 폐지하고 언론을 장악하기 위한 핑계로 활용된 경우가 많았다. 선거의 거부는 결코 정당화될 수 없다. 반면 정당과 선거 캠페인, 언론에 대한 평등한 재정 지원 원칙의 수립은 반드시 정당화되어야 할 뿐만 아니라, 평등주

---

17 J. Cagé, B. Huet, *L'information est un bien public. Repenser la propriété des médias*, Seuil, 2021 참조.

의에 바탕을 둔 진정한 민주주의의 실현을 위해 필수 불가결한 것으로 인식되어야 한다. 이를 위해서는 가령 시민 의회라든가 집단 숙의를 위한 국민 투표 같은 다양한 정치 참여 방식이 활성화되어야 할 것이다. 여기서도 캠페인을 위한 자금 조달과, 정보 생산과 확산의 평등 문제가 철저히 다루어지는 게 전제 조건임은 두말할 필요가 없다.[18]

그런데 현실에서는 이러한 민주주의와 정치적 평등에 대한 보호가 이루어지지 않고 있다. 오히려 상당수 국가에서는 헌법과 사법 체계가 기존 질서를 보호하는 데 급급한 경향이 있다. 가령 다수당이 과감하게 소유 체계를 개혁하려고 할 때(혹은 단순히 주주들의 권한을 제한하려고 할 때조차도) 강력한 법적 제동을 거는 것이다. 일반적으로 소유의 재분배는 배상의 의무를 충족해야 하기 때문에 현실적으로 진정한 의미의 이전은 불가능에 가깝다. 가령 한 사람이 한 국가의 모든 것을 소유하고 있는 경우, 그의 소유를 다른 개인이나 집단으로 이전시키기 위해서는 소유 전체에 대한 배상이 이루어져야 하는데, 이는 결국 애초의 상황을 바꾸기는, 최소한 법적 테두리 안에서 바꾸기는 불가능하다는 의미나 마찬가지다. 더군다나 개헌과 관련된 규칙들이 이를 무척 어렵게 만들기 때문에(가령, 극도로 비민주적인 의회인 프랑스 상원이 가진 거부권[19] 같은 것 때문에) 많은 경우 상황이 고착

---

18 우버(Uber)와 리프트(Lyft)가 자신들의 극도로 불안정한 고용 모델을 유지하기 위해 2020년 캘리포니아에서 주민 투표를 발의해 성공한 사례는 직접 민주주의에 대한 환상의 한계를 보여줄 뿐만 아니라, 보호와 자율성을 모두 충족할 수 있는 임금 노동자의 지위에 대해 다시 생각해볼 기회를 제공해준다.

19 프랑스 상원은 농촌 지역이 과대 대표된(over represented) 구조적으로 보수적인 선거인단에 의해 선출된다. 상원은 1946년 사회주의자들과 공산주의자들의 압

되기가 쉽다. 상당수 체제가 자신들이 소중히 여기는 원칙들을 개혁 불가능하게 만들어놓고 이를 문제 삼는 모든 시도를 불법으로 간주하는 경향이 있다는 사실은 전혀 놀랍지 않다.

하지만 역사 속에서 이런 원칙들은 주기적으로 위배되고 도전받아왔다. 평등을 향한 여정은 사회 구조와 경제 구조를 바꾸기 위해 정치 제도의 재정립이 시도되는 혁명의 순간들로 채워진다. 1789년 삼부회 회의가 소집되었을 때, 국민 의회를 결성해 여기서 두 특권 신분이 수 세기 동안 누렸던 거부권을 무력화하면서 귀족의 특권 폐지와 성직자의 재산 몰수를 결정할 수 있다는 규정은 어디에도 존재하지 않았다. 1789년 프랑스 혁명 이후 프랑스에서 벌어진 (대략 열 번의) 체제 변화 중 이전 체제의 규칙하에서 이루어진 것은 단 한 번도 없었음을 주지할 필요가 있다.[20] 영국에서는 19세기 말까지 양원을 지배하고 대다수의 총리를 배출한 상원이 1909~1911년, 사회적 긴장이 고조된 상황에서 어쩔 수 없이 거부권을 포기하고 권력을

력하에 일반 법안에 대한 거부권(이 거부권 때문에 제3공화국(1870~1940년) 동안 여러 핵심적인 조세 개혁과 사회 개혁이 수십 년간 지체됐다)은 상실했지만, 개헌에 관한 거부권은 여전히 유지하고 있다. 개헌이 이루어지기 위해서는 하원과 상원에서 모두 과반수 찬성으로 통과되고 나서, 다시 상·하원 합동 회의에서 2/3의 찬성에 의한 통과 혹은 국민 투표에 의한 비준을 거쳐야 한다.

20 지금까지 이루어진 가장 중요한 개헌은 제5공화국(1958~현재) 들어와 1962년 단행된 개헌으로, 보통 선거에 의한 대통령 선거가 그 골자였다. 이 개헌 역시 드골 장군이 헌법을 위반했기 때문에 가능했는데(그의 손에 의해 임명된 헌법 재판소 재판관들은 이 위헌을 봐주었다), 과거에도 (그리고 오늘날에도 여전히) 사전에 상·하원의 통과를 거치지 않은 상태에서 국민 투표를 통해 그런 개헌이 가능하다는 규정은 어디에도 존재하지 않았다.

하원에 양도해야만 했다. 민심 폭발 직전에 민중 예산(People's Budget)이 채택되고 전체 소득에 대한 누진세가 도입되던 상황에서 벌어진 일이었다.[21] 미국에서는 1937년, 61%의 득표율을 얻어 막 재선에 성공한 루스벨트가 기업의 자유라는 명목하에 자신이 추진하는 사회적 법안들을 막으려는 대법원에 신임 법관들을 임명하겠다고 협박해 거부권을 철회하게 만들었다.[22] 미리 예측하기는 불가능하지만, 유사한 사건들은 위기의 순간들에 얼마든지 다시 일어날 수 있다. 그때 앞서 언급한 사례들은 법 제도를 무력화하기 위한 핑계가 아니라 이전보다 더 평등하고 민주적인 새로운 법을 제안하기 위한 근거가 되어야 할 것이다. 더불어 법이 기존 권력을 유지하기 위한 도구가 아니라 해방을 위한 도구가 되어야 함을 잊지 말아야 할 것이다.

---

21 당시 자유당 출신의 로이드 조지 총리는 선거에서 자유당이 노동당에 패배할 것을 우려해(결국 그렇게 되었지만), 민중 계급 출신의 새로운 유권자들을 설득할 확실한 무언가를 내놓아야 했다. 그래서 상원에서 일체의 입법 거부권을 빼앗는 개헌 법안을 하원이 채택하게 하는 동시에 새로운 선거를 실시하는 과감한 결정을 내렸다. 반면 상원은 대중적 지지를 받던 민중 예산 법안에 거부권을 행사함으로써 솔즈베리 독트린의 덫에 걸리며 스스로 위기를 자초했다. 솔즈베리 독트린이란, 토리당 지도자 솔즈베리 경이 과거에 구두로 했던 약속을 말한다. 1880년대에 솔즈베리 경은 하원이 대중으로부터 명백한 지지를 확보한 법안들은 상원이 반드시 비준해야 한다고 말한 적이 있었다. 상원이 국가를 상대로 한 약속을 어기려고 할 경우 상원 의석의 수백 석을 새로 뽑겠다고 국왕까지 상원을 위협하는 상황에서 상원은 결국 두 법안을 채택함으로써 스스로에게 사망 선고를 내리는 처지가 됐다. T. Piketty, *Capital et idéologie*, op. cit., p. 217–221 참조.

22 말이 나온 김에 시대에 뒤떨어진 미국 대법원에 대해 언급하고 넘어가자. 미국 대법관들은 가톨릭 교황이나 모르몬교 사제들과 마찬가지로 종신 임명된다. 그러나 1970년 교황 칙서를 통해 80세 이상의 가톨릭 추기경들은 교황 선출권을 상실했다. 이는 아무리 존엄한 제도일지라도 개혁이 가능하다는 증거다.

납세 유권자 투표의 존속 : 경제 분야의 금권 정치

납세 유권자 투표가 여전히 득세하는 곳이 하나 있다면 그것은 바로 경제 권력 분야다. 주식회사에서는 보유 주식에 비례해 의결권을 가지는 주주들이 합법적으로 전권을 소유한다. 자본주의의 생리라고 말할 수도 있겠으나, 사실 그것은 전혀 당연하지 않다. 그것은 특수한 여건과 권력관계 속에서 서서히 자리 잡아온 특수한 제도적 장치에 불과할 뿐이다.[23] 이론적으로 얼마든지 다른 규칙들을 생각해볼 수 있다. 주주들이 기업의 임금 노동자들보다 뛰어난 경영 능력을 가졌다거나, 기업이 추진하는 프로젝트에 장기적으로 더 매진한다고 말할 수 있는 이유는 아무것도 없다. 오히려 그 반대인 경우가 많다. 투자 자금은 단기간에 회사로 유입됐다 유출될 수 있지만, 임금 노동자들 대부분은 자신의 생애의 상당한 시간과 에너지, 노하우를 회사에 투자한다. 그들은 여러 면에서 회사의 첫 번째 장기 투자자인 셈이다. 그럼에도 불구하고 경제 분야에서 여전히 금권 정치가 존속하는 현실에 놀라지 않을 수 없다.

---

23 18세기와 19세기 초, 초기 주식회사들은 출자자 간 평등한 지위에 기반해 운영되는 경우가 많았다. 그러다 점차 더 많은 자본을 출자한 주주에게 더 많은 의결권을 주기 시작해, 의결권 수에 따라 주주의 등급이 여러 개로 나뉘었다. 하지만 엄격한 비례 배분 방식을 적용한 것까지는 아니었다. 극소수의 주주에게 과도하게 권력이 집중되거나, 토의의 질이 낮아지고 출자자 간의 관계가 훼손되는 것을 막기 위해서였다. 영국에서는 1906년 회사법(Company Law)이 제정된 이후에야 비로소 주식과 의결권의 비례 배분 원칙이 법률상 주식회사의 경영 방식으로 자리 잡게 된다(정관은 얼마든지 이 원칙과 다를 수 있고, 주식을 여러 범주로 구분하거나 온갖 특수한 규정을 만드는 것도 가능하다). E. McGarghey, *Participation in Corporate Governance*, LSE, 2014 참조.

평등의 짧은 역사

좀 더 균형 잡힌 시스템의 실험은 20세기 중반부터, 심지어 '자본주의' 국가들에서도 있어왔다. 가령, (여전히 미트베스티뭉mitbestimmung, 즉 '공동 결정'이라고도 하는) 독일의 '노동자 경영 참여(comanagement)'는 기업의 의사 결정 기구(이사회나 감독 이사회)의 의결권을 노동자와 주주에게 각각 50대 50으로 나눠 주는 제도이다. 이 제도는 1951년 철강 산업과 석탄 산업에 먼저 도입된 후 1952년 (업종에 상관없이) 대기업 전체로 확대 적용됐다. 오늘날 운영되고 있는 제도는 1976년 법에 의해 만들어진 것으로, 노동자가 500~2,000명인 기업에서는 의결권의 1/3을, 2,000명이 넘는 기업에서는 1/2을 노동자에게 배정해야 한다.[24] 오스트리아와 스웨덴, 덴마크, 노르웨이에서도 유사한 제도가 도입됐는데, 이 국가들에서는 중소기업도 적용 대상에 포함된다.[25] 하지만 이 노동자 경영 참여 제도는 현재 독일어권 유럽과 북유럽 밖으로는 별로 확대되지 못했다.[26]

---

24 E. McGaughey, "The Codetermination Bargains: the History of German Corporate and Labour Law.", *Columbia Journal of European Law*, 2017 참조. 또한 S. Silvia, *Holding the Shop Together. German Industrial Relations in the Postwar Era*, Cornell University Press, 2013 참조.

25 스웨덴의 경우 임금 노동자에게 이사회 의석의 1/3이 배정될 뿐이지만, 25인 초과 기업이면 이 규정이 무조건 적용된다. 덴마크에서는 35인이 넘는 기업, 노르웨이에서는 50인이 넘는 기업이 이 규정의 적용을 받는다. 오스트리아에서는 이 규정이 300인이 넘는 기업에만 적용되는데, 이로 인해 적용 범위가 (독일과 비슷하게) 상당히 제한적이다.

26 (노동자가 의석의 1/3~1/2을 차지해야 한다는) 최소한의 규정을 강제하기 위해 1972년, 1983년, 그리고 1988년에 여러 개의 유럽 의회 지침이 발의됐지만 보수 당들의 격렬한 반대와, 프랑스 사회당과 영국 노동당의 미온적 지지에 직면했다. 당시 프랑스 사회당과 영국 노동당의 관심은 주로 국유화에 쏠려 있었다.

하지만 현실에서 이런 변화가 지닌 중요성을 지나치게 과장해서는 안 된다. 가부 동수일 때 결정권을 갖는 것은 여전히 주주들이기 때문이다. 그럼에도 불구하고 기존의 자본주의 규칙들에 심대한 변화가 일어난 것은 분명한 사실이다. 우리는 자본 출자와 무관하게 '노동 투자자' 자격으로 임금 노동자들에게 의결권의 50%가 배분되는 사실에 주목할 필요가 있다. 여기에 더해 노동자들이 자본의 10~20%를 보유하거나, 혹은 공적 단체가 회사 지분의 10~20%를 가진 상황이라면, 전체 주식의 80~90%를 소유한 대주주에 맞서 다수파가 될 수도 있다.[27] 주주들의 관점에서 바라보면 이는 자신들이 가진 당연한 권리에 대한 결코 수용할 수 없는 도전이다. 역사적으로 보면 이 제도는 1929년 대공황에서 촉발된 트라우마와 경제 엘리트들이 나치에게 보여준 타협적인 모습 때문에 권력관계가 노동 쪽으로 현저히 기울었던 상황에서 격렬한 사회적·정치적 투쟁을 거쳐 획득된 것이다. 독일의 1951년 법과 1952년 법은 기민당이 채택했지만, 사민당과, 특히 노조의 강력한 압박이 결정적 역할을 했다. 당시는 독일 노조가 지역과 연방 계획 위원회에 노사 동수 참여를 요구하는 등 좀 더 과감한 요구를 할 때였다. 또 하나 주목해야 할 것은, 독일 연방의 기본법인 1949년 헌법이 사회적 목적의 관점에서 소유에 대한 혁신적인 정의를 이미 내려놓았기 때문에 이러한 법들이 통과될 수 있었다는 점이다. 독일 헌법은 소유권이 "공동체의 일반적 복지에 기여하는 한에서만" 합법성을 얻는다고 처음부터 명시

---

27 가령 니더작센 주는 폭스바겐 자본의 13%를 보유하고 있는데, 폭스바겐 정관에서는 노동자들에게 의결권의 50%를 주는 것 외에 주 정부에 20%의 의결권을 보장해주고 있다.

평등의 짧은 역사

한다(14조). 또한 생산 수단의 사회화와 소유 체계의 재정의가 법률의 영역에 속한다고 분명히 밝힘으로써 법조문을 통해 노동자의 경영 참여 같은 조치들의 가능성을 열어주고 있다.[28] 이 헌법은 역시 봉기 직전 상황에서 채택된 1919년 바이마르 헌법에서 시작된 전통에 그 뿌리를 두고 있다. 바이마르 헌법은 토지의 재분배와, 이후 1933~1945년 사이 폐지되기는 했지만, 새로운 사회적 권리와 노동조합권의 도입을 허용한 바 있었다.[29] 특히 사민당이 1976년 법을 통과시키고 나서 독일 고용주 집단들이 여러 차례 노동자 경영 참여 제도에 대해 법적 소송을 제기했으나, 헌법 재판소가 1949년 독일 기본법에 근거해 각하 결정을 내렸다. 이런 독일과 달리 프랑스를 비롯한 상당수 나라는 지금도 여전히 기본법에서 소유권을 절대적이고 자연스러운 권리로 정의하고 있다. 18세기 말부터 존속하는 이러한 소유권 개념 때문에 개헌을 거치지 않고 독일식 노동자 경영 참여 제도를 도입하게 되면 법원에서 반대 결정이 내려질 공산이 크다.[30]

---

28 "토지와 천연자원, 생산 수단은 법에 의해 집단 소유 체계 혹은 다른 형태의 공동 관리하에 놓일 수 있다."(독일 연방 기본법 15조)

29 1919년 바이마르 헌법 155조는 "모든 가족에게 건강한 주거"와 "그들의 필요에 부응하는 경제 활동 터전"을 보장해주는 등의 사회적 목표를 달성하기 위해 법에서 부동산 소유 체계와 토지 분배를 결정하도록 하고 있다.

30 1789년에 채택된 후 지금도 여전히 합헌성 판단의 근거가 되는 『인간과 시민의 권리 선언』 제2조는 다음과 같이 명시하고 있다. "모든 정치 결사의 목적은 인간이 지닌 불가침의 자연권을 보전하는 데 있다. 이러한 권리에는 자유권과 소유권, 안전에 대한 권리, 억압에 대한 저항권이 있다." 프랑스 헌법은 소유권에 대한 이 같은 자연주의적 정의에 (가령, 독일의 1919년 헌법과 1949년 헌법이 구체적으로 명시한 것과 비슷한) 상세한 설명을 덧붙이지 않고 있기 때문에 판사들이

참여적 사회주의와 권력의 분유

우리는 독일어권과 북유럽에서 시행되고 있는 노동자 경영 참여 제도를 좀 더 확대하는 방법을 얼마든지 더 생각해볼 수 있다. 이미 많은 연구를 통해 이 제도가 기업의 장기 전략에 노동자들의 적극적인 참여를 유도하고 집단적인 효율성을 증대시킬 수 있다는 사실이 확인된 바 있다.[31] 예를 들어, 노동자 대표들이 소기업을 포함한 모든 기업에서 의결권의 50%를 갖는 동시에, 일정 규모 이상의 기업에서 (주주들에게 배정되는 나머지 의결권 50% 중) 한 주주가 갖는 의결권에 상한선을 두는 방법을 생각해볼 수 있다. 이렇게 하면 (10인 이하) 소기업에서는 한 개인 주주가 주주에게 배정되는 전체 의결권의 최대 90%까지 의결권을 행사할 수 있게 될 것이며, 이 비중은 회사 규모가 커질수록 선형으로 낮아져 (90인 초과) 대기업에서는 10%를 넘지 못하게 될 것이다.[32] 이러한 방식에서는 (10인 이하) 소기업의

얼마든지 자의적인 해석을 내릴 수 있다. 특히 기존 소유자들의 권리를 유지하는 데 유리한 보수적인 판결이 내려질 가능성이 크다. 프랑스 법은 2013년 처음으로 소극적인 수준에서 임금 노동자의 대기업 이사회 참여를 의무화했다(12석 중 1석을 노동자에게 배정한다는 내용이 포함된 이 법은 2019년에 적용 범위가 조금 확대되면서 좀 더 강화됐다). 하지만 의석의 절반을 노동자에게 배정하는 법은 사전에 개헌을 거치지 않고는 채택되지 못할 가능성이 높다.

31 E. McGaughey, "A Twelve-Point Plan for Labour, and a Manifesto for Labour Law", *Industrial Law Journal* 46, no.1(2017) ; S. Silvia, *Holding the Shop Together*, op. cit. ; S. Jäger, B. Schoefer et al., "Labor in the Boardroom", *Quarterly Journal of Economics*, 2021 ; "Voices at Work", MIT, 2021.

32 T. Piketty, *Capital et idéologie*, op. cit., p. 1118-1122 참조. 이 제도는 J.Cagé가 자신의 저서, *Sauver les médias*, Seuil, 2015에서 미디어 기업에 대해 제안한 바 있는 의결권 상한선 설정 규정을 일반화해 적용한 것이다.

경우 노동자인 유일 주주가 다수파가 될 수 있지만, 기업의 규모가 커지면 커질수록 다른 노동자들과의 집단 숙의를 거쳐야 한다(그래프 18 참조). 소기업에서는 자본 출자와 경제적 권력 간의 강력한 연동을 유지하는 것이 정당화될 수 있을 것이다. (가령 유기농 식품점이나 카페 겸 식당처럼) 자신이 오랫동안 구상한 사업에 전 재산을 건 사람이 있다면, 그가 바로 전날 고용한 임금 노동자(이 노동자 또한 자기 사업을 시작하기 위해 돈을 모으는 중인지도 모른다)보다 더 많은 의결권을 가지는 게 비정상적인 일이 아니다.[33] 하지만 많은 노동자가 고용되고 더 많은 집단적 자원이 투입된 사업이라면 문제는 달라진다. 이 경우에는 그런 권력의 집중이 정당화될 수 없다. 자신이 직접 노동자로 일하지 않는 유일 주주인 경우, 다른 노동자가 한 명이라도 있으면 즉시 다수파가 될 권한을 상실하게 된다. 반면 노동자들이 직접 출자하는 경우, 출자금이 자본의 절반을 넘지 못하더라도 금방 다수파가 될 수 있다. 물론 여기서 제시하는 기준들은 단지 예시에 불과할 뿐이며, 광범위한 숙의와 현실 적용을 거쳐야 할 것이다.

이 책에서 기술하고 있는 '참여적 사회주의' 제도의 목적은 단 한 가지, 실현 가능한 경제 시스템의 다양성을 보여주기 위한 것이다. 우리가 확보한 역사적 경험들에 따르면, 이런 제도를 확립하기 위해서는 대대적인 민중의 집단행동이 필요하다. 또한 프랑스를 비롯한 상당수 국가에서는 실질적인 헌법 개정 절차를 거쳐야 변화의 도입이 가능할 것이다. 그런데 과거에도 대부분 그랬듯이, 개헌이라는 것은 위기의 순간에만 실현 가능해진

---

33 임금 노동자 간 엄격한 의결권 동수가 원칙인 협동조합의 형식은 프로젝트에 따라 유연하게 적용할 수 있어야 한다. 그 원칙을 무조건 강제한다면 비생산적인 일이 될 것이다.

그래프 18

참여적 사회주의와 권력의 분유

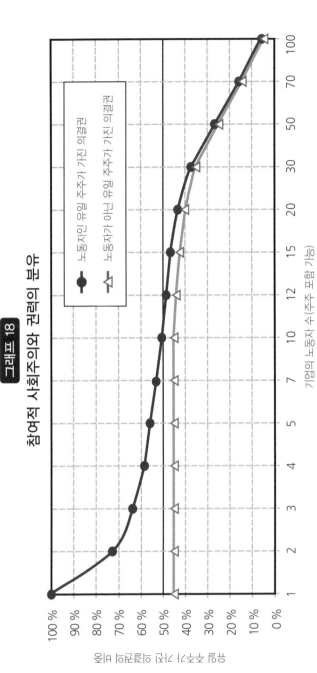

기업의 노동자 수(주주 포함 가능)

상위 주주가 가진 의결권의 비중

범례:
- 노동자인 유일 주주가 가진 의결권
- 노동자가 아닌 유일 주주가 가진 의결권

여기서 상정한 참여적 사회주의 제도하에서는, (기업의 주식을 100% 보유한) 유일 주주는 (주주 자신을 포함해) 노동자 2인 기업인 경우 의결권의 73%를, (주주 자신을 포함해) 노동자 10인의 기업인 경우 의결권의 51%를 가질 수 있지만, 10인 초과 기업에서는 다수파가 될 권리를 상실한다. 노동자가 아닌 유일 주주는 10인 이하 기업에서 의결권의 45%를 가지지만, 이 의결권의 비중은 노동자 수가 많아질수록 줄어들어 100인 기업에서는 5%가 된다.

참고: (주식 보유에 상관없이) 노동자들은 의결권의 50%를 차지한다. 10인 이하 기업인 경우, 주주들에게 돌아가는 나머지 의결권 50%가 주주 한 명이 90%(다시 말해 전체 주주 의결권의 45%를 초과하여 의결권을 행사할 수 없다. 이 비중은 노동자 수에 비례해 낮아져, 90인 초과 기업에서는 10%(즉 전체 주주 의결권의 5%)로 떨어진다(미할당된 주주 의결권은 노동자들에게 재할당된다).

출처 및 통계: piketty.pse.ens.fr/egalite

다. 한 가지 더 지적해야 할 것은, 이 같은 근본적인 변화에는 조세 제도의 광범위한 개혁을 통한 소유와 경제 권력의 진정한 순환이 허용돼야 한다는 점이다. 자본의 이동을 규제하는 여러 국제 조약을 다시 손보는 일도 당연히 필요할 것이다. 이 책의 목적은 그런 시스템이 단기간에 뚝딱 만들어질 수 있다고 말하려는 데 있지 않다. 우리는 단지 1780~2020년 동안 사법 제도와 조세 제도, 사회 시스템에 결코 적지 않은 변화가 쉽지 않고 일어났으며, 이 변화가 지금에 와서 갑자기 멈출 이유가 없다는 점을 강조하고자 한다. 역사적 경험에 기반해 다음 단계를 고민하는 것은 결코 불필요한 일이 아니기 때문이다.

기업 내 권력 분유 문제, 그리고 좀 더 광범위한 차원에서 경제 시스템 전반의 변화와 민주적 사회주의의 새로운 형태들에 대한 논의가 2008년 금융 위기 이후 새롭게 활성화되고 있다는 사실은 놀라운 일이다. 미국과 영국을 위시해 여러 국가의 주요 정치 단체들이 독일어권과 북유럽의 노동자 경영 참여 제도에서 아이디어를 얻어 혁신적인 제안들을 내놓기 시작했다.[34] 만약 실제로 채택된다면 유사한 제도들이 세계적으로 확산될 조건이 마련될 수 있을 것이다. 지식인들과 노조가 공동으로 내놓은 과감한

---

34 가령 2018~2020년 미국 민주당 상원들이 추진한 노동 보상법(Reward Work Act)과 책임 자본주의법(Accountable Capitalism Act)이 이에 해당한다. 노동 보상법은 상장 기업이 이사회의 1/3 이상을 노동자로 채워야 한다는 내용이다. 책임 자본주의법은 모든 대기업이 40%의 노동 이사를 두어야 하며, 정치 자금 기부는 이사회 구성원 75%의 승인을 거쳐야 한다(대법원 판례 때문에 금지는 불가능하기 때문에 생각해낸 고육지책이다)고 규정하고 있다. 영국 노동당의 새로운 강령에 대해서는 K. Ewing, G. Hendy, C. Jones, *Rolling out the Manifesto for Labour Law*, Institute for Employment Rights, 2018 참조.

국제 프로젝트의 결과물들, 가령 '노동법 매니페스토(Manifesto for Labour Law)'는 경제 시스템, 특히 기업 내 권력관계를 만드는 방식은 여러 가지가 있음을 우리에게 환기시켜준다.[35] 우리는 노동자 경영 참여 문제를 넘어 노동조합권 전반에 대해 유럽 차원, 그리고 초국적 차원에서 다시 생각해봐야 한다. 가령, 임금 노동자의 노조 가입과 참여를 쉽게 해주고, 공공 입찰 자격을 집단 협약 체결 기업으로 제한하며, 노조가 노동 현장에 가고 거기서 회합을 가질 수 있는 권리를 확대 보장해주는 등의 방법을 떠올릴 수 있다.[36] 이러한 제안들이 가져올 파급력을 알기에는 아직 너무 이르지만, 어쨌든 관련 논의가 활발히 진행 중인 것은 사실이다. 또 한 가지, 1970년대와 1980년대 스웨덴에서 시작된 '노동자 펀드'(일명 마이드너Meidner 펀드)에 관한 논의가 최근 들어 다시 활성화되기 시작한 것도 주목할 만하다. 하지만 미래에 일어날 수 있는 이 모든 변화의 가능성들을 더 자세히 분석하기 전에 우리는 먼저 과거부터 살펴볼 필요가 있다. 다음 장에서는 지난 20세기에 지구상의 수많은 나라에서, 특히 자본주의 주요 강국들에서 경제적 불평등이 현격히 완화된 과정을 살펴보기로 하자.

---

35 D. Méda, J. Battilana, I. Ferreras, *Le Manifeste Travail. Démocratiser, démarchandiser, dépolluer*, Seuil, 2020 참조. 또한 I. Ferreras, *Firms as Political Entities. Saving Democracy through Economic Bicamelism*, Cambridge University Press, 2017 참조. 그리고 E. McGaughey, "A Twelve-Point Plan for Labour, and a Manifesto for Labour Law", *Industrial Law Journal*, 2017 참조. 이 논문에서는 주주와 노동자가 함께 참여하는 총회에서 이사를 선출할 것을 제안한다.

36 노조 연합인 UNI Global Union의 강령 참조. 또한 S. Block, B. Sachs, *Clean Slate for Worker Power: Building a Just Economy and Democracy*, Harvard Law School, 2020 참조.

제6장
'대규모 재분배'(1914~1980년)

1914~1980년 사이 소득과 자산의 불평등은 대부분의 서구 국가들(영국, 프랑스, 독일, 미국, 스웨덴 등)뿐만 아니라 일본, 러시아, 중국, 인도에서도 현격히 감소했다. 그 다양한 방식에 대해서는 앞으로 상세히 다루게 될 것이다. 일단 이번 장에서는 서구 국가들의 사례를 집중적으로 살펴보면서 이 '대규모 재분배'가 어떻게 일어났는지 이해해보기로 하자.

  첫째 요인은 사회적 국가의 강력한 부상이다. 19세기 말부터 있었던 사회적 투쟁과, 사회주의자들과 노조가 벌인 집단행동의 결과인 이 변화는 장기간에 걸쳐 일어났다. 하지만 양차 세계 대전과 1929년 대공황이 그 흐름을 가속화시키는 결정적인 역할을 했고, 31년 동안(1914~1945년) 노동과 자본의 권력관계를 완전히 뒤바꿔놓았다. 둘째 요인은 소득과 상속에 부과된 강력한 누진세의 도입이다. 누진세는 부와 경제 권력이 사회 계급 상층부에 집중되는 것을 대폭 완화하는 동시에, 계층 이동과 번영을 증대하는 역할을 했다. 누진세는 새로운 사회 계약과 조세 계약을 정립하는 데도 결정적으로 기여했다. 마지막 요인은 해외 자산과 식민 자산의 청산, 그리고 이후 일어난 국채 탕감인데, 이 두 가지 또한 사적 소유의 탈신성화와 불평등 축소 과정에 큰 역할을 했다. 유럽 열강이 벌인 경쟁과 식민주의 불평등 체제가 지닌 극단적 성격은 벨 에포크 시대 소유자 사회의 몰락에 핵심적인 역할을 하게 된다. 제1차 세계 대전 이후 유럽이 국채 탕감을 통해 재건된 과정 또한 미래를 위해 시사하는 바가 크다.

사회적 국가의 창안: 교육, 의료, 사회 보장

1914~1980년 사이 서구 대부분의 국가에서 조세 재정 국가와 사회적 국가의 중요성은 전례 없이 커지게 된다. 19세기 말과 20세기 초만 해도 모든 종류의 세금과 분담금, 징수금을 합한 총세수는 유럽과 미국에서 국민 소득의 10% 이하에 불과했다. 그런데 1914~1980년 동안 이 비중이 미국에서는 3배, 유럽에서는 4배 증가하게 된다. 1980~1990년대부터 영국과 독일, 프랑스, 스웨덴은 국민 소득에서 세수가 차지하는 비중이 40~50%에 육박한다. 여러 연구를 통해 조세 재정 국가의 부상이 경제 발전 과정에 중요한 역할을 했다는 사실이 알려진 바 있다. 새로운 세수가 불평등 완화뿐만 아니라 성장 확대에 필수적이라고 입증된 지출에 재원으로 사용되었기 때문이다. 이 돈으로 특히 교육과 의료 분야에 대대적이고 상대적으로 평등한(최소한 예전보다는 대대적이고 평등해졌다는 뜻이다) 투자가 이루어졌고, 교통과 공동체 인프라에도 많은 재정이 투입될 수 있었다. 증대된 세수는 노후 생활에 필수 불가결한 퇴직 연금이나, 불황기에 경제와 사회를 안정시키기 위한 고용 보험과 같은 필수 불가결한 대체 소득으로도 쓰였다.[1]

유럽 주요 국가들을 살펴보면 세수 증대가 대부분 교육과 의료, 퇴직 연금 및 기타 이전 소득 지급에 투입되는 사회적 지출의 증가 때문인 것을 확인할 수 있다(그래프 19 참조). 한 가지 주목해야 할 것은, 1914~1950년이 국가의 역할이 바뀌는 데 결정적으로 중요한 시기였다는 점이다. 제1차 세계 대전 직전만 해도 유럽 국가는 19세기 내내 그랬듯이 질서 유지와 소유권 보호에 주력했다. 국내에서는 물론 국가 간 경쟁 구도나 식민 지배 체제에서도 국가의 역할은 똑같았다. 따라서 고작 국민 소득의 10%에 불과하던 세수의 대부분, 즉 8%가 국가 핵심 기능(군대, 경찰, 사법, 행정 일반, 기초 사회 간접 자본)에 투입됐다. 다른 지출(특히 사회 복지 지출)은 국민 소득의 고작 2%(이 중 절반인 1%가 교육 지출)에 불과했다. 그런데 유럽에서 사회적 국가의 핵심적인 요소들이 자리 잡기 시작하는 1950년대 초반에 오면 국민 소득에서 세수가 차지하는 비중이 30%를 넘어서게 되며, 이 세수의 2/3가 교육 및 사회 복지 지출에 사용되게 된다. 이러한 변화는 계속 이어지며, 특히 1950~1980년 사이에는 더욱더 확대된다.

여기서 평등의 실현을 위한 조건이자 경제 발전의 원동력으로서 교육 지출이 지닌 막대한 중요성에 대해 강조하고 넘어가자. 19세기 말과 20세기 초의 교육 제도는 엘리트 중심의 극도로 계층화된 체제였다. 초등학교와 중등학교 초반 이상의 학업을 꿈꿀 수 있는 사람은 인구의 소수에 불과했다. 교육 지출은 여전히 국민 소득의 0.5~1%에 그치는 수준이었으나 1870~1910년부터 서서히 늘어나기 시작했다. 당시 미국은 교육 투자 면에

---

1 특히 P. Lindert, *Growing Public: Social Spending and Economic Growth since the 18th Century*, Cambridge University Press, 2004 참조.

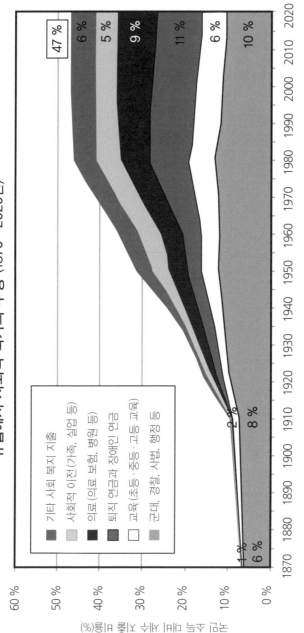

그래프 19

유럽에서 사회적 국가의 부상 (1870~2020년)

2020년, 서유럽 국가들에서 국민 소득 중 세수가 차지하는 비중은 평균 47%였으며, 다음과 같은 용도로 지출됐다. 국가 핵심 기능(군대, 경찰, 사법, 행정 일반, 도로를 비롯한 기초 사회 간접 자본 등) 10%, 퇴직 연금 11%, 의료 9%, 교육 6%, (퇴직 연금을 제외한) 사회적 이전 5%, (주택을 포함한) 기타 사회 복지 지출 6%. 이와 달리 1914년 이전에는 세수의 대부분이 국가 핵심 기능에 사용됐다.

참고: 이 그래프상의 추이는 독일 · 프랑스 · 영국 · 스웨덴의 평균치다.
출처 및 통계: piketty.pse.ens.fr/egalite

서 확실한 우위를 점하고 있었던 반면, 영국은 현격히 뒤처져 있었다.[2] 그러다 20세기 동안 교육 투자는 거의 10배 가까이 증가해, 1980~1990년대에 이르면 모든 서구 국가에서 국민 소득의 대략 6%를 차지하게 된다. 덕분에 중등 교육은 거의 보편화되고 대학 교육의 기회도 상당히 확대될 수 있었다. 이렇듯 교육 기회가 전반적으로 확대되는 가운데 특히 미국은 20세기 중반에 들어서면서부터 다른 국가들을 앞질러 가기 시작했다. 1950년대에 미국은 (성별 상관없이) 12~17세 사이 청소년의 중등학교 취학률이 거의 80%에 육박했다. 같은 시기 영국과 프랑스는 이 비율이 20~30%를 오갔으며, 독일과 스웨덴도 40%에 불과했다. 유럽의 이 네 나라는 1980~1990년대에 가서야 몇십 년 전의 미국처럼 중등학교 취학률 80%에 도달할 수 있게 된다.[3] 일본의 경우는 1880~1930년 동안 서구 열강과의 격화된 경쟁 구도 속에서 이미 교육 분야가 급속도로 발전하기 시작했는데, 이후 유럽 국가들보다 훨씬 빠른 속도로 미국을 따라잡는다. 일본은 이미 1950년대에 중등학교 취학률이 60%에 이르고 1970년대 초반에는 80%를 넘어서기에 이른다.

---

2   T. Piketty, *Capital et idéologie*, op. cit., p. 604-609 참조. 1870년, (교육의 모든 과정을 포함하는) 공공 교육비 지출은 미국의 경우 국민 소득의 0.7%, 프랑스는 0.4%, 영국은 0.2%였다. 1910년에는 이 비중이 미국은 1.4%, 프랑스는 1%, 영국은 0.7%였다. 이에 비해 군비 지출은 유럽의 경우 19세기 말과 20세기 초에 국민 소득의 4~5%에 육박했다. 전 세계적으로는 군비 지출이 1960년(식민지 독립 전쟁과 냉전)에는 국민 소득의 6%를 넘었다가 2020년에는 3%로 줄어들었다(유럽 2%, 미국 4%, 사우디아라비아 10%).

3   19세기 초등학교 취학률에서도 똑같은 격차가 확인된다. 미국은 1850년경 초등학교 취학률이 80%를 넘어선 반면, 독일과 프랑스, 영국은 1890~1910년에 가서야 비슷한 수치에 도달한다.

19세기 말에 들어와 각국 정부는 교육이 단지 평등과 개인적 해방의 문제가 아니라 부강(富强)의 열쇠임을 깨닫기 시작한다. 1880~1940년 동안 화학, 철강, 전기, 자동차, 가전제품 등에서 확산된 제2차 산업 혁명은 훨씬 더 숙련된 기술을 요구했다. 제1차 산업 혁명기에, 특히 섬유 산업과 석탄 산업에서는 상대적으로 비숙련 노동력을 고용해도 십장들과 소수 엔지니어들이 이들을 관리하기만 하면 아무 문제가 없었다. 하지만 제2차 산업 혁명기에는 최소한의 기술과 디지털 능력을 갖춰 제조 공정을 이해할 수 있고, 설비 매뉴얼 독해 능력 등을 갖춘 노동자가 얼마나 많은지가 관건이었다. 바로 이 교육 덕분에 미국, 그리고 미국의 뒤를 이어 새롭게 국제 무대에 등장한 독일과 일본이 신산업 분야에서 서서히 영국을 앞지를 수 있었다. 20세기 중반 미국과 나머지 서구 세계 간에 나타난 현저한 노동 생산성 격차는 주로 교육 분야에서 미국이 점한 우위에서 비롯된다. 물론 이후 수십 년에 걸쳐 이런 교육 격차와 생산성 격차는 서서히 메워져, 1980~1990년부터는 노동 시간당 GDP가 미국과 독일, 프랑스에서 거의 차이를 보이지 않는데, 여기서 다시 한번 사회-경제적 지표 선택의 중요성을 언급해야겠다. 이런 식의 비교에서 노동 시간을 간과하는 것(논란의 여지가 크나 불행히도 널리 확산된 지표 선택 방식)은 지난 두 세기 동안 노조와 민중의 집단행동의 핵심 이슈였던 여가와 유급 휴가 확대, 주당 노동 시간 감소라는 거대한 역사적 움직임을 모른 척하는 것이나 마찬가지다.[4]

---

4 T. Piketty, *Capital et idéologie*, op. cit., p. 600-602 참조. 역사적으로 노동 시간 감축 흐름은 미국에서도 크게 있었지만, 유럽만큼 규모가 크진 않았다. 미국에서 사회적 국가의 발전이 전반적으로 제한적인 것이 이 사실과 관련이 있을 수 있다.

조세 재정 국가의 두 번째 도약: 인류학적 혁명

조세 재정 국가의 첫 번째 도약과 두 번째 도약이 성격상 근본적으로 차이가 있음을 강조할 필요가 있다. 1700~1859년 유럽 주요 열강의 세수가 국민 소득의 1~2%에서 6~8%로 증가하는 1차 도약이 일어났을 때, 세수 증대의 목적은 무엇보다 군비 지출과 국가 핵심 기능에 필요한 재정을 충당하는 것이었다.[5] 귀족과 부르주아 엘리트가 장악한 국가는 타국과의 경쟁과 식민지 팽창, 무역 확대의 선봉에 섰다. 반면 2차 도약 시기인 1914~1980년 동안에 국가는 사회 복지 지출에 주력했다. 국력에 대한 고려가 완전히 사라졌다고 할 수는 없지만, 사회 복지 국가로서 국가의 역할이 전례 없이 확대됐고, 그 최대 수혜자는 민중 계급과 중위 계급이었다. 국가는 상당 부분 이들의 영향하에, 적어도 역사상 전례가 없는 상황에서 이들이 선출하고 이들을 대표하는 정치 집단들의 영향하에 놓이게 됐다.

이런 분위기에서 영국 노동당은 1945년 총선에서 다수당이 되어 국민 보건 서비스(National Health Service, NHS)와 광범위한 사회 복지 시스템을 구축했다. 1909년 헌정 위기 전까지 상원이 통치했던, 유럽에서 가장 귀족적인 나라 영국이 진정한 의미의 민중과 노동자 정당이 권력을 잡아 개혁을 추진하는 나라로 탈바꿈했다. 1910년까지 소유자 1명이 100표의 투표권을 행사했던 스웨덴에서는 보통 선거에 참여한 노동자들이 1932년 이후 지금까지 거의 내내 사민주의자들에게 권력을 맡겼다. 프랑스에서는 1936년, 인민 전선이 유급 휴가 제도를 도입했다. 1945년에는 공산당과 사회당 출신이 상당수 포진한 의회와 내각이 사회 보장 제도를 확립했다. 미

---

5   제3장, 그래프 8 참조.

국에서는 1932년 선거에서 민중 연합이 민주당을 집권시켜 뉴딜 정책을 추진하게 함으로써 장기적으로 자유방임주의와 경제·금융 엘리트들의 권력 기반을 약화시켰다.[6] 이 인류학적 혁명이 시사하는 바는 두 가지다. 첫째, 국가가 이만큼 지배 계급의 독점적 장악에서 벗어난 것은 역사상 처음 있는 일이었다. 독립 언론과 노동조합이 촉매 역할을 하는 가운데 보통 선거와 의회 민주주의, 대의 민주제, 선거 절차, 정권 교체가 만들어낸 합작품이었다. 이 제도들은 여전히 완벽함과는 거리가 멀고, 경우에 따라서는 대대적인 개헌도 필요하다. 하지만 이제 우리는 안다. 앞으로 나아가려면 이 성과로부터 시작해야 한다는 것을 말이다. 이러한 인식이 1970~1980년대부터 자리 잡으면서 공산주의식 대안 모델의 정당성에 대한 문제 제기가 일어났다. 만약 공산주의하에서 정치적 자유가 줄어들고 사회적·경제적 복지가 축소된다면, 이 체제는 과연 존재 이유가 있는가?

둘째, 납세 유권자 권력에서 벗어나는 것뿐 아니라 자본주의와 일반화된 상품화 논리에서 벗어나는 것도 가능하다는 사실이다.[7] 그동안 교육과 의

---

6   1950~1980년 동안 노동당과 사민당, 사회당, 공산당, 민주당은 모든 사회 계층 차원(소득, 학력, 자산 등)에서 민중의 표심을 지속적으로 얻는 데 성공한다. 1980~1990년부터 이들 연합에 서서히 균열이 생기기 시작하는데, 이 현상은 각 정당의 재분배 관련 강령이 이전보다 소극적이 된 것과 무관하지 않을 수 있다. A. Gethin, C. Martinez-Toledano, T. Piketty, *Clivages politiques et inégalités sociales. Une étude de 50 démocraties 1948-2020*, EHESS/Seuil, 2021 참조.

7   다양한 형태의 복지 국가 건설에서 탈상품화(decommodification) 과정이 한 중요한 역할에 대해서는 G. Esping-Andersen, *Les Trois Mondes de l'État-providence*, PUF, 2015 참조. 또한 19세기와 20세기 초에 일반화된 상품화 논리와 그것이 1914년 이후 유럽 사회 붕괴에서 한 역할을 다룬 K. Polanyi, *La Grande*

료부터 시작해 운송과 에너지 부문까지 광범위한 경제 분야에서 탈상품화 움직임이 있었다. 가령 다양한 공공 부문 채용 방식, 상조(相助) 시스템과 비영리 구조의 도입, 국가 보조금, 세금으로 자금을 조달하는 투자 같은 것이 그런 예에 해당한다. 이러한 시도는 성공했을 뿐 아니라, 자본주의식 민간 부문보다 훨씬 더 큰 효율성을 보여주었다. 일부 미국 로비스트들은 (뻔한 이유 때문에, 그리고 불행히도 가끔은 상당히 효율적으로) 여전히 그 반대를 주장하고 있지만, 사실을 중요시하는 사람들은 이제 유럽식 공공 의료 체계가 미국식 민간 회사들보다 비용이 덜 들고, 행복과 기대 수명 면에서도 훨씬 더 효과적이라는 것을 알고 있다.[8] 교육 분야에서는 초중고교와 대학을 자본주의 논리로 운영되는 주식회사로 대체하자고 하는 사람은 거의 없다.[9] 20세기에 조세 재정 국가와 사회적 국가의 도약을 경험한 나라의 정치 단체라면, 정당하게 문제점을 지적하고 개선안을 내놓거나 지금의 시스템을 좀 더 확대하자고는 하겠지만, 결코 세수가 국민 소득의 10%도 되지 않던 1914년 이전 상황으로 돌아가자고 하지는 않을 것이다.

Transformation, 1944 참조.

8 가령 P.-C. Michaud et al., "Differences in Health Between Americans and Western Europeans", *Social Science and Medecine*, 2011 ; M. Roser, "Link Between Health Spending and Life Expectancy: US is an Outlier", OurWorldInData, 2017 ; A. Case, A. Deaton, *Deaths of Despair and the Future of Capitalism*, Princeton University Press, 2020 참조.

9 이런 시도는 1973년 쿠데타 이후 칠레에서 있었고 좀 더 최근에는 미국에서 영리 목적의 트럼프 대학 설립이 시도됐지만 둘 다 실패로 끝났다. 영리 추구로 인해 교육(의료, 미디어, 문화 등의 분야도 마찬가지다)의 근간이 되는 윤리적 동기들이 약화되는 것을 이러한 실패의 원인 중 하나로 꼽을 수 있다.

누진 소득세와 누진 상속세의 탄생

지금부터는 누진세에 대해 살펴보자. 20세기 초까지만 해도 지구상에 존재하는 조세 제도의 거의 대부분이 뚜렷한 역진성을 띠었다. 가난할수록 부담이 더 커지는 소비세와 간접세에 주로 의존했다는 의미다. 가장 극단적인 역진세의 예는 모두가 똑같은 금액을 내는 인두세다. 정의상 이 세금은 저소득 노동자의 소득에서 차지하는 비중이 10배 많은 급여를 받는 중간 간부의 소득에서 차지하는 비중의 10배에 이른다.[10] 비례세는 사회 계급에 상관없이 소득과 자산에 따라 똑같은 비율로 내는 세금을 말한다. 이와 달리 누진세는 각 사회 집단이 실질적으로 부담하는 세율이 소득과 자산이 많을수록 높아진다.[11]

누진세를 둘러싼 논쟁은 오랜 역사를 지녔는데, 18세기에 들어와, 특히 프랑스 혁명기에 좀 더 중요해진다. 프랑스 혁명 당시 여러 소책자에서, 20세기에 들어와서야 마침내 광범위하게 적용되는 누진세 방식과 흡사한 방식의 세제를 이미 제안했다. 1767년, 도시 계획 전문가인 그라슬랭은 평균 소득의 절반에 해당하는 소득에는 실효 세율 5%를, 평균 소득의 1,300배에 해당하는 소득에는 75%를 책정하는 과세 계산표를 제안했다. 1792년에는

---

10 1988년 마거릿 대처 내각이 도입한 '인두세(poll tax)'가 이 예에 해당한다. 이 세금에 대한 원성이 높아지자 결국 1990년 토리당이 세금을 폐지하고 총리 또한 교체했다.

11 어떤 세금이 역진적이냐 누진적이냐는 소득이나 자산의 수준에 따라 결정된다는 것을 주지해야 한다. 소득과 자산은 한 개인의 납세 능력을 나타내주는 상호 보완적인 두 가지 지표이므로, 둘을 기준으로 과세하는 방식은 모두 타당하며, 상호 보완적이다.

라코스트가 상속세에 대해 비슷한 세율을 제안했다. 그는 소규모 상속에는 6%의 세율을, 막대한 자산에는 67%를 매기자고 했다(도표 1 참조). 그런데 잠시 누진 과세표가 적용됐던 1793~1794년을 제외하면 프랑스 혁명은 결과적으로 비례세 혹은 역진세를 채택했다. 19세기 동안 부모 자녀 간 상속에 부과된 세율은 상속 금액에 상관없이 1%에 불과했다. 형제자매나 사촌, 친족 외 상속은 세율이 더 높았지만 상속 금액은 상속세에 영향을 미치지 않았다. 이렇듯 누진세를 거부함으로써 결국 1914년까지 자산 집중은 계속 강화되기만 했다.

20세기 초에 들어서야 누진세가 세계 곳곳에서 도입되기 시작한다. 그런데 이 과정이 몇 년 만에 순식간에 일어난다. 미국에서는 연방 소득세 최고 세율, 즉 최상위 소득에 매겨지는 세율이 1913년 7%였던 것이 1918년에는 77%로 증가하고, 1944년에는 94%에 이르게 된다(그래프 20 참조). 1932~1980년, 즉 반세기 가까운 동안 최상위 소득에 적용된 세율의 평균이 81%였다. 미국이 이렇게 앞서가는 사이 영국과 독일, 프랑스, 스웨덴, 일본에서도 누진 소득세와 누진 상속세가 도입돼 빠른 속도로 세율이 높아지기 시작한다(그래프 21 참조).

제1차 세계 대전의 충격이 없었다면, 자본주의 국가의 엘리트들에게 볼셰비키 체제가 가한 압력이 없었다면 과연 누진세가 그토록 빠른 속도로 자리 잡을 수 있었을까? 엄밀히 말해 이 질문에 답하는 것은 불가능하다. 제1차 세계 대전과 그것에서 비롯된 여러 가지 사건들(1917년 러시아 혁명 등)이 1914년 이후 세계 역사를 뒤흔들어놓았기 때문에, 오늘날에 와서 전간기, 소비에트 연방, 냉전 없는 20세기를 상상하는 것은 그다지 의미가 없다.[12] 장기적으로 누진세의 탄생은 무엇보다 사회적·정치적 집단행동과 긴

도표 1

18세기 프랑스에서 나온 몇 가지 누진세안

그라슬랭 : 누진 소득세

(『부역 세금에 대한 분석』, 1767년)

평균 소득 대비 배수	실효 세율
0.5	5%
20	15%
200	50%
1,300	75%

라크르트 : 누진 상속세

(『상속세에 대하여』, 1792년)

평균 소득 대비 배수	실효 세율
0.3	6%
8	14%
500	40%
1,500	67%

1767년 그라슬랭이 제안한 누진 소득세안에서는 연 소득 150리브르투르누아(당시 성인 평균 소득의 대략 절반)에 실효 세율 5%를 책정하는 것으로 시작해, 소득에 따라 단계적으로 세율을 높여 연 소득 40만 리브르투르누아(평균 소득의 약 1,300배)에는 75%의 세율을 적용한다. 1792년 라크르트가 제안한 누진 상속세안도 이와 비슷한 누진율을 적용하고 있음을 알 수 있다.

출처 및 통계 : piketty.pse.ens.fr/egalite

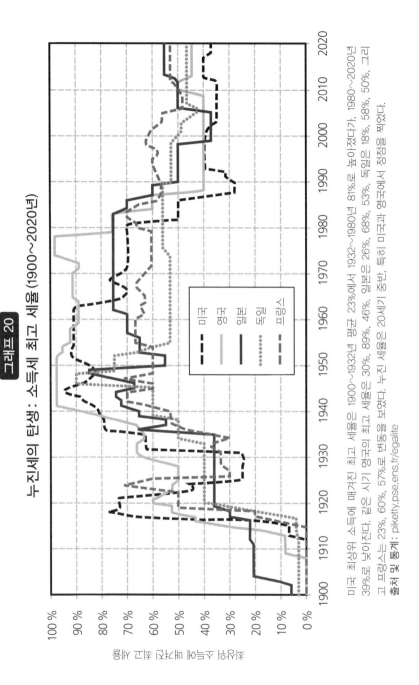

그래프 20

누진세의 탄생: 소득세 최고 세율 (1900~2020년)

미국 최상위 소득에 매겨진 최고 세율은 1900~1932년 평균 23%에서 1932~1980년 81%로 높아졌다가, 1980~2020년 39%로 낮아진다. 같은 시기 영국의 최고 세율은 30%, 89%, 46%, 일본은 26%, 68%, 53%, 독일은 18%, 58%, 50%, 그리고 프랑스는 23%, 60%, 57%로 변동을 보였다. 누진 세율은 20세기 중반, 특히 미국과 영국에서 정점을 찍었다.

출처 및 통계: piketty.pse.ens.fr/egalite

누진세의 탄생: 상속세 최고 세율(1900~2020년)

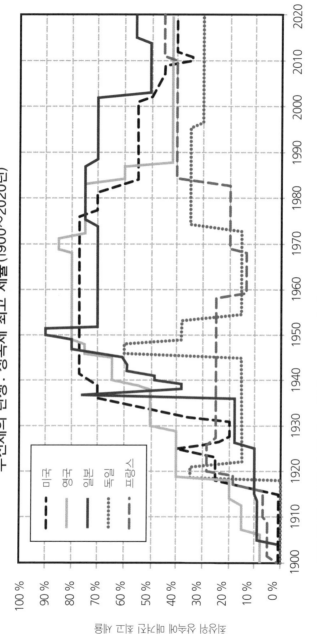

미국 최상위 상속에 매겨진 최고 세율은 1900~1932년 평균 12%에서 1932~1980년 75%로 높아졌다가, 1980~2020년 50%로 낮아진다. 같은 시기 영국의 최고 세율은 25%, 72%, 46%, 일본은 9%, 64%, 63%, 독일은 8%, 23%, 32%, 그리고 프랑스는 15%, 22%, 39%로 변동을 보였다. 누진 세율은 20세기 중반, 특히 미국과 영국에서 정점을 찍었다.

출처 및 통계: piketty.pse.ens.fr/egalite

투쟁의 결과로 봐야 한다. 물론 이 과정이 여러 가지 사건(전쟁, 혁명, 경제 위기 등)에 의해 촉진된 건 사실이다. 하지만 이 각각의 사건들이 가진 상대적 중요성은 국가별로 큰 차이가 있다. 무엇보다도 이 사건들 자체가 하루아침에 갑자기 벌어진 게 아니라, 당대에 격화된 사회적 긴장과 불평등이 촉발한 갈등의 결과물이다.

프랑스의 경우, 전쟁 전에는 소득세율을 5%로 책정하는 입법을 결사반대하며 저지했던 다수파 국민 연합(Bloc National, 공화국 역사상 가장 우파적이었던 정당 연합)의 주도하에, 1920년대 초반에 소득세 최고 세율이 60%로 인상되었다는 사실은 놀랍기만 하다.[13] 당시 몇 년 사이에 전쟁으로 모든 것이 파괴되고 수백만 명이 죽거나 사지가 절단된 상황에서 정치 지형은 완전히 변해 있었다. 노동자들의 임금은 여전히 1914년의 구매력을 회복하지 못했고, 1919년 5월과 6월 대규모 파업으로 전국이 마비되다시피 했으며, 1920년 봄 또다시 파업이 일어나자 정치적 색채는 의미가 없어

---

12 E. Hobsbawm, *L'Âge des extrêms. Histoire du court XXe siècle*, Éditions Complexe/ *Le Monde Diplomatique*, 1re éd. française, 1999 참조.

13 제1차 세계 대전 이전에 공화국 엘리트들이 즐겨 사용하면서 남용한 논리는 프랑스가 1789년 프랑스 혁명 덕분에 평등해졌기 때문에 누진세가 필요하지 않다는 것이었다(하지만 당시 가용 데이터를 살펴보면 이미 부의 집중은 극단적인 수준에 도달해 있었다). 1920년 국민 연합이 독신자에게 추가 세율 25%(그리고 결혼 2년 이상의 무자녀 기혼 커플에 추가 세율 10% - 조세 입법자들의 창의성이라면 창의성이 반영된 항목)를 적용하기로 한 것까지 고려해 계산하면, 소득세 최고 세율은 1923년에 75%, (그리고 좌파 연합이 덤으로 얹듯이 통과시킨 마지막 추가 세율까지 더하면) 1924년에 90%가 된다. 프랑스의 누진세 역사에 관해서는 *Les Hauts Revenus en France au XXe siècle*, op. cit. 참조.

보였다. 어떻게든 세수를 늘려야 하는 상황에서 부자들이 예외가 될 수 있다고 생각하는 사람은 없었다. 게다가 사회주의와 공산주의라는 위험 또한 명백한 역할을 했다. 엘리트들은 나중에 전 재산을 몰수당할지도 모르는 위험을 감수하느니 차라리 강력한 누진세를 수용하는 편이 낫다고 판단했다. 사라예보 암살 사건(제1차 세계 대전)이나 겨울 궁전 습격(러시아 혁명)이 없었다면 그러한 위험은 현실로 나타나지 않았을 것이라는 뜻은 물론 아니다. 제1차 세계 대전 전에도 이미 누진세 도입을 요구하는 집단행동이 힘을 얻는 상황이었기 때문이다. 전쟁은 단지 그 움직임에 불을 댕긴 것뿐이다.[14]

사회적·정치적 집단행동의 결정적 역할은 다른 나라들에서도 확인된다. 스웨덴의 극단적인 납세 유권자 체제는 1909~1911년부터 와해되기 시작한다. 상대적으로 양차 세계 대전의 영향을 별로 받지 않았던 스웨덴에서 사회적 국가를 확립하고 누진세를 도입하는 데 핵심적인 역할을 한 것은 사민당 집권이다. 영국 또한 1909~1911년 사이 상원의 몰락과, 강력한 누진세와 사회 복지 예산을 골자로 하는 민중 예산의 도입이라는 결정적 전환기를 맞는다. 미국은 1913년에 연방 소득세가 도입된다. 이는 제1차 세계 대전과는 아무 상관이 없으며, 순전히 1895년부터 시작돼 장기간 계속되

---

14 누진 상속세 도입(1901년 2월 25일 법)은 누진 소득세 도입(하원에서는 1909년에 통과됐으나 상원에서 오래 계류돼 있다가 전쟁 비용을 조달하기 위해 1914년 7월 15일에 결국 채택됐다)보다 먼저 이루어졌다. 상위 상속에 매겨지는 세율은 처음에는 2.5%였다가 1910년 노동자와 농민의 퇴직 연금 재정을 충당하기 위해 6.5%로 인상되었다. 영국과 독일, 일본에서도 1914년 이전부터 누진세 강화 움직임이 있었던 것이 확인된다.

어온 개헌의 결과물이다.[15] 이 개헌의 과정은 당시 미국에서 분출됐던 조세 정의와 경제 정의에 대한 요구, 그리고 집단행동의 힘을 반영한 것이었다. 물론 1929년 대공황도 커다란 역할을 했다. 미국에서는 이 경제 위기가 제1차 세계 대전이나 러시아 혁명보다 훨씬 더 강력하고 충격적인 사건이었다. 대공황으로 인해 미국인들은 자본주의에 대한 통제권을 회복할 필요성을 느꼈고, 결국 루스벨트는 1930~1940년대에 누진 세율을 역사상 전례 없는 수준으로 인상하게 된다.

실질적 누진성과 사회 계약: 세금 수용성의 문제

누진 세제의 실질적인 경제적 효과는 무엇이었을까? 일단, 최고 세율의 적용을 받는 사람은 아무도 없기 때문에 실질적인 효과가 없다는, 광범위하게 퍼진 인식부터 바로잡을 필요가 있다. 물론 70~80% 세율이 부과되는 사람은 인구의 극소수, 보통 상위 부자 1%(더 적게는 0.1%)에 불과하다.[16] 그런데 20세기 초에는 소득, 그리고 특히 자산 분배의 집중도가 지

---

15 개헌 과정은 민주당이 주도했고(대법원은 1895년 민주당이 채택한 법안을 기각했다), 토지 공유, 소농에 대한 대출, 주주와 소유자 계급, 대기업의 행정부 장악 반대를 강령으로 내건 민중당(People's Party 혹은 Populist Party)이 이에 가세했다.

16 70~80%라는 최고 세율은 한계 세율(이 구간에 해당하는 소득분이나 자산분에 적용)일 수도 있고, 실효 세율(소득이나 자산 전체에 적용) 일 수도 있다. 프랑스의 인민 전선(Front Populaire)은 1936년 조세 개혁 당시 실효 세율로 표시된 과세 계산표를 사용했다. 이 방법은 훨씬 투명하고 민주적이라는 장점이 있다. 누가 얼마의 세금을 내는지 더 잘 알 수 있기 때문이다. 특히 소득이나 자산이 아주 많아야 실질적으로 실효 세율이 높아진다는 사실을 확인할 수 있기 때문이다. *Les Hauts Revenus en France au XXᵉ siècle*, p. 272-278 참조.

나치게 높았다. 프랑스에서는 상위 1%가 전체 자산의 절반 이상을, 영국에서는 2/3가량을 보유하고 있었다. 상위 0.1%의 경우, 프랑스에서는 자산의 1/4 이상을, 영국에서는 1/3 이상을 차지하고 있었다. 주택을 제외하고 생산 수단의 소유만 놓고 보면 집중도는 이보다 훨씬 더 높았다. 이것이 뜻하는 바는, 세율 70~80%의 적용 대상이 상위 백분위 혹은 천분위로 한정됐지만, 이 소수 집단이 벨 에포크 시대 소유자 사회의 특징인 불평등 체제에서 차지하는 비중은 어마어마하게 컸다는 점이다. 프랑스의 개인 상속 문서들을 꼼꼼히 분석해본 결과, 누진 소득세와 누진 상속세가 1914~1950년 동안 일어난 소유의 탈집중화에 지대한 영향을 미쳤음을 확인할 수 있었다.[17]

미국의 경우, 세금과 징수금(연방 소득세를 비롯해 여러 정부 차원의 각종 세금과 공과금을 포함) 전반을 고려했을 때, 1914~1980년 동안 조세 제도가 높은 누진성을 나타냈음을 확인할 수 있다. 구체적으로 살펴보면, 하위 90%가 부담한 실효 세율은 평균 실효 세율에 비해 현저히 낮았던 반면, 상위 0.1%와 상위 0.01% 부자에게 부과된 실효 세율은 60~70%, 즉 평균 실효 세율보다 3배 이상 높았다(그래프 22 참조).[18] 유럽 국가들의 가용 데이터를 살펴봐도 유사한 결과가 확인된다. 이는 결국 조세 제도의 실질적인 누진성이 이 시기에 광범위하고도 뚜렷하게 확산되었다는 의미다.

---

17 T. Piketty, G. Postel-Vinay, J.-L. Rosenthal, "The End of Rentiers: Paris 1842-1957", WID, 2018 참조.

18 법인세(백분위별 주주에게 부과)와, 토지세(백분위별 토지 소유자에게 부과), 소비세(백분위별 소비자에게 부과) 등도 모두 이 계산에 포함됐다.

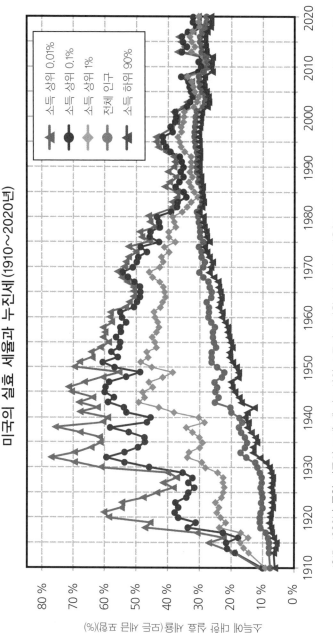

그래프 22

미국의 실효 세율과 누진세(1910~2020년)

1915~1980년 동안 미국의 조세 제도는 상위 소득이 부담한 평균 실효 세율(세전 총소득 대비 모든 세금의 백분율)이 전체 인구(특히 소득 하위 90%)가 낸 평균 실효 세율보다 매우 높았다는 점에서 상당히 누진적이었다. 그런데 1980년 이후에는 실효 세율 간 차이가 크게 나지 않으면서 누진성이 약화되는 모습을 보였다.

출처 및 통계: piketty.pse.ens.fr/egalite

이토록 강력했던 누진 세제는 여러 가지 결과를 낳았다. 첫째, 불평등이 감소하고 소득과 자산이 사회 상층부에 집중되는 현상이 완화됐다. 둘째, 사회 계약 전반에 영향을 미쳐, 세금 부담 증가와 부의 사회화 필요성에 대한 집단적 수용성이 높아졌다. 1914~1980년 동안에는 하위 납세자와 중위 납세자들(임금 노동자, 자영업자, 중소기업 소유자)이, 부유한 경제 주체들(고소득자와 상위 자산가들, 실적 좋은 기업들)에게 자신들보다 훨씬 높은 세율이 적용될 것이라는 확신을 가지고 있었다. 그런데 지금은 사정이 완전히 달라졌다. 역진적으로 바뀌진 않았지만, 조세 제도의 실질적인 누진성이 사라졌기 때문이다. 오늘날은 상위 부자들이 중위 계급과 민중 계급보다 더 낮은 실효 세율을 부담하기도 하고, 대기업의 실효 세율이 중소기업보다 더 낮은 경우도 허다하기 때문이다.[19] 이는 결과적으로 세금에 대한 정치적 수용성과 사회적 연대 시스템의 정당성에 막대한 부담으로 작용할 수 있다.

세전 불평등을 감소시키는 도구로서의 누진세

우리는 1914~1980년이 남긴 또 하나의 교훈에 주목할 필요가 있다. 누진세는 세후 불평등을 감소시켰을 뿐만 아니라, 동시에, 그리고 무엇보다 세전 불평등(재분배와 대비되는 개념으로서 사전 분배라고도 함)을 감소

---

19 실제로 2018~2019년에 미국 상위 납세자 400명의 실효 세율이 재산이 더 적은 납세자들보다 낮아지는 일이 일어났다. E. Saez, G. Zucman, *The Triumph of Injustice*, Norton, 2019 참조. 이러한 추정치는 직접 관찰 가능한 자료에 기반한 것일 뿐, 조세 최적화와 조세 회피의 복잡한 전략들은 상당 부분 반영하지 못했다.

평등의 짧은 역사

시키는 역할을 했다는 사실이다.[20] 이 결론은 얼핏 역설적으로 들릴지 모르지만, 현실을 살펴보면 무척 타당함을 알 수 있다. 특히 다음 세대의 자산 불평등을 감소시키는 누진 상속세의 경우 이 논리가 좀 더 분명히 확인된다. 상속세가 거의 아무것도 상속받지 못하는 사람들을 위한 상속 재분배에 쓰인다면, 그리고 연간 재산세가 항시적인 소유의 재분배에 쓰인다면 더 말할 것도 없다. 누진 소득세, 특히 고소득자에게 거의 몰수에 가까운 80~90％의 세율을 적용하는 것도 이와 마찬가지다. 벨 에포크 시대와 전간기처럼 고소득의 원천이 상당 부분 자본 소득(배당금, 이자, 임대료 등)인 경우, 높은 세율의 적용을 받으면 부자들은 서둘러 호화로운 생활 규모를 축소해야 한다. 그렇게 하지 않으려면 자신이 소유한 기업이나 자산을 떼서 매각하는 수밖에 없다. 이 같은 누진세 효과는 점진적인 부의 탈집중화와, 중위 자산 계급에 의한 최상위 자산가 계급의 대체에 결정적인 역할을 했다. 노동 소득, 특히 기업 고위 간부들에게 지급되는 고액 보수의 경우, 높은 누진 세율이 적용되면 막대한 자산 축적 가능성이 현저히 줄어들 뿐 아니라, 고액 보수의 협상과 책정을 둘러싼 조건들도 완전히 변하게 돼, 결과적으로 보수가 낮은 사람들에게 이익이 돌아가게 된다.

가용 데이터를 분석한 결과, 노동 소득에 적용되는 누진 세율의 효과가 미국에서 특히 두드러지게 나타났음이 확인됐다. 구체적으로 말하면, 루스벨트 집권기와 종전 후에 80~90％의 소득세율이 적용되자 기업들은 더는 천문학적인 보수를 지급하지 않게 됐다. 간부들에게 실제로 돌아가는 이익

---

20 A. Bozio, B. Garbinti, J. Goupille-Lebret, M. Guillot, T. Piketty, "Predistribution vs Redistribution: Evidence from France and the US", WID.world, 2020 참조.

과 다른 용처에 쓸 때의 효과를 모두 고려해봤을 때, 기업 입장에서 보수 지급에 들어가는 비용이 지나치게 과하다는 판단을 내린 것이다. 그렇게 해서 초고액 보수가 서서히 사라지자 기업들은 이 돈을 투자와 일반 노동자들의 임금 인상에 쓸 수 있게 됐다. 가용 데이터를 살펴보면, 몰수에 가까운 고율의 누진세가 가진 재분배 효과가 주로 사전 분배를 통해 나타났음을 알 수 있다. 이 말은 백분위별로 부담하는 실효 세율은 누진세 효과의 일부만을 파악할 수 있게 해준다는 뜻이다. 여러 국가의 사례를 비교해보면, 임금 노동자가 보수와 임금 체계의 책정과 감독에 좀 더 적극적으로 참여하는 경우에(가령 독일어권 유럽과 북유럽에서 노조 대표가 이사회에 참여하는 경우나, 미국의 전시 노동 위원회[21]처럼) 이 누진 세제의 효과가 훨씬 높아지는 것 역시 확인할 수 있다. 또 한 가지, 다양한 기업과 업종, 국가의 가용 데이터를 분석한 결과, 일정 수준 이상에서는 고위 간부들의 보수와 그들이 내는 경제적 성과 사이에 아무 연관이 없으며, 오히려 그들의 보수가 하위층과 중간층 임금에 주로 악영향을 미친다는 것을 확인할 수 있다.[22]

한 가지만 더 덧붙이자면, 강력한 누진세의 도입이 혁신을 방해하거나 생산성 증가를 막지 않았다는 사실이다. 미국의 경우, 소득세가 없었던 1870~1910년 1인당 국민 소득의 연간 성장률이 1.8%였는데, 소득세가 도입되고 나서 1910~1950년에는 2.1%, 최고 세율이 평균 72%에 달했

---

21 전시 노동 위원회(War Labor Board)는 임금을 관리 감독하고 원활한 사회적 관계를 만들기 위해 설립된 3자 기구(정부-노조-고용주)다. C. Goldin, R. Margo, "The Great Compression: The Wage Structure in the United States at Mid-Century", *Quarterly Journal of Economics*, 1992 참조.

22 *Capital et idéologie*, op. cit., p.621-622 참조.

던 1950~1990년에는 심지어 2.2%였다. 이후에 소위 경기 부양이라는 목표를 내세우며 최고 세율을 절반으로 인하했다. 그런데 경제 성장률은 오히려 절반으로 감소해 1990~2020년 연간 성장률은 1.1%를 나타냈다(그래프 23 참조). 불평등을 일정 수준 이상으로 확대하는 것, 소득과 부의 격차를 계속해서 벌리는 것은 분명히 경제 활성화에 조금도 긍정적인 영향을 끼치지 못한다.[23] 요약하자면, 우리가 현재 가진 데이터에 따르면 몰수에 가까운 수준의 높은 세율은 역사적으로 큰 성공을 거두었다. 자산과 소득의 격차를 현저히 감소시키고, 중위 계급과 민중 계급의 상황을 개선했으며, 복지 국가를 확대하고, 전반적인 사회적·경제적 성과를 높였다. 역사를 돌이켜 보면, 경제 발전과 인류의 진보를 가져온 것은 평등과 교육을 위한 투쟁이지, 소유와 안정, 불평등의 신성화가 아니었음을 알 수 있다.[24]

---

23 유럽에서도 비슷한 결과가 확인된다. 가장 강력한 누진 세제가 실행된 1950~1990년에 경제 성장률 역시 가장 높았다. 이후 경제 성장도 세제의 누진성도 낮아졌다. 유럽의 경우는 1910~1950년 양차 세계 대전으로 경제 성장이 극히 저조했다가 이후에 부진을 만회한 효과가 있었기 때문에 해석이 좀 더 복잡해진다. 반면에 유럽이 겪은 만회 효과가 전혀 없었던 미국(1910~1950년의 경제 성장이 1870~1910년과 1950~1990년의 중간 수준이다)에서는 이런 비교가 훨씬 더 의미를 갖는다. T. Piketty, *Capital et idéologie*, p. 633-636, 그래프 11.12-11.15 참조.

24 여기서 1980~1990년 이후 교육 투자의 정체(停滯)를 지적할 필요가 있다.(그래프 19 참조) 역사적으로도 그렇고 대학생 수의 증가를 고려해도 그렇고, 역설적인 변화가 아닐 수 없다. 어쩌면 이것이 경제 성장 둔화를 설명하는 가장 그럴듯한 이유 중 하나일지 모른다.

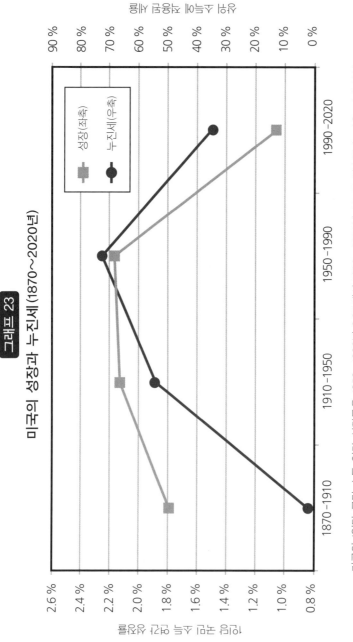

그래프 23

미국의 성장과 누진세 (1870~2020년)

범례:
- 성장(좌측)
- 누진세(우측)

(세로축 상단) 상위 소득에 적용된 세율

가로축: 1870-1910, 1910-1950, 1950-1990, 1990-2020

(세로축 하단) 미국 국민 소득 연간 성장률

미국의 1인당 국민 소득 연간 성장률은 1950~1990년 2.2%에서 1990~2020년 1.1%로 감소했다. 같은 시기 상위 소득에 적용된 최고 한계 세율은 72%에서 35%로 낮아졌다. 최고 한계 세율을 낮추면서 확언했던 경기 활성화는 실제로 일어나지 않았다.

출처 및 통계: piketty.pse.ens.fr/egalite

식민 자산과 국채의 청산

사회적 국가와 누진세 외에 1914~1980년 동안 일어난 '대규모 재분배'를 특징짓는 요소가 하나 더 있다. 이 셋째 요소는 바로 이 기간에 이루어진 해외 자산과 식민 자산의 청산, 그리고 뒤이은 국채의 청산이다. 제1차 세계 대전 발발 직전, 소유자들은 난공불락의 번영을 누리는 듯이 보였다. 당시 영국과 프랑스, 독일에서 사적 소유의 총 가치는 6~8년 치 국민 소득에 달했다(그래프 24 참조).[25] 더군다나 소유의 집중도가 대단히 높아, 상위 10%가 전체 소유의 80~90%를 소유하고 있었다. 이후 1914~1950년 동안 그야말로 사적 소유의 붕괴가 일어나, 1950년대에는 자산의 총 가치가 2~3년 치 국민 소득 수준이 된다. 그러다가 오늘날까지 다시 서서히 증가하는 추세를 보이지만, 결코 처음 수준을 회복하지 못했을뿐더러 과거만큼 집중도가 극심하지도 않다.[26] 이러한 사적 소유의 붕괴 원인으로 몇 가지를 꼽을 수 있다. 일단 양차 세계 대전 때 전투와 폭격으로 자산(공장, 건물, 주택 등)이 파괴되었다. 이는 프랑스와 독일에서 사적 소유 감소분의 1/4~1/3(영국에서는 한 자릿수 퍼센트)에 해당한다. 게다가 사적 소유자들의 권력을 축소하기 위한 의도로 만들어진 일련의 정책들(임대료 동결, 국유화, 금융과 경제 규제, 노동조합권 등) 때문에 비슷한 규모의 사적 소유 감

---

25 가용 자료를 살펴보면 사적 소유의 총합이 영국과 프랑스에서 1700~1914년 내내 대략 이 수준에 머물렀음을 알 수 있다. 하지만 그 사이 소유의 형태는 급격하게 변화했다. 18세기 초에는 농지가 자산의 2/3를 차지했으나, 시간이 갈수록 부동산과 사업 자산, 해외 자산이 농지를 대체하는 모습을 보였다. *Le Capital au XXIe siècle*, op. cit., p. 188-189, 그래프 3.1-3.2 참조.

26 제2장. 그래프 6 참조.

유럽의 사적 소유 (1870~2020년)

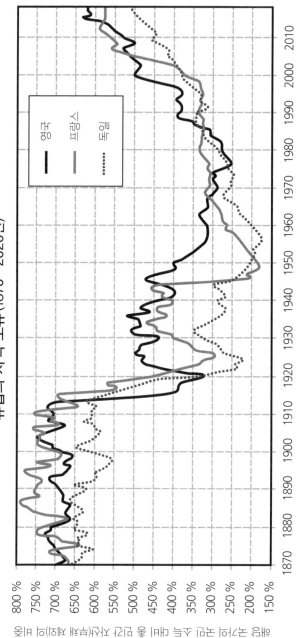

서유럽에서 사적 소유 소유(부채를 제외한 부동산, 사업 자산, 금융 자산)의 시장 가치는 1870~1914년에 6~8년 치 국민 소득에 근접했으나 1914~1950년 동안 급격히 감소해 1950~1970년에는 2~3년 치 국민 소득 수준에 머물렀다. 이후 다시 증가해 2000~2020년에는 5~6년 치에 이른다.

출처 및 통계: piketty.pse.ens.fr/egalite

소가 또 일어난다. 이 다양한 정책들은 공통적으로 사적 소유자가 가진 자산의 화폐 가치를 줄이는 게 목적이었지, 그 자산이 사용자에게 갖는 사회적 가치를 줄이는 게 목적이 아니었다. 그러므로 권력의 재분배가 일어났을 뿐, 가치의 상실은 일어나지 않았다. 마지막으로, 사적 소유 감소에서 가장 큰 비중, 그러니까 프랑스와 독일의 사적 소유 감소분의 1/3~1/2(영국에서는 거의 2/3)이 해외 자산, 그리고 뒤이은 국채 청산을 통해 일어났다.[27] 여기에서도 핵심은 파괴가 아니라 재분배에 있다. 식민지인들과 전후(戰後) 납세자들이 이를 통해 자유를 얻었기 때문이다.

이 청산 과정은 두 단계를 거쳐 일어났다. 먼저 해외 자산이 파괴되거나 국채로 전환되고 나서, 이 국채가 청산되는 방식이었다. 이 과정을 잘 이해하기 위해서는 해외 자산 규모가 20세기 초에 역사상 전무후무했던 수준에 도달했다는 사실부터 알아야 한다(그래프 25 참조). 1914년, 소유자들의 순 해외 자산은 영국의 2년 치 국민 소득(혹은 총 소유의 1/4 이상), 프랑스의 1년 반 치 국민 소득(혹은 총 소유의 대략 1/5)에 해당할 만큼 증가했다. 해외 자산은 자국의 식민지에, 가령 인도차이나의 고무 플랜테이션이나 콩고에서의 벌목 형태로 존재하기도 했지만, 엄밀하게 식민지는 아니더라도 영국과 프랑스가 극도로 위계적인 관계를 유지하고 있던 여러 곳에 다양한 방식으로 존재했다. 가령, 오스만 제국이나 페르시아의 유정(油井), 러시아·중국·라틴 아메리카의 철도, 혹은 이 나라들에서 발행한 국채나 회사채를 떠올릴 수 있다. 식민 자산과 해외 자산이 차지하는 큰 비중은 개인 차원에서 파리 시민들의 관련 문서를 통해서도 확인된다. 1872에서 1912년

---

27 좀 더 상세한 분석은 *Capital et idéologie*, op. cit., p. 507-517 참조.

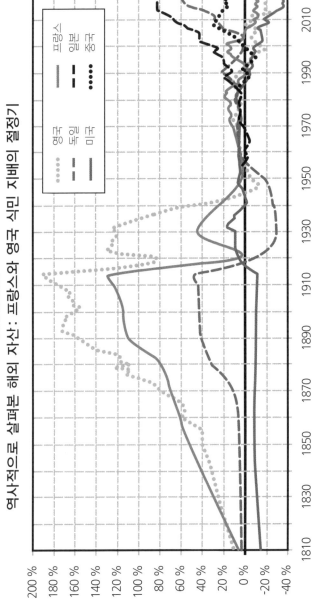

그래프 25

역사적으로 살펴본 해외 자산: 프랑스와 영국 식민 지배의 절정기

순 해외 자산, 즉 해당 국가에 거주하는 소유자(정부 포함)가 보유한 해외 자산에서, 다른 나라에 거주하는 소유자가 보유한 해당 국가의 자산의 차이는, 1914년 영국 국민 소득의 191%, 프랑스 국민 소득이 125%까지 상승했다. 2020년을 기준으로 순 해외 자산이 일본 국민 소득에서 차지한 비중은 82%, 독일은 61%, 중국은 19%였다.

출처 및 통계: piketty.pse.ens.fr/egalite

동안, 사망 시 재산 상속 전체에서 해외 투자가 차지하는 비중이 6%에서 21%로 늘어났으며, 상위 상속에서는 이보다 훨씬 더 증가했다.[28]

해외 투자는 소유자들에게 막대한 수입(이윤, 배당금, 이자, 임대료, 로열티)을 가져다주었는데, 이는 프랑스에는 5%의 추가 국민 소득(즉, 가장 산업화된 프랑스 북부와 동부 데파르트망 전체 산업 생산에 맞먹는 규모), 영국에는 거의 10%의 추가 국민 소득을 의미했다.[29] 이 덕분에 두 식민 열강은 1880~1914년 거의 내내 무역 적자 상태였지만 버틸 수 있었다. 해외 자산에서 발생하는 소득이 무역 적자를 충당하고도 남아, 이 막대한 자금으로 끊임없이 해외 다른 곳에서 소유를 늘려가고 새로운 자산을 축적할 수 있었던 것이다. 1880~1914년 동안 프랑스와 영국의 해외 자산 축적은 너무 급속도로 일어나 대내외적으로 장기적인 임계점에 도달했다. 먼저 대외적으로 살펴보면, 무서운 축적 속도를 감안할 때 몇십 년만 더 그렇게 지속되었으면 유럽 열강이 거의 전 세계를 소유하게 되었을지도 모른다. 식민지 수탈과 해외 자산 보유는 대부분 폭력과 심대한 야만성을 동반한다. 준(準)강제 노동과 저임금 노동 착취, 열악한 노동 환경, 차별, 그리고 좀 더 광범위하게는 이 모든 과정에서 인간에게 가해지는 고통에 대한 무관심이 바로 그런 폭력과 야만성의 예다.[30] 이러한 폭압적 상황은 결국 민족 해방

---

28 ibid., p. 167-179, 도표 4.1 참조.

29 이렇게 화폐로 환산하는 방식은 명료하긴 하지만 식민지 수탈의 규모를 과소평가하는 단점이 있다. 식민지 수탈을 정확히 파악하기 위해서는 물자(면화, 목재, 원유 등)의 흐름을 표시하는 다차원적 접근법을 사용하는 게 바람직할 것이다. 제3장 참조.

30 제4장 참조. 1845~1848년의 아일랜드 대기근(800만 인구 중 약 100만 명이 사

운동을 불러일으켰고, 종국에는 해방의 쟁취로 이어졌다. 양차 세계 대전은 그저 촉진제 역할을 했을 뿐이다.

이번엔 유럽 내부를 살펴보면, 금융 흐름과 수익성의 규모를 모두가 익히 알고 있었기 때문에, 식민 자산은 열강 간 시기와 질투, 그리고 날로 격화되는 경쟁의 대상이 되었다.[31] 19세기 말과 20세기 초, 인구 면에서나 산업 발전 면에서나 유럽 주요 열강으로 부상했던 독일은 영국과 프랑스에 비해 해외 자산이 상대적으로 적었다. 1911년 발발한 모로코 위기는 하마터면 전쟁으로 이어질 뻔했으나, 독일이 1904년 맺어진 프랑스-영국 협약을 수용하는 대신 카메룬의 주요 영토를 획득하는 것으로 사태가 봉합됐다. 이로써 전쟁이 몇 년 늦춰졌으나, 그다음 사건이 기어이 불을 댕기고 말았다.

전쟁 발발은 해외 자산의 붕괴를 불러왔다. 영국과 프랑스의 해외 자산은 1920년대에 독일의 식민 자산을 나눠 가지면서 조금 회복되었다가, 제2차 세계 대전 이후 완전히 사라지게 된다. 1914년부터 1950~1960년대

망하고 150만 명이 이민을 떠남)은 1943~1944년의 벵골 대기근(인구 5,000만 명 중 400만 명이 사망)과 종종 규모가 비교된다. 벵골에서나 아일랜드에서나 대영제국 엘리트들은 사태를 인지했으면서도 참사를 막기 위한 조치를 취하지 않았다. 어떤 경우에는 가난한 데다 반역 기질까지 있는 주민들에 대해 맬서스주의적인 인구 통제를 하려는 명백한 의도가 엿보이기도 했다. 아일랜드 대기근은 이후 수십 년 동안 영국인 소유자들에 대한 깊은 적개심을 불러일으켰다. 토지 점거와 지대 납부 거부 같은 강력한 저항 운동은 결국 토지 재분배와 아일랜드의 독립을 가져오기에 이르렀다.

31 고전이 된 1916년 저작 『제국주의, 자본주의의 최고 단계』에서 레닌은 식민 열강들이 천연자원을 두고 벌이는 무한 경쟁을 설명하기 위해 당연히 당시 금융 투자 관련 통계를 활용했다.

평등의 짧은 역사

사이 역사상 가장 많은 규모의 해외 자산이 그렇게 사라지게 된 데는(그래프 25 참조) 몇 가지 이유가 있다. 일단, 러시아 혁명과 독립 전쟁 이후 일어난 일련의 몰수 과정이 그 이유들 중 하나다. 1917년 혁명으로 탄생한 새로운 소비에트 국가는 차르 체제에서 체결된 부채를 전면 무효화하기로 결정한다. 1918~1920년 동안 영국과 프랑스, 미국이 혁명을 꺾기 위해 러시아 북부에 군대를 파병하지만 실패로 끝난다. 해외 자산 붕괴가 막바지에 이른 1956년, 이집트 정부가 1869년 건설 이후 프랑스-영국 주주들에게 안정적인 배당 수익을 안겨주었던 수에즈 운하를 국유화하기로 결정한다. 그러자 영국과 프랑스가 과거에 수시로 그랬듯이 또 한 번 군대 파견을 저울질하지만, 이번에는 미국이 그들과 손을 잡지 않는다. 미국은 제3세계 국가들이 하나둘 소련의 손에 넘어가는 위험을 감수할 수 없었던 것이다. 이로써 식민 열강은 더는 존재하지 않게 되었다.

몰수 외에도 전쟁 자체가 유럽 소유자들에게 막대한 손해를 안겨주었다. 전례 없이 파괴적인 전쟁에 들어가는 비용을 충당하기 위해 소유자들은 해외 자산을 팔아 국가에 돈을 빌려줘야 했다. 국가는 으레 전쟁이 끝나는 즉시 액수 그대로 돌려주겠다고 약속했다. 하지만 이 약속은 지켜지지 않았다. 제1차 세계 대전이 끝나자 프랑스 국가는 곤경에 처한 소유자들을 구하기 위해 베르사유 조약을 통해 패전국인 독일에게 국민 소득의 300%에 가까운 막대한 전쟁 배상금을 부과한다. 이 금액은 국민 소득 대비 비율로 보았을 때 1825년 아이티에 요구했던 배상금 규모(약 300%)와 거의 비슷하다. 차이가 있다면, 독일은 스스로를 지킬 힘이 있었다는 것이다. 프랑스 정부의 입장에서는 이 배상액 규모가 정당하기만 했다. 1871년 프로이센-프랑스 전쟁에서 패한 후 국민 소득의 약 30%를 독일에 지불한 전례가 있는 데다, 1914~1918년 전쟁이 야기한 피해는 훨씬 막대했기 때문이다. 실제로 시스템 전체가 마비되는 수준이었다. 프랑스 군대가 빚을 받기 위해 루르를 점령한 1924년에 쓴 『나의 투쟁』에서 히틀러는 이 모욕적인 배상금, 그것도 인구 면에서 쇠락하고 있는 민족이 강제로 요구한 이 배상금을 수시로 언급하고 나서, 강력하고 우월한 국가의 형성만이 독일 민족의 자존심을 회복시켜주고 이에 걸맞은 식민 제국을 건설하게 해줄 것이라고 결론짓는다.[32] 1929년 대공황과 제2차 세계 대전 발발은 식민 자산의 몰락과, 1914년까지 세계를 지배했던 소유주의적 식민 열강의 붕괴에 쐐기를 박게 된다.

국채 탕감을 통한 유럽의 재건

1945~1950년 동안 유럽 주요 국가들은 국민 소득의 200~300%에 달하는 막대한 국채를 갖게 된다(그래프 26 참조). 이는 대부분 전쟁 비용을 충당하기 위해 단계적으로 이루어졌던 해외 자산 매각이 30년 뒤에 반영된 수치다(그래프 25 참조). 상당수 국가는 부채 상환 대신 사회적·경제적 정책들을 우선적으로 추진하기로 결정하는데, 이를 위해 제1차 세계 대전 종전 후에 이미 실험한 적이 있는 세 가지 조치를 동시에 취한다. 문자 그

---

32 병적인 반(反)유대주의를 드러내는 이 책에서 히틀러는 점령국 프랑스가 라인강까지 데려온 "검둥이 무리"에 대해서도 편집증적인 반응을 보인다. 히틀러는 프랑스가 "마지막 남은 프랑크족의 피"마저 사라지게 한 다음 "콩고에서 라인강에 이르는 거대한 혼혈 국가"를 세우려 한다고 의심한다. 이미 대규모 혼혈의 공포가 '백인 대체론(Great Replacement)'의 공포와 함께 싹트기 시작했던 것이다. *Capital et idéologie*, op. cit., p. 550~559 참조.

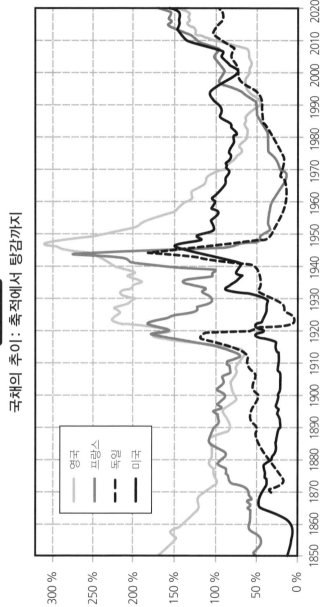

그래프 26

국채의 추이: 축적에서 탕감까지

양차 세계 대전 이후 국채는 가파르게 상승해 1945~1950년 동안 국민 소득이 150~300%에 이르렀다. 이후 독일과 프랑스에서는 (부채 탕감, 자산 자산에 부과되는 고율의 특별세, 높은 인플레이션으로 인해) 국채가 급격히 감소한 반면, 영국과 미국에서는 이보다 서서히 줄어들었다. 2008년 금융 위기와 2020년 팬데믹 위기를 겪고 나서 국채는 다시 상당히 증가했다.

참고: 이 그래프에는 베르사유 조약(1919년)으로 인해 발생한 독일의 국가 부채, 즉 당시 독일 국민 소득의 300% 이상에 해당했던 전쟁 배상금은 포함되지 않았다. 이 부채의 상환은 제대로 시작된 적조차 없었다.

출처 및 통계: piketty.pse.ens.fr/egalite

대로의 탕감과 인플레이션, 사적 자산에 부과하는 고율의 특별세가 그것이다. 프랑스에서는 1945~1948년 동안 4년 연속 연간 인플레이션율이 50%를 넘겼다. 그러자 폭격을 맞은 공장이 무너지듯이 국채도 자동적으로 확실히 사라졌다. 문제는, 적절한 타이밍에 보유 국채를 팔아 주식이나 부동산을 매입한 부자들과 달리 소액 예금자들은 인플레이션 때문에 파산 상태에 처했다는 사실이다. 이는 1950년대에 광범위한 노년층의 빈곤 악화를 초래했고, 사회 전반에 극심한 불공정의 정서가 퍼졌다. 1923년 하이퍼인플레이션의 충격이 아직 뇌리에 생생했던 서독은 좀 더 정교한 해법을 시도했다. 1948년 화폐 개혁을 단행해 100마르크짜리 채권을 1마르크짜리 신권 채권으로 바꿔주는 동시에, 소액 예금에 대해서는 등급을 매겨 보호 조치를 취했다. 이 결과 인플레이션 발생 없이 국채가 사라지게 되었다. 또한 분데스타그(독일 연방 의회)는 1952년 '고통의 분담(Lastenausgleich)'이라는 제도를 채택한다. 이 제도는 상위 금융 자산과 사업 자산, 부동산 자산에 최고 50%의 세율을 부과해 전쟁 파괴와 화폐 개혁으로 하위 자산 계급과 중위 자산 계급이 입은 피해를 보상해주기 위해 만들어졌다. 이 제도는 완벽하다고 할 수는 없지만 막대한 금액에 해당했고(30년에 걸쳐 분납이 이루어진 이 세금의 규모는 1952년 독일 국민 소득의 대략 60%에 해당했다), 사회적 정의에 기반해 국가 재건을 이루려는 야심 차면서도 상당히 성공한 시도였다.[33] 게다가 1953년 런던 회의에서 독일 외채 탕감 결정이 내려지자[34]

---

33 M. L. Hughes의 흥미로운 저서 *Shouldering the Burdens of Defeat: West Germany and the Reconstruction of Social Justice*, University of North Carolina Press, 1999 참조. 또한, 얼마 전 코로나로 발생한 국가 부채를 해소하기 위해 나온 유사한 제

독일 정부는 전후 재건과 사회 복지, 사회 간접 자본과 교육 투자에 더 많은 재정을 쓸 수 있게 됐다. 일본이 1946~1947년 도입한 특별세는 고액 자산에 최대 90%의 세율을 적용했는데, 이를 통해 전쟁으로 발생한 재정 불균형을 빠르게 해소할 수 있었다.[35]

돌이켜 보면, 몇 년 만에 과거의 부채에서 자유로워져 미래와 재건에 집중할 수 있게 되었다는 점에서 이 정책들은 무척 성공적이었다고 평가할 수 있다. 만약 탕감이나 인플레이션, 사적 자본에 부과하는 고율의 특별세 없이 평범한 방법으로, 다시 말해 해마다 축적되는 예산 흑자를 가지고 부채를 갚아야 했다면 아마 2020년대 초반인 지금까지도 우리는 1914년 이전에 생긴 식민 자산과 국내 자산을 물려받은 상속자들에게 이자를 지급하고 있을 것이다. 자산가들에게 장기 상환하는 이 방식은 19세기에, 당시 납세 유권자 체제였던 영국이 택한 전략이었다.[36] 전쟁 후라면 과연 어떤

안을 놓고 분데스타그에서 벌어진 논쟁과의 흥미로운 비교가 가능한 S. Bach, "Die Linke Capital Levy: Revenue and Distributional Effects", DIW, 2020 참조.

34 더 정확히 말하자면, 1953년에 유예 결정이 내려졌고 1991년 독일 통일 당시 영구 탕감 결정이 내려졌다. G. Galofré-Vila, C. Meissner, D. Stuckler, "The Economic Consequences of the 1953 London Debt Agreement", *European Review of Economic History*, 2018 참조.

35 *Capital et idéologie*, op. cit., p. 517-522 참조.

36 영국의 국채는 1815년에 국민 소득의 200%를 넘어섰다. 영국은 이 부채를 100년에 걸쳐 흑자 예산으로 줄여나갔지만(1815~1914년 동안 국민 소득의 2~3%에 해당했던 부채 상환 비용은 다수의 납세자들이 소유자들을 위해 부담했던 셈이다.), 완전히 해소하지는 못했다. ibid., and V. Amoureux, "Public Debt and Its Unequalizing Effects. Explorations from the British Experience", PSE,

정부가 그런 정책을 취할 수 있었을까? 그리고 앞으로 수십 년 동안 그 어떤 정부가 그 같은 정책을 취할 수 있을까? 쉽지 않을 것이다. 물론 우리는 1945~1950년 동안 취해진 정책들이 격렬한 논쟁과 대규모 정치 투쟁의 결과임을 기억해야 한다. 긴 투쟁의 과정을 거친 해외 자산과 국채의 청산이 소득과 자산의 불평등 축소에 핵심적인 역할을 한 덕분에 1914~1980년에 '대규모 재분배'가 가능할 수 있었다.

_____

2014 참조.

평등의 짧은 역사

제7장
민주주의, 사회주의, 누진세

이제 눈을 미래로 돌려보자. 1914~1980년 동안 일어난 '대규모 재분배'는 손 안 대고 코 풀기가 아니었다. 디너파티는 더더욱 아니었다. 하지만 그 과정은 우리에게 소중한 교훈들을 남겼다. 가장 큰 교훈은 사회적 국가와 누진세가 자본주의를 변화시킬 수 있는 강력한 도구라는 점이다. 이 두 제도가 대대적인 집단행동과 집단적 전유(專有)의 대상이 될 때만 평등을 향한 여정은 재개될 수 있을 것이다. 또한 우리는 이 두 제도가 20세기 동안 이룬 성취의 한계와, 1980년 이후 이것들이 약화된 이유를 정확히 알아야 한다. 이와 관련해 나는 특히 금융 자유화와 자본의 자유로운 이동이 끼친 해악을 강조하면서, 이 프레임에서 벗어나기 위해 요구되는 전략적 결론들을 얘기하려고 한다.

평등의 한계: 소유의 극단적 집중

일단, 지난 세기에 일어난 평등을 향한 여정이 제한적 규모였다는 사실부터 상기하자. 극심한 소유의 집중이 여전히 존속한다는 사실은 그저 놀랍기만 하다(그래프 27 참조). 물론 유럽의 경우, 장기적으로는 '중위 자산 계급'의 부상이 관찰된다. 가난한 하위 50%와 부유한 상위 10% 사이에 있는 40%의 중간 계급이 사적 소유 전체에서 차지하는 비중이 1913년에는 고작 10%를 조금 넘었으나 2020년에는 40%에 이른다.[1] 이들이 소유한 자산의 형태는 주로 부동산이다. 2020년, 유럽의 가난한 하위 50%는 여전히 이렇다 할 만한 소유가 없는 반면(전체의 5%), 부유한 상위 10%는 아직도 전체 소유의 55%를 차지하고 있다. 이것은 달리 말하면, 하위 50%가 소유한 평균 자산이 상위 10%의 평균 자산의 1/500이라는 뜻이다(숫자로는 상위 10%의 5배인 이 집단이 전체 사적 소유에서 차지하는 비중은 상위 10%의 채 1/10도 되지 않는다). 미국의 상황은 이보다 더 심각하다. 2020년을 기준으로 가난한 하위 50%가 전체 사적 소유의 고작 2%를 차지하는 반면, 부유한 상위 10%는 72%를, 중위 자산 계급은 26%를 차지한다. 소유의 집중도 면에서 보자면 미국은 1913년의 유럽과 2020년의 유럽의 중간 수준이며, 점차 1913년 유럽 쪽으로 가까워지는 경향을 보인다.

20세기 동안 불평등 면에서 미국과 유럽의 상대적인 위치가 얼마나 바뀌었는지를 확인하는 것은 충격적인 일이다(그래프 28 참조). 20세기 초만 해도 소유 집중은 유럽이 미국보다 훨씬 심각했다. 유럽인들의 자산 축적은 주로 식민 자산과 해외 자산(영국과 프랑스의 경우), 그리고 불평등한 사

---

1   제2장, 그래프 5 참조.

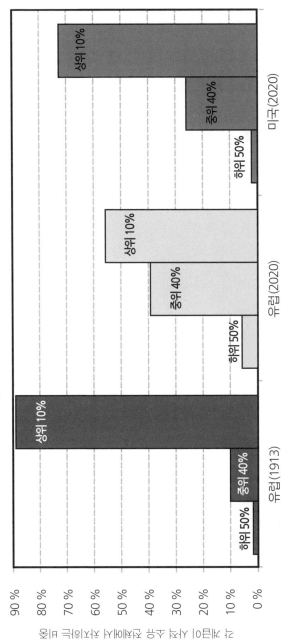

그래프 27

극단적인 소유 집중의 존속

자산 상위 10%가 사적 소유 전체에서 차지하는 비중은 유럽(영국·프랑스·스웨덴의 평균)의 경우 1913년에 89%(하위 50%의 비중은 1%)였던 것이 2020년에는 56%(하위 50%의 비중은 6%)로 좋아들었다. 겉은 2020년에 미국의 상위 10%가 차지하는 비중은 72%(하위 50%의 비중은 2%)였다.

출처 및 통계: piketty.pse.ens.fr/egalite

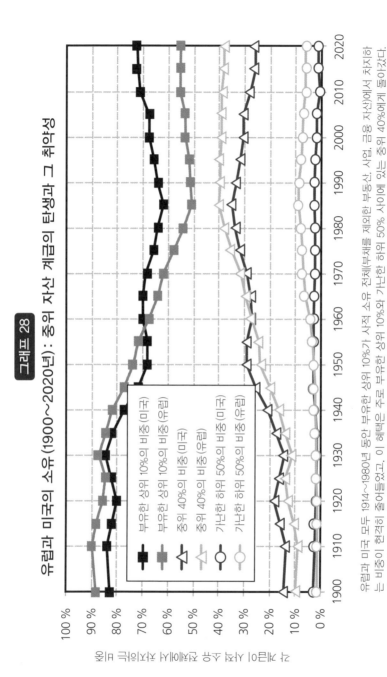

그래프 28

유럽과 미국의 소유 (1900~2020년) : 중위 자산 계급의 탄생과 그 취약성

범례:

- 부유한 상위 10%의 비중 (미국)
- 부유한 상위 10%의 비중 (유럽)
- 중위 40%의 비중 (미국)
- 중위 40%의 비중 (유럽)
- 가난한 하위 50%의 비중 (미국)
- 가난한 하위 50%의 비중 (유럽)

(세로축) 각 계층이 소유한 전체에서 차지하는 비중

(가로축) 1900, 1910, 1920, 1930, 1940, 1950, 1960, 1970, 1980, 1990, 2000, 2010, 2020

(세로축 눈금) 0 %, 10 %, 20 %, 30 %, 40 %, 50 %, 60 %, 70 %, 80 %, 90 %, 100 %

유럽과 미국 모두 1914~1980년 동안 부유한 상위 10%가 사적 소유 전체(부채를 제외한 부동산, 사업, 금융 자산)에서 차지하는 비중이 현격히 줄어들었고, 이 혜택은 주로 부유한 상위 10%와 가난한 하위 50% 사이에 있는 중위 40%에게 돌아갔다. 이 흐름은 1980~2020년 동안, 특히 미국에서 실책 뒤집혔다.

참고 : 그래프에 나타난 유럽의 추이는 영국·프랑스·스웨덴의 평균이다.

출처 및 통계 : piketty.pse.ens.fr/egalite

회정치 체제와 납세 유권자 제도(스웨덴의 경우)를 통해 이루어졌다. 여건이 되는 유럽 노동 계급은 더 높은 임금을 받을 수 있는 미국으로 이민을 떠났다. 그런데 양차 세계 대전을 겪고 나서 상황은 뒤바뀌게 된다. 정치 투쟁과 노조의 집단행동이 새로운 규칙들을 확립해 구대륙의 얼굴을 바꿔 놓은 것이다. 좀 더 확대되고 과감한 사회적 국가가 자리 잡게 되자 유럽의 불평등 감소 폭은 미국보다 훨씬 커졌다. 두 개의 곡선은 1960~1970년에 교차했다가 1980년부터 이전과는 반대 방향으로 격차가 벌어진다. 1980년대 초반만 해도 미국 중위 자산 계급이 전체 사적 소유에서 차지하는 비중은 유럽 중위 자산 계급과 거의 비슷했지만, 1985~2020년 사이 25% 이상 감소했고, 하위 50%가 차지하는 비중 또한 이전보다 더 낮아졌다. 유럽은 미국에 비하면 상대적으로 격차 확대 폭이 적지만, 중위 40%, 특히 (애초부터 낮았던) 하위 50%의 입지가 갈수록 약화되는 것을 확인할 수 있다. 불평등과 관련해서는 어떤 나라나 대륙도 우쭐대거나 남에게 훈계할 입장이 못 된다. 1980년대 이후 세계 곳곳에서 일어난 경제와 금융 분야의 규제 완화의 결과 상위 금융 자산가들만 이익을 봤을 뿐, 하위 집단은 전혀 수혜를 입지 못하고 오히려 과도한 부채를 지는 경우가 허다했다.

소득 불평등에서도 유사한 변화가 관찰된다. 소득 불평등 역시 1980년 이후 다시 증가했고, 유럽보다 미국에서 그 증가 폭이 훨씬 컸다(그래프 29 참조). 가용 자료를 분석해보면, 이 역시 급격한 정치적 변화가 사회 복지·조세·교육·금융 분야에 끼친 영향 때문임을 알 수 있다. 미국에서는 가혹한 반(反)노조 정책과 연방 최저 임금의 붕괴가 하위 소득 감소에 결정적인 역할을 했다. 인플레이션을 반영했을 때 연방 최저 임금은 1970년 시간당 11달러에서 2020년 시간당 7.2달러로 크게 줄어들어, 현재 많은 민주당 의원들이 인상

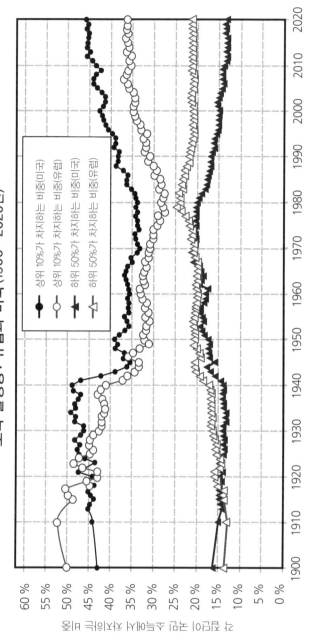

그래프 29

소득 불평등 : 유럽과 미국(1900~2020년)

범례:
- 상위 10%가 차지하는 비중(미국)
- 상위 10%가 차지하는 비중(유럽)
- 하위 50%가 차지하는 비중(미국)
- 하위 50%가 차지하는 비중(유럽)

세로축: 전체 국민 소득에서 차지하는 비중
세로축 눈금: 60 %, 55 %, 50 %, 45 %, 40 %, 35 %, 30 %, 25 %, 20 %, 15 %, 10 %, 5 %, 0 %
가로축: 1900, 1910, 1920, 1930, 1940, 1950, 1960, 1970, 1980, 1990, 2000, 2010, 2020

유럽에서 소득 불평등은 1980년 이후 다시 심화되기 시작했지만, 1900~1910년에 비하면 훨씬 낮은 수준이었다. 불평등은 미국에서 훨씬 더 큰 폭으로 증가했다. 어쨌든 미국이나 유럽이나 불평등은 여전히 심각한 수준이다. 숫자로는 하위 50%의 1/5인 상위 10%가 소득에서 차지하는 비중은 훨씬 높기 때문이다.

참고 : 유럽은 영국·프랑스·독일·스웨덴의 평균

출처 및 통계 : piketty.pse.ens.fr/egalite

을 바라고 있다. 공적 의료 보험(메디케어 Medicare와 메디케이드 Medicaid) 같은 현물 이전을 감안해도 이 같은 진단은 크게 달라지지 않는다.[2] 특히 미국에서 상위 자산이 더 큰 폭으로 늘어나고 기업 고위 간부들의 보수가 급등한 것은 누진 세제가 겪은 수난과 밀접한 관계가 있다. 미국 누진 세율 은 1932~1980년 동안 정점을 찍고 나서 1980년대 '보수 혁명' 기간에 똑 같은 기세로 빠르게 꺾였다. 유럽에서는 사회적 국가와 조세 재정 국가가 불평등 재확대를 그런대로 막을 수 있었다. 상위 10%가 전체 소득에서 차 지하는 비중은 1910년 52%에서 1980년 28%로 감소했다가 2020년 다시 36%로 증가했다. 하위 50%가 차지하는 비중은 1910년 13%에서 1980년 24%로 증가했다가 2020년 21%로 다시 감소했다. 한마디로 소득 불평등 은 1910년에 비하면 2020년에 현저히 낮아졌으며 지난 세기 동안 평균 소 득은 상당히 증가했다. 그렇지만 불평등이 여전히 절대적으로 높은 수준 이라는 점을 잊어서는 안 된다. 유럽 사회들은 역사상 단 한 번도 고도의 위계적 사회가 아니었던 적이 없었다. 그 상태에서 물질적 격차는 지난 수 십 년간 다시 큰 폭으로 벌어지기 시작했다. 그동안 이룬 성과를 자축하면 서 그것을 위선과 포기를 정당화하는 핑계로 삼을 것이 아니라, 앞으로 이 룩해야 할 진보를 위한 밑거름으로 삼아야 할 것이다.

---

2 *Capital et idéologie*, op. cit., p. 609-624, 그래프 11.5-11.10 참조.

사회적 국가와 누진세: 자본주의의 체제적 변화

평등을 향한 여정을 계속하기 위해 우리가 가야 하는 가장 자연스러운 길은 이미 정해져 있는 것 같다. 20세기 동안 평등과 인류의 진보, 번영을 가능하게 했던 제도들, 그중에서도 특히 사회적 국가와 누진세를 좀 더 확대하고 심화시키는 게 바로 그 길이다. 이 방향으로 나아가기 위해서는 무엇보다 이 제도들이 그동안 맞닥뜨린 한계와, 1980년 이후 힘을 잃게 된 이유를 잘 이해하는 것이 중요하다. 1914~1980년 동안 제도적 변화를 가능하게 한 것은 사회적·정치적 투쟁이었다. 앞으로도 강력한 사회적 투쟁과 집단행동 없이는 새로운 단계로 도약할 수 없을 것이다. 레이건-대처 혁명이 1980년대 이래로 막대한 영향을 끼친 것은 단순히 지배 계급의 광범위한 지지를 받았고, 미디어와 싱크탱크, 정치 자금을 통해 막강하고 폭넓은 영향력을 행사할 수 있었기 때문만은 아니다. 물론 그것도 분명히 역할을 하긴 했지만, 결정적인 이유는 평등주의 연합이 힘을 발휘하지 못했기 때문이다. 평등주의 연합은 설득력 있는 대안적 서사를 만들어내지 못했고, 사회적 국가와 누진세를 중심으로 막강한 민중의 집단행동을 이끌어내는 데 실패했다.

따라서 지금 단계에서 가장 중요한 일은 그런 서사를 다시 만들어내고, 사회적 국가와 누진세가 어떻게 자본주의의 체제적 변화를 이끌어낼 수 있는지 보여주는 것이다. 이 제도들의 완결된 형태는 바로 민주적 사회주의라고 할 수 있다. 분권화, 자주 관리, 환경주의, 다문화에 기반한 민주적 사회주의는 지금의 세계보다 더 해방되고 평등한 새로운 세계를 구축할 수 있게 해줄 것이다. 역사적으로 살펴보면 사회주의와 공산주의 운동은 이와는 확연히 다른 강령을 중심으로 펼쳐졌다. 국가에 의한 생산 수단의 소유와 중앙 집권화된 계획 체제가 핵심이었던 그 강령은 실패했고, 그 이후로 새로운 대안적 강령이 진정한 의미에서 그것을 대체한 적이 없었다. 이에 비해 사회적 국가, 특히 누진세는 종종 자본주의의 근본적 논리를 전복할 수 없는, '소프트한' 사회주의의 형태로 인식되어왔다. 제1차 세계 대전 발발 전, 프랑스 급진당은 누진세 도입을 주장하면서 '사적 소유를 존중하는 사회 개혁'을 부르짖었다. 당시 사회주의자들은 자본주의 시스템에 의해 만들어진 불평등을 사후에 축소하는 것에 불과한 이 개혁에 회의적인 반응을 보였다. 사회주의자들은 이런 방식의 개혁이 생산 과정의 핵심을 제대로 건드리지 못하고 그 속에서 형성되는 사회적 관계를 변화시키지 못하기 때문에, 결과적으로 프롤레타리아 혁명을 향한 노동자들의 발목을 잡을 위험이 크다고 본 것이다. 누진세의 이 같은 역사적 유래와 논쟁은 여전히 민주적 사회주의를 둘러싼 표상들에 광범위하게 스며들어 있다. 나는 다음과 같은 여러 이유 때문에 이것들을 바로잡는 게 시급하다고 생각한다.

첫째, 당연히 세금의 누진성 정도가 모든 것을 결정한다. 최고 세율이 2%인 누진세는 최고 세율이 90%에 이르는 누진세와 같지 않다. 20세기의 경험은 우리에게 소유의 최상층부에 몰수에 가까운 세율을 성공적으로 적용하는 게 가능함을 보여주었지만, 이 중요한 역사적 교훈은 여전히 잘 알려져 있지 않다. 둘째, 누진세는 반드시 사회적 국가와 불가분의 관계로 보아야 한다. 앞에서 우리는 20세기에 사회적 국가의 형성이 부의 사회화라는 강력한 움직임으로 나타난 것을 보았다(1914년 이전에는 유럽 주요 국가의 세수가 국민 소득의 채 10%가 되지 않았으나 1980~1990년대에는 40~50%에 육박했다). 이 경험은 의료와 교육에서부터 시작해 문화, 운송, 에너지 등에 이르기까지 광범위한 분야를 상품화 논리에서 벗어나 운용하는 게 가능하고도 남음을 보여주었다. 이 과정이 어디까지 가능할 수 있는지, 적용 가능한 구체적인 분야들에는 어떤 게 있는지, 앞으로 이런 분야들(병원과 치료 시설, 학교와 대학, 단체와 재단, 중앙 행정부와 지자체, 협동조합과 공영·국영 기구)이 어떤 형태의 분권화되고 참여적인 조직이 될지, 여기 투입될 공적 자금의 규모와 형태는 어떻게 될지(언젠가 국민 소득의 60~70% 혹은 그 이상이 될 수도 있다) 그 누구도 미리 결정하거나 단정 지을 수 없다.[3] 하지만 확실한 사실은, 공적 자금의 운용이 엄격한 조세 정의와 사회적 정의 개념에 기반해 이루어진다는 확신이 되살아나지 않는 한, 부의 사회화를 향해 한 단계 더 도약하기는 불가능하다는 것이다. 상위 소득과 상위 자산에 대해 입증되고 확인 가능한 방식으로 징세를 하지 않는 한, 다시 말해 누진세가 정말로 새롭게 거듭나지 않는 한, 사회적 국가 건설과 탈상품화를 향한 여정에서 새로운 단계로 나아가는 것은 불가능하다.

또 하나, 20세기 동안 적용됐던 누진세 방식은 다양한 소득 계급과 자

---

3   사회적 국가의 다양한 분야에서 분권화와 규제가 조화를 이룬 최적화된 운영 형태가 무엇인지에 관한 논의는 무수하기 때문에 이 책에서의 언급은 피상적인 수준에 그칠 수밖에 없다. 의료 분야에서는 공공성과 자유주의를 결합한 프랑스식 모델이 영국의 국가주의 모델보다 더 나은 절충안으로 보인다. 의사의 의료 행위 횟수와 보수에 대한 엄격한 규제가 이루어진다는 전제하에서 그렇게 볼 수도 있다는 의미. 대학 교육의 경우는, 교육 기관의 자율성 보장과 분권화가 바람직해 보이지만, 적절한 공적 재정 지원 체계가 함께 작동해야 한다. 문화와 예술 분야에서 비정규직 공연예술인의 지위는 여러 가지 생각할 점이 많다. 물론 여기서도 적절한 재정 지원이 이루어져야 하며, 이 문제는 문화 정책 차원에서 접근해야 한다. 물과 에너지, 운송 분야에서 유럽과 세계의 여러 도시들이 직접 경영에 나서는 새로운 형태들은 우리에게 많은 것을 가르쳐준다.

산 계급에게 좀 더 공정한 방식으로 세금을 분담시켰을 뿐 아니라, 세전 불평등을 강력하게 제한하는 역할 또한 했다는 사실을 상기할 필요가 있다. 누진세가 이렇게 재분배뿐 아니라 사전 분배에도 핵심적인 역할을 했다는 것은, 이것이 생산 과정의 핵심에까지 개입하는 제도라는 뜻이다. 물론 이것은 누진세가 노동조합권이나 임금 노동자의 기업 이사회 참여 같은 다른 제도들과 동시에 작동할 때 가능한 얘기다. 누진세(특히 상위 소득에 80~90%의 세율을 적용할 경우)로 가능해지는 호봉 등급의 대폭 축소 역시 상업 분야와 대등하게 경쟁하기 위해 필수적인 조건이다. 자본주의 첨단 디지털 기업들이 초고액 연봉을 지급하면서 전문가들을 시장에서 싹쓸이 하다시피 하면, (임금 격차가 더 벌어지게 경쟁을 부추기는 게 아니라) 규제를 해야 하는 공공 기관들의 일은 훨씬 더 어려워질 수 있다. 금융과 법조 분야도 마찬가지다. 호봉 체계를 1~20등급, 1~100등급이 아니라 1~5등급으로 축소하는 것은 단순히 분배의 정의 문제가 아니다. 이는 공적 규제의 효율성 문제인 동시에, 대안적 경제 구조 구축의 문제이다.

마지막으로, 사회적 국가와 누진세가 소득 불평등 감소와 특히 자산 불평등 감소에서 이룬 성과의 한계를 짚어보고 그것을 극복할 방법을 모색해야 한다. 앞서 우리는 1980년 이후 소득 격차가 확대된 원인 중 하나가 누진세의 고전에 있었음을 확인했다. 인센티브나 효율성을 이유로 내세워 이런 소득 격차를 정당화기는 힘들다(불평등이 확대되는 동안 오히려 성장률은 절반으로 떨어졌기 때문이다). 앞으로 좀 더 강력한 누진세가 다시 도입돼야 임금 격차가 다시 줄어들 수 있을 것이다. 물론 이외에도 다른 장치들, 특히 교육 기회의 평등과, 노동자들과 그 대표들의 협상 능력 증대가 필요할 것이다. 오늘날 상당수의 유럽 국가에 자리 잡기 시작한 기본 소득 제도 또한 개선의 여지가 많다. 무엇보다 청년과 대학생, 노숙자, 은행 계좌가 없는 사람들은 이 제도의 혜택을 받기가 어렵다. 또 하나, 저임금 노동자와 여타 노동 소득이 있는 사람에게까지 이 제도를 확대 적용해야 하고, 해당자가 신청하지 않아도 월급이나 은행 계좌를 통해 자동으로 지급받을 수 있게 하는 게 중요하다(누진세 과세도 당연히 원천 징수 방식이 되어야 한다). 기본 소득 금액 문제 또한 다시 생각해야 한다. 보통 전일제 최저 임금의 50~75% 사이에서 논의되는 적은 금액은 결과적으로 불평등 축소를 위한 부분적인 도구밖에 되지 못할 것이다.[4]

기본 소득과 함께 활용할 수 있는 좀 더 야심 찬 도구는 최근에 그린 뉴딜(Green New Deal) 관련 논의에서 제안된 고용 보장 제도로, 희망자에게 적절한 수준(미국의 경우 시간당 15달러)의 최저 임금을 지급하는 전일제 일자리를 제공하자는 내용이다. 여기에 들어가는 재정은 연방 정부가 부담하고, 공공 고용 기관에서 공공 분야와 비영리 분야(지자체, 각종 비영리 단체)의 일자리를 제공한다는 게 이 제도의 핵심이다. 1944년 루스벨트가 발표한 경제 권리 장전(Economic Bill of Rights)과 1963년 마틴 루서 킹이 이끈 워싱턴 행진(March on Washington for Jobs and Freedom)의 정신을 함께 계승한 이 제도는 탈상품화, 대인 서비스를 비롯한 공공 서비스 개념의 재정립, 에너지 전환, 노후 건물 개선 등에 무척 효과적으로 쓰

---

4 최소한의 제한적인 금액임을 감안할 때 보편 소득(universal income)보다는 기본 소득(basic income)이라는 명칭이 더 적당해 보인다. 임금 지급 시 기본 소득을 자동 지급하는 문제에 관해서는 P.-A. Muet, *Un impôt juste, c'est possible*, Seuil, 2018 참조. 이 방법은 임금 노동자의 지위를 보호하고 노동의 파편화를 막는 데 도움이 될 것이다.

일 수 있을 것이다.[5]

소유와 사회주의: 분권화의 문제

지금부터는 자산 불평등과 소유 체계 문제를 다뤄보자. 장기적인 추이를 살펴보면, 놀랍게도 소유의 초집중화가 여전히 존속함을 알 수 있다. 특히 하위 50%는 단 한 번도 소유라고 할 만한 것을 가져본 적이 없다. 낙수 효과를 기대하자는 말은 크게 의미가 없다. 만약 그게 맞다면 오래전에 효과가 나타났어야 했다. 현 상황에서 벗어나는 가장 자연스러운 방법은 상속의 재분배를 통해 인구 전체가 최소한의 상속을 받을 수 있게 하는 것이다(그래프 30 참조). 구체적으로 말하면, 성인 1인당 평균 자산의 60%에 해당하는 최소한의 상속 금액(즉, 현재 프랑스의 경우처럼 평균 자산이 20만 유로라면 12만 유로)을 25세가 되는 모든 사람에게 지급하자는 것이다. 이 자본 지급에 들어가는 재정은 누진 재산세와 누진 상속세를 걷어 국민 소득의 약 5%에 해당하는 금액을 마련하면 된다. 그리고 복지와 환경에 필요한 재원(기본 소득과 고용 보장 포함)은 누진 소득세와 사회 보장 분담금, 탄소 배출세를 포함하는 통합 징수 시스템으로 국민 소득의 약 45%에 해당하는 금액을 걷으면 된다(도표 2 참조).

모두를 위한 상속 제도 도입의 첫째 목표는 거의 아무것도 소유하지 못한 사람들(인구의 약 절반에 해당)의 협상력을 높이는 것이다. 아무것도 소

---

5 P. Tcherneva, *La Garantie d'emploi. L'arme sociale du Green New Deal*, La Découverte, 2021 참조. 또한 *Inégalités*, Seuil, 2016에서 T. Atkinson이 제안한 고용 보장 제도 참조.

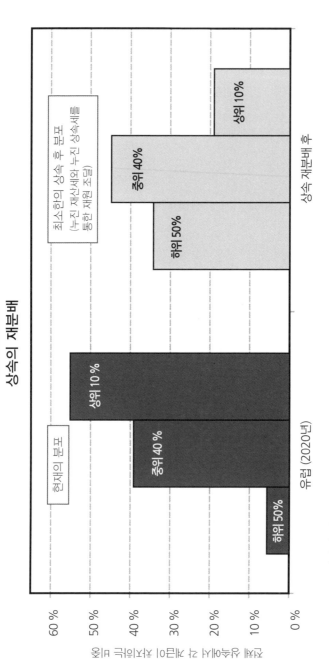

그래프 30

상속의 재분배

최소한의 상속 후 분포
(누진 재산세와 누진 상속세를 통한 재원 조달)

상위 10%

중위 40%

하위 50%

상속 재분배 후

현재의 분포

상위 10%

중위 40 %

하위 50%

유럽 (2020년)

전체 상속에서 각 집단이 차지하는 비율

60 %
50 %
40 %
30 %
20 %
10 %
0 %

2020년 유럽 전체 상속에서 하위 50%가 차지하는 비중은 6%인 반면, 상위 10%는 55%를 차지한다. 누진 재산세와 누진 상속세로 재원을 마련하여 모두를 위한 상속금(평균 자산의 60%에 해당하는 최소한의 상속금을 25세에 지급)을 지급하고 나면, 하위 50%의 비중은 36%, 중위 40%는 45%, 상위 10%는 19%로 변하게 될 것이다.

참고: 유럽은 영국·프랑스·독일·스웨덴의 평균

출처 및 통계: piketty.pse.ens.fr/egalite

도표 2

소유의 순환과 누진세

누진 소유세

[모든 청년에게 자본 지급]
(모두를 위한 상속을 하기 위한 재원)

평균 자산 대비 배수	연간 재산세 (실효 세율)	상속세 (실효 세율)
0.5	0.1 %	5 %
2	1 %	20 %
5	2 %	50 %
10	5 %	60 %
100	10 %	70 %
1,000	60 %	80 %
10,000	90 %	90 %

누진 소득세

(기본 소득, 고용 보장.
복지와 환경에 필요한 재원)

평균 소득 대비 배수	실효 세율 (사회 보장 분담금과 탄소세 포함)
0.5	10 %
2	40 %
5	50 %
10	60 %
100	70 %
1,000	80 %
10,000	90 %

여기서 제안된 세제의 한 축은 모든 청년에게 자본 지급(모두를 위한 상속을 하기 위해 필요한 누진 소유세(연간 재산세와 상속세)이고, 또 다른 축은 기본 소득, 복지, 환경(의료, 교육, 연금, 실업, 에너지 등에 들어가는 재원 조달을 위한 누진 소득세(사회 보장 분담금과 탄소세 포함)이다. 이 같은 소유의 순환 체제는 기업 내 노동자와 주주의 의결권 분유와 다불어 참여적 사회주의의 핵심적 요소를 이룬다.

참고: 위에 제시된 예에서는 누진 소유세를 통해 국민 소득의 5%(4%는 연간 재산세, 1%는 상속세)에 해당하는 금액을 징수해, 25세가 되는 국민 모두에게 평균 자산의 60%에 해당하는 자본 지급을 한다. 국민 소득의 약 45%에 해당하는 누진 소득세 세수 중 5%는 기본 소득과 고용 보장에, 40%는 복지와 환경에 사용한다.

출처 및 통계: piketty.pse.ens.fr/egalite

유하지 못했을 때, 더 최악의 경우 부채만 있을 때, 우리는 어떤 액수의 임금이나 노동 조건이라도 받아들일 수밖에 없게 된다. 기본 소득과, 최저임금을 지급하는 고용 보장이 이런 상황을 바꿔 권력관계의 균형을 다시잡는 데 소중한 도구인 것은 분명하나, 이 두 가지만으로는 충분하지 않다. 그런데 기본 소득과 고용 보장, 사회적 국가가 제공하는 광범위한 권리들(무상 교육과 무상 의료, 재분배 성격이 강한 퇴직 연금과 실업 수당, 노동조합권 등)에 더해 10만~20만 유로를 소유하게 된다면, 상황은 실질적으로 바뀔 것이다.[6] 어떤 일자리는 거절할 수도 있고, 집을 살 수도 있으며, 개인적인 계획을 실행에 옮길 수도 있고, 작은 회사를 설립할 수도 있을 것이다. 이런 자유가 노동자에게는 당연히 기쁜 일이지만, 예전처럼 고분고분하지 않은 노동자를 대하는 고용주와 소유자 계급에게는 두려운 일일 것이다.

몇 가지 점을 분명히 해둘 필요가 있다. 우선, 여기서 숫자로 표시된 내용들은 순전히 예시 차원에 불과하며, 얼마든지 더 과감한 수준에서 결정할 수도 있다. 우리가 채택한 매개 변수를 적용하면, 현재 상속받을 게 전혀 없는 사람들(대략 하위 50%)은 12만 유로를 받게 될 것이고, 100만 유로

---

6 퇴직 연금과 관련해, 기대 수명의 증가와 노인의 의존성 문제는 삶의 마지막 순간까지 연금은 그저 경제 활동 당시의 불평등을 그대로 반영하는 수준이기만 하면 된다는 생각을 한층 더 시대착오적으로 느껴지게 만든다. 개혁된 통합 연금 제도는 중위 임금과 상위 임금보다 하위 임금에게 더 높은 대체율을 보장해주기 위해 수단과 방법을 가리지 않아야 하며, 모든 소득에 부과하는 누진 소득세를 그 재원으로 삼아야 할 것이다. 다른 문제들도 그렇지만 이 문제 역시 평등주의 연합이 방어적 차원에 머물지 않고 좀 더 야심 찬 새로운 프로그램을 구상해 내놓아야 할 필요성을 보여준다.

평등의 짧은 역사

(개인마다 대단히 편차가 크지만, 상위 10%가 받는 평균 상속 금액)를 상속받는 사람들은 세금을 떼고 자본 지급을 더하면 60만 유로를 받게 될 것이다. 금액에서 보듯이, 사람들이 종종 추상적이고 이론적인 차원에서 주장하는 개념인 기회의 균등과는 아직 거리가 멀어도 한참 멀다. 하지만 이러한 방향으로 구체적인 시도가 있기만 해도 특권 계급은 마치 전염병이라도 퍼지듯이 두려움을 느낀다. 이론적으로는 상속의 재분배를 이보다 더 과감하게 실현하는 것도 얼마든지 가능하다(아니, 내가 보기엔 바람직하기까지 하다).

또 한 가지 강조할 것은, 우리가 제안하는 재원 조달 체계가 20세기에 이미 적용된 적 있는 과세표, 즉 평균 이하의 자산과 소득에는 몇 퍼센트의 세율만을 적용하고 최상위 자산과 소득에는 80~90%의 세율을 적용하는 누진 과세 방식에 기반하고 있다는 사실이다. 우리 제안의 가장 새로운 점이라면, 비슷한 과세표를 소득세와 상속세뿐 아니라 연간 재산세에도 적용하자는 것이다.[7] 20세기에 일어난 소유의 재분배 규모를 뛰어넘고자

---

7 강력한 누진 과세표는 대규모 역사적 사건들(종전 후 독일과 일본, 그리고 여러 나라에서 있었던 농지 개혁)이 발생했을 때 도입됐으나 상시적인 제도로 정착하진 못했다. 자산에 부과되는 상시적인 연간 재산세의 대부분은 철저한 비례세이거나, 아주 약한 누진세이다. 비례세의 경우, 18세기 말 이후 거의 변하지 않은 미국의 재산세(property tax)와 프랑스의 토지세(taxe foncière)가 대표적인 예인데, 부동산과 사업 자산에 모두 부과되는 이 세금은 누진성이 없고 금융 자산과 부채도 고려하지 않는다. 국민 소득의 약 2%를 차지하는 중요한 세수 조달원인 이 세금은 매우 불공정한 방식으로 배분된다. 누진세의 경우, 20세기 대부분의 시기에 독일어권 유럽과 북유럽에서 실행된 연간 재산세와 1981년부터 프랑스에서 간헐적으로 시행된 연간 재산세가 여기에 해당하는데, 세율이 2~3%를 넘지 않고 면제가 무수하며 조세 감독이 거의 전무한 탓에 세수가 그다지 많지 않다. *Capital et idéologie*, op.cit., p. 650-671 참조.

한다면 절대적으로 필요한 일이다. 연간 재산세는 제대로 적용되고 감독만 된다면 상속세를 웃도는 세수 조달원이 될 수 있는 것은 물론, 개개인의 납세 능력에 따른 세금 배분을 가능하게 만들 것이다.[8] 재단과 비영리 단체가 보유한 기금에는 따로 특별한 과세표를 적용하는 것이 바람직하다. 그래야 소수 기관으로의 지나친 권력 집중을 막고 재정 여력이 부족한 단체들에게 발전의 기회를 줄 수 있을 것이다.[9]

하지만 소유의 재분배만으로는 자본주의를 극복하기에 역부족이라는 사실을 강조할 필요가 있다. 상위 소유자들을, 그들 못지않게 탐욕적이고 자신들의 행동이 사회적·환경적으로 끼치는 영향에 무관심한 하위와 중위 소유자들로 단순히 대체하는 것을 목표로 삼는다면 큰 의미가 없을 것이다. 우리가 이 책에서 제시하는 목표는 그것과 다른 차원이다. 소유의 재분배는 개인의 무제한적 자산 축적과 환경 오염을 막는 강력한 누진세 과세

---

8 가령 30~40세에 억만장자가 된 사람이 있다고 치자. 그가 80~90세가 될 때까지 기다렸다가 세금을 부과할 이유가 무엇인지 잘 수긍이 되지 않는다. (상위 자산을 겨냥한 과세가 가능하기 때문에 훨씬 인기가 있는) 연간 재산세를 우선적으로 활용하는 것은 중위 계급이 개혁의 혜택을 받을 수 있게 하는 효과적인 방법이 될 것이다.

9 재단이 사적 개인을 위한 도구에 불과하다면, 그 재단의 기금에 대해서는 당연히 과세가 이루어져야 할 것이다. 하지만 공익을 추구하는 비영리 조직이라면, 특별한 과세표가 적용되어야 할 것이다. 가용 데이터에 따르면, (미국 부자 대학들을 위시한) 대규모 기금들은 1980~2018년 동안 (인플레이션보다 높은) 연간 7~8%의 성장률을 보였다. 이는 상위 사적 소유자들의 자산 증가와 비슷한 수준이며, 세계 경제 성장률이나 중소 규모 기금들(나머지 대부분의 대학들과 소규모 단체들)의 성장률과는 비교도 안 될 만큼 높은 수준이었다. *Le Capital au XXIᵉ siècle*, op. cit., p. 714-719와 *Capital et idéologie*, op. cit., p. 798-799 참조.

표 적용(필요에 따라 좀 더 강력한 조세도 고려되어야 한다)과 더불어 실행되어야 한다.[10] 또 한 가지, 모두를 위한 상속의 용처를 관리 감독하는 문제도 고려해보아야 할 것이다. 모두를 위한 상속금을 주택 구입이나 사회적·환경적 가치를 추구하는 기업의 설립에만 쓰도록 제한하는 것이다. 물론 이러한 논의는 최소한의 상속의 수혜자인 민중 계급뿐만 아니라 모든 상속과 모든 상속자들에게 똑같은 규정이 적용될 때만 정당성을 얻을 수 있다.

이 책에서 제안하는 모두를 위한 상속 제도는 기본 소득과 고용 보장(내가 보기에는 이 두 가지가 모두를 위한 상속보다 우선적으로 도입되어야 한다)에 추가될 때만, 더 넓게는 점진적인 경제의 탈상품화를 추구하는 사회적 국가 시스템의 일부로 추가될 때만 의미를 가질 수 있다. 특히 교육, 의료, 문화, 운송, 에너지 같은 분야의 필수 재화와 서비스는 성격상 상품화 논리를 배제하고 정부, 지자체, 단체, 비영리 기구 등을 통해 생산되어야 한다. 이런 광범위한 비영리 분야는 좀 더 확대해나갈 필요가 있는 반면, 모두를 위한 상속금으로 투자 가능한 분야는 주택과 소기업(수공업, 상업, 숙박과 요식업, 수선, 컨설팅 등) 등으로 제한하면서 줄여나가는 게 좋을 것이다.

마지막으로 하나 더 강조하고 싶은 것은, 모두를 위한 상속에서 발생한 소규모와 중간 규모의 소유는 엄밀한 의미의 사적 소유라기보다는 사회적

10　특히 개인 탄소 카드를 도입하면 집단적으로 정한 탄소 배출 총량을 지킬 수 있을 뿐 아니라, 대규모 배출과 부유한 납세자들에게 규제 역량을 집중할 수 있게 될 것이다. 탄소 카드는 누진 소득세제와 구조적으로 연계하는 것이 중요하다. 그래야 탄소 배출 규제 강화를 위한 조치들이 민중 계급과 중위 계급에게 끼치는 부정적인 영향이 자동적으로 중화될 수 있을 것이다. *Capital et idéologie*, op. cit., p. 1156-1159 참조.

이고 일시적인 소유로 보아야 한다는 점이다. 이 소유가 여러 자본 사용자 간 권력 분유에 기초한 법 제도 내에, 그리고 자본의 축적과 영속 가능성을 철저히 제한하는 조세 제도 내에 자리 잡게 될 것이기 때문이다. 앞서 언급한 바 있는 영리 목적의 기업 내 권력 분유에 대해 다시 한번 말하자면, 나는 '참여적 사회주의' 제도를 적용해 임금 노동자와 주주에게 50대 50 동수 의결권을 부여하고, 개인 주주의 의결권은 기업 규모에 따라 엄격히 제한할 것을 제안한다. 즉, 유일 노동자 주주는 소기업에서는 자동적으로 다수파가 될 수 있지만, 10인 초과의 사업장에서는 즉시 그 권리를 상실하게 되는 것이다.[11] 노동자의 근속 연수에 따라 의결권을 부여하는 방식, 그리고 임차인이 점차 영구 사용권에 가까운 권리를 획득하는 방식도 한번 생각해볼 수 있다.[12] 1970~1980년대에 루돌프 마이드너와 그의 LO(스웨덴 노조 연맹) 동료들이 제안했던 '노동자 기금'이 최근 들어 다시 논의에 등장하기 시작했다. 주로 대기업을 겨냥한 이 제도는, 고용주가 매년 이윤의 일부를 노동자 기금에 납부하게 해, 20년이 지나면 노동자들이 회사 자본의 52%를 보유하게 만들자는 것이 내용의 핵심이다.[13] (자본 보유와 무관하

---

11 제5장, 그래프 18 참조. 매개 변수는 당연히 조정 가능하다.

12 장기 임차인에게는 특별한 보호 조항을 적용한다거나, 가격 할인 혹은 보조금 지급 등과 함께 주택 매입의 우선권을 부여하는 법 제도들이 부분적으로 이런 예에 해당한다고 볼 수 있다. 어떤 범주에 속하는 주택이든 간에 사회적 혼합 (social mixture) 규정을 엄격하고 확인 가능하며 처벌 가능한 방식으로 적용해 게토화(ghettoization)를 막는 게 필수적일 것이다.

13 도표 2에 나온 누진 소유세 납부 방식의 하나로 노동자 기금에 주식을 양도하는 것도 고려해볼 수 있다.

평등의 짧은 역사

게 노동자들에게 의결권의 일부를 할당하는) 노동자 경영 참여 제도의 보완책으로 제안됐던 이 노동자 기금은 스웨덴 자본가들의 격렬한 반대에 부딪쳐 결국 채택되지 못했었다. 그런데 최근에 몇몇 미국 민주당 의원들(버니샌더스와 알렉산드리아 오카시오-코르테스)이 이 안을 다시 꺼내 들었고, 영국 노동당은 공식 프로그램에 포함하기도 했다.[14] 이 밖에도 지역과 시읍면단위에서 공공 투자 기금을 확대하기 위한 여러 혁신적인 제안들이 존재한다.[15] 이 책의 목표는 여기서 논의를 마무리하는 것이 아니라 더욱더 확대하는 데 있다. 권력과 경제적 민주주의의 구체적 형태들은 여전히, 그리고지속적으로 다시 고안되지 않으면 안 된다.[16]

민주적·자주 관리적·분권적 사회주의를 위하여

요약해보자. 완결된 형태의 사회적 국가와 누진세는 권력과 소유의 항시적인 순환에 기초해 새로운 형태의 민주적·자주 관리적·분권적 사회주의의 기반을 닦을 수 있게 해줄 것이다. 이 제도는 20세기 서구 여러 국가에

14　R. Meidner, *Employee Investment Funds: An Approach to Collective Capital Formation*, Allen & Unwin, 1978 ; G. Olsen, *The Struggle for Economic Democracy in Sweden*, Ashgate, 1992 ; J. Guinan, "Socialising Capital: Looking Back on the Meidner Plan", *International Journal of Public Policy*, 2019 참조.

15　J. Guinan, M. O'Neill, *The Case for Community Wealth Building*, Polity Press, 2020 참조.

16　소유권이 점차 줄어들다가 결국에는 사라지고, 모든 권력이 평등하게 분배되는 사회를 상상하여 묘사한 E. Dockès의 책 *Voyage en misarchie. Essai pour tout reconstruire*, Éditions du Détour, 2017 속 무대는 우리 책에서 제안하는 '참여적 사회주의'와 여러 면에서 유사하다.

서 일어난 사회·조세·법률상 변화의 연장선상에 있는 것으로, 소비에트 연방이 실험한 국가적·중앙 집권적·권위주의적 사회주의와 반대되는 개념이다. 이 변화들은 물론 권력관계의 변화와 민중의 집단행동, 수차례의 갈등과 위기를 거쳐 힘겹게 쟁취한 것이다.

다시 강조하지만, 이 책에서 언급한 민주적 사회주의는 하나의 밑그림에 불과하며, 여러 가지 단점과 한계를 내포하고 있다. 가령, 생산 수단(소기업의 경우)과 주택의 사적 소유를 제한된 형태로 계속 허용하게 되면, 앞서 언급한 변화들이 일시적인 것으로 끝나고 부의 격차를 엄격히 제한하는 게 쉽지 않을 수 있다. 일각에서 과세표를 수정하고 제한을 없애려는 막강한 시도가 있을 것이기 때문이다. 이 두려움은 당연한 것이지만, 결코 도구화해서는 안 된다. 바로 이런 두려움에 사로잡혀 1920년대에 소비에트 정권이 모든 형태의 소유(극소수의 노동자를 고용한 소규모 기업까지)를 '자본주의의 종양'이라는 이름으로 범죄시했고, 결국 우리가 아는 권위주의적이고 관료주의적인 파행을 맞지 않았던가. 해답은 민주주의의 강화와 확대에 있다. 우리는 소유의 재분배를 해야 하며, 부자들에 의한 선거 민주주의 독식을 막기 위해 정치 활동, 언론, 싱크탱크 등에 대한 평등주의적 재정 조달 체계를 마련해야 한다. 앞서 우리는 소유의 재분배와 권력의 분유를 위해서 실질적인 개헌이 필요하다는 점을 언급한 바 있다.[17] 이에 더해 한 가

---

17 소유의 재분배를 가능하게 하고 누진 세제를 보호하는 헌법 조문에는 가령 이런 문구가 들어갈 수 있을 것이다. "법이 소유권 행사의 조건을 결정하고, 필요에 따라 누진 소유세와 자본 지급, 노동자에 대한 의결권 할당을 통해, 소유의 확산과 공익을 위한 소유의 역할을 강화하는 데 힘쓴다. 납세자가 보유한 모든 종류의 재화에 비례해 부과되는 직접세와 간접세의 총합과 관련해, 부유한 납세자에

지 보호 장치를 더 마련하는 것도 고려해야 한다. 가령, 사회 보장 분담금을 '사회 보장 기금'에서 관리하듯이, 누진 소유세와 누진 상속세 세수를 '모두를 위한 상속 기금'에서 관리하게 하는 것이다. 역사적 경험을 살펴보면, 이렇게 행정 조직을 강화하는 것이 (사회 보장 분담금과 세금 축소를 약속하면서) 결정을 번복하려는 정치인들의 시도를 어렵게 만드는 방법이 될 수 있다. 정치인들이 더는 슬그머니 복지 혜택을 없애지 못하게 만드는 것이다.

앞서 언급한 사회적이고 일시적인 소유 형태까지 포함해 일체의 사적 소유를 배제한 시스템을 상상하는 것이 결코 불가능한 일은 아니다. 가령, 베르나르 프리오[18]가 주장한 '임금 사회주의(salarial socialism)'가 그런 가능성 중 하나다. 간단히 설명하자면, 프리오는 1945년부터 도입된 사회 보장 기금의 퇴직 연금이나 의료 보험 모델을 사회-경제 조직 전반에 확대 적용할 것을 제안한다. 이를 위해서는 '임금 기금'과 '투자 기금'의 설립이 필요하다. 임금 기금의 역할은 사람들을 능력에 따라 '평생 임금'의 등급(호봉은 1~4등급까지)으로 분류하는 것이고, 투자 기금의 역할은 투자금과 부동산, 사업 자본의 사용권을 여러 생산 단위와 각종 개인 및 집단 프로젝트에 분배하는 것이다. 물론 그 구체적인 형태에 대해서는 좀 더 많은 고민이 필요하겠지만(프리오의 책에는 이 부분이 빠져 있다), 참여적이고 민주적인 방식으로

게 가난한 납세자보다 낮은 비율이 적용될 수는 없다. 하지만 법이 정한 규정에 따라 높은 비율이 적용될 수는 있다."

18 B. Friot, *Puissances du salariat*, La Dispute, 2012 참조. 프리오는 '임금 사회주의'라는 표현을 쓰지 않았지만, 내가 보기에 이 표현이 그가 (정당하게) 강조한 점, 즉 이미 우리의 현실이 되어 있는 임금 노동과 사회 보장 제도가 지닌 해방적 잠재력을 나타내기에 적절한 표현이라고 생각한다.

관리될 수만 있다면 이러한 기금들은 무한한 가능성을 지닌다. 공동 소유와 프리오식 '사용을 위한 소유' 개념에 기반한 새로운 조직 형태들은 당연히 많이 생겨나야 한다. 그것들은 이 책에서 주장하는 사회적이고 일시적인 소유 제도와 상호 보완적이기 때문이다.[19]

짧게 한마디만 더 부언하고 싶다. 프리오가 제안한 임금 기금과 투자 기금(혹은 사회적이고 일시적인 소규모 사적 소유의 역할을 일체 부정하는 다른 제안들에 나오는 이와 유사한 기구들)은 수백만 명의 삶과 그들의 일상(가령 임금 수준과, 주택과 소규모 사업을 위한 자본 사용)에 영향을 미칠 수 있는 막대한 권력을 갖게 될 것이다. 그런데 극단적인 중앙 집권 국가나 다름없는 그 조직들을 어떻게 짤 것인지, 과연 민주적이고 해방적인 방식으로 작동시킬 수 있을 것인지는 확신할 수 없다. 결코 쉬운 문제가 아니다. 관료주의적이고 권위주의적인 파행이 없으리라는 법이 없기 때문이다. 따라서 그동안 비교 가능한 사회역사적 경험(의회, 정당, 노조, 사회 복지 기금, 공공은행 등)에서 얻은 교훈을 바탕으로 이 조직들에도 유사한 의결 방식과 권력 분배를 적용해볼 수 있을 것이다. 역사에서 배우면서 개선에 대한 아이디어를 찾으면 된다.[20] 현재 우리가 가진 지식과 경험에 비추어보면, 사회적

---

19 자연 자원, 물적 자원, 인지적 자원의 공동 사용을 위해 역사상 개발되었던 다
    양한 형태의 조직을 보려면, D. Cole, E. Olstrom, (éds), *Property in Land and
    Other Resources*, Lincoln Institute of Land Policy, 2012 ; B. Coriat, *Le Retour des
    communs*, LLL, 2015 ; T. Boccon-Gibod, P. Crétois, *État social, propriété publique
    et biens communs*, Le Bord de l'eau, 2015 참조.

20 프리오는 임금 기금과 투자 기금의 경영을 선출된 기구나 추첨을 통해 뽑힌 기
    구에서 맡게 될 것이라고 말할 뿐, 무엇이 더 바람직한지에 대해서는 입장을 밝

이고 일시적인 소규모 사적 소유의 지속적인 역할을 인정하는 게 좀 더 적절해 보인다. 주택과 소기업에서는 특히 그렇다. 관련 주체들의 필요에 따라 단체나 협동조합 조직을 발전시키는 것 또한 장려해야 할 것이다. 중앙 집권화된 대규모 조직의 숙의와 민주적 의사 결정 능력을 과신하다 보면, 소규모 사적 소유(물론 이 소유의 규모와 권한에 대해서는 명확한 한계를 정해야 한다) 같은 제도적 장치들이 가진 해방적 잠재력을 과소평가하게 되는 경향이 있다. 누진세도 마찬가지다. 임금과 투자 분배와 관련해 커다란 구조적 결정들이 국가 차원의 임금 기금과 투자 기금에서 내려진다면, 세금의 형태는 별로 중요하지 않게 될 것이다. 어차피 가치 배분은 중앙 권력에 의해 집단적으로 이루어질 테니, 과세 표준과 누진성은 중요성을 상실하게 될 것이다.[21] 이와 반대로 다양한 주체들과 단체들, 혼합 조직들이 참여하는 사회-경제 체계의 원칙을 수용한다면, 세금의 구체적 형태는 중요성을 가질 수밖에 없다. 다양한 조직들 속에서 세금은 당연히 의결권 방식

히지 않는다. 또한 이 기구와 국가 기구의 관계에 대해서도 구체적인 설명이 없다. B. Friot, J. Bernard, *Un désir de communisme*, Textuel, 2020, p. 32 참조. F. Lordon은 *Figures du communisme*, La Fabrique, 2021에서 프리오가 제안한 시스템을 지지하면서, 평생 임금을 '전반적인 경제 보장'으로 바꿔 부르자고 제안한다. 하지만 거버넌스 체계(선거, 정당, 노조, 미디어 등)에 대해서는 특별히 덧붙이는 게 없다.

21 따라서 프리오는 세금과 누진성 문제에는 관심을 갖지 않는다. 하지만 몇 가지 점진적인 방식을 제안하기는 한다. 가령 새로운 사회 보장 분담금을 도입해 사회 보장 식품 프로그램을 만들자는 것이다. 누구에게나 매달 식비 보조금을 지급해 인증된 생산자들에게서 식품을 구입할 수 있게 하자는 그의 제안은 우리가 주장하는 분권화된 시스템에 전적으로 부합하는 것이기도 하다.

을 비롯한 제도적 장치들과 함께 가치의 배분을 결정하게 되기 때문이다.

자본의 자유로운 이동 : 새로운 납세 유권자 권력

지금부터는 무척 핵심적인 문제를 다뤄보기로 하자. 1980년대 이후 사회적 국가와 누진 세제에 반기를 드는 흐름이 나타났다. 이는 단순히 담론 차원에 그치지 않고 각종 규칙과 국제 조약들로 구체화되었다. 변화를 되돌릴 수 없게 만드는 것을 목표로 하는 이 새로운 규칙들의 핵심은 바로 공동 규제나 조세 같은 반대급부 없이 이루어지는 자본의 자유로운 이동이다. 간단히 말하자면, 각국은 경제 주체들에게 자기 나라의 공적 인프라와 사회적 제도(교육과 의료 체계 등)를 이용해 돈을 번 다음, 이 자산을 사인 한 번, 클릭 한 번에 다른 사법 관할권으로 옮길 수 있는, 거의 신성화된 권리를 부여하는 법 제도를 만들었다. 반면에 그 부를 추적해 다른 조세 제도와의 형평성과 법률적 일관성에 맞게 과세할 수 있는 조치는 전혀 마련하지 않았다. 이러한 내용의 조약에 서명한 국가는, 전임 정부가 과거에 한 약속을 번복하지 않는 한, 세계 통합의 최대 수혜자들(억만장자, 다국적 기업, 고소득자)에게 세금을 물리는 것은 엄밀히 말해 불가능하므로, 이동하지 않고 조용히 한곳에 머물러 사는 민중 계급과 중위 계급에게서 세금을 걷을 수밖에 없다고 국민들에게 말해야 하는 처지에 놓인다. 이는 사실상 새로운 형태의 납세 유권자 권력이라고 해도 과언이 아니다. 국가는 합당한 논리를 만들어내려고 기를 쓰고, 이동하지 않고 사는 계급들이 그것에 보이는 반응 역시 너무도 합당하다. 그들은 버려졌다는 느낌과 함께 세계화에 대한 증오심을 갖게 된다.

그렇다면 당연히 이런 상황에 이르게 된 이유를 따져봐야 한다. 여러 연

평등의 짧은 역사

구자들은 이것이 전후 수십 년 동안 장기간에 걸쳐 이루어진 은행권 로비의 결과라고, 좀 더 광범위하게는 경영자 단체들과 은행들, 자산 관리 회사들이 그런 입법을 하고, 가능한 우회 수법과 최적화 수단을 다 동원해 관련 법들을 자신들에게 유리하게 사용한 결과라고 설명한다. 오늘날 나타나는 경제의 금융화와 금융 이동에 대한 규제 완화 움직임 또한 경영자들에 대한 통제권을 되찾고(또는, 경영자들의 이해관계를 주주 자신들의 이해관계에 맞추고),[22] 신속하고 수익성 높은 방식으로 거대 생산 단위들을 새롭게 재구성(M&A나 자산 양도)하길 원하는 주주들의 전략이라는 관점에서 분석할 필요가 있다.[23] 경제의 탈정치화, 소유권 보호, 재분배 방지를 위해 국

---

22 S. Weeks, "Collective Effort, Private Accumulation: Constructing the Luxembourg Investment Fund, 1956-2019", in M. Benquet, T. Bourgeron, *Accumulating Capital Today: Contemporary Strategies of Profit and Dispossessive Policies*, Routledge, 2021 참조. 또한 C. Herlin-Giret, *Rester riche, Enquête sur les gestionnaires de fortune et leurs clients*, Le Bord de l'eau, 2019 참조. 또한 S. Guex, "L'émergence du paradis fiscal suisse", in D. Fraboulet, P. Verheyde, *Pour une histoire sociale et politique de l'éconm*ie, Éditions de la Sorbonne, 2020 참조.

23 P. François, C. Lemercier, *Sociologie historique du capitalisme*, La Découverte, 2021 참조. 1970~1980년대에 민첩성, 구조적 유연성과 반응성이라는 개념이 공공과 민간의 낡은 관료주의를 폐기 대상으로 만들고, 자본주의 이데올로기를 새롭게 재편하는 데 활용된 방식을 이해하려면, L. Boltanski, E. Chiapello, *Le Nouvel Esprit du capitalisme*, Gallimard, 2011(1999) 참조. 금융화 현상의 일반화는 기업 간, 국가 간 교차 소유를 증대시키는 결과를 가져오기도 했다. 은행과 기업, 가계가 보유한 사적 금융 자산과 부채의 총합은 1970년에 GDP의 200%에서 2020년에는 (파생 금융 상품을 포함하지 않고도) 1,000% 이상으로 증가했다. 이에 비해 실물 자산(즉 부동산을 비롯한 부동 자산의 순 가치)은 GDP의 300%에서 500%로 증가했다.

제 조약을 활용하려는 아이디어는 1940년대 전후 세계 질서를 짜기 위해 프리드리히 하이에크와 질서 자유주의자들이 내놓은 이론들에 포함돼 있었는데, 1980~1990년대에 민간 로비스트들이 실제로 현실화시켰다.[24] 또한 가지, 유럽 정부들이 1980년대 말 유럽, 이어 전 세계적으로 나타난 자본 흐름의 자유화에 핵심적이고 때로는 역설적인 역할을 했다는 점을 지적할 필요가 있다. 국내 경제가 어려움에 처하자 당황한 프랑스 사회주의자들은 1984~1985년부터 단일 유럽 건설에 사활을 건다. 그들은 단일 통화 출범을 앞당기기 위해 자본 흐름을 완전히 자유화하자는 독일 사민주의자들의 요구에 동의한다. 독일의 요구는 1988년 유럽 지침 속에 구체화되고, 이어 1992년 마스트리히트 조약에도 고스란히 반영된다. 나중에는 OECD와 IMF에서도 관련 조항들을 받아들여 결국 새로운 세계적 표준으로 자리 잡게 된다. 해외 자본을 들여와 공공 차입 비용을 줄여보겠다는 당시 권력자들의 의도 또한 이 저변에 깔려 있었다. 하지만 이러한 목적들에 대한 설명과 논의 과정은 생략되다시피 했다.[25]

확실한 것은, 이 틀에서 벗어나지 않고는 평등을 향한 여정을 다시 계속

---

24 O. Rosenboim, *The Emergency of Globalism*, op. cit. 참조. 이 책에서는 1940년대에 이와 다른 생각을 펼친 이론가들, 가령 사회 보장과 연방 누진세, 민주적 사회주의에 기반한 미래 유럽 연방에 대해 얘기한 바버라 우턴(Barbara Wootton)과 윌리엄 베버리지(William Beveridge)를 다루고 있다.

25 R. Abdelal, *Capital Rules: The Construction of Global Finance*, Harvard University Press, 2007 참조. 이 연구는 특히 당시 관료들(주로 자크 들로르Jacques Delors와 파스칼 라미Pascal Lamy)의 증언들에 기반하고 있다. 또한 E. Lemoine, *L'Ordre de la dette. Enquête sur les infortunes de l'État et la prospérité du marché*, La Découverte, 2016 참조.

하기가 불가능하다는 점이다. 단도직입적으로 말하자. 의향이 있는 국가라면 스스로 이런 국제 조약들의 의무에서 벗어나 자본 이동과 자유 무역에 대해 조세 정의와 사회적 정의의 분명한 원칙들을 적용해야 한다. 어떤 의미에서 이런 움직임은 이미 시작됐다고도 할 수 있다. 2010년, 오바마 행정부는 스위스가 은행법을 개정해 스위스 은행에 계좌를 가진 미국 납세자들에 대한 정보를 미국 정부에 제공하게 만들었다. 그러지 않을 경우 미국에서 영업하는 해당 은행들의 라이선스를 즉각 박탈하겠다고 한 것이다. 2021년, 바이든 행정부는 미국 기업이 세율이 낮은 해외 국가들에서 올린 수익에 대해 직접세를 부과할 생각이라고 밝혔다. 해당 기업들과 자회사들에게 미국이 정한 세율과 대상 국가들(가령 아일랜드와 룩셈부르크)이 정한 세율의 차이만큼 징세하겠다는 것이었다. 이 두 경우에 미국이 내린 일방적 결정들은 과거에 정해진 규칙들, 특히 유럽 역내 규칙들을 노골적으로 위반하는 것이다. 만약 프랑스나 독일이 비슷한 결정을 내렸다면, 관련 국가들은 다름 아닌 프랑스 국가와 독일 국가가 과거에 체결한 조약들을 거론하면서, 어렵지 않게 유럽 사법 재판소가 그 결정들을 무효화시키게 만들었을 것이다.[26] 이 방법은 우리가 앞으로 나아가기 위한 유일한 방법인데, 지금 우리 앞에는 두 가지 장애물이 놓여 있다. 첫째, 지금까지 미

---

26 유럽 사법 재판소(ECJ)는 (사실상 모든 규제를 피해 갈 수 있는 역외 회사의 설립까지 포함) 자본의 절대적으로 자유로운 이동을 상당히 옹호하는 입장을 보여왔는데, 만약 각국이 스스로 관련 규정을 정하고 세금을 징수할 권리가 마스트리흐트 조약에 제대로 명기돼 있었더라면 이런 변화는 불가능했을 것이다. K. Pistor, *The Code of Capital: How the Law Creates Wealth and Inequality*, Princeton University Press, 2019 참조.

국의 두 행정부가 거둔 성취는 앞으로 해야 할 일에 비하면 아무것도 아니다. 또한, 미국의 정치 자금 조달 방식을 고려할 때, 미국 혼자 해결사 노릇을 할 수 있다고 기대하는 것은 완전한 착각이다.[27] 둘째, 유럽 국가들은 EU나 OECD에서 혹시라도 비현실적인 만장일치에 의해 규정이 바뀌지 않을까 하고 기대하면서 여전히 아무 노력도 하지 않는다. 이들은 법치주의에 입각해, 혹은 다른 국가들이나 금융 로비스트들, 금융 로비스트들의 영향하에 있는 언론이나 싱크탱크들에게 미운털이 박힐까 봐, 일방적으로 기존의 틀을 깨고 공공과 민간의 경제 행위자들에게 반(反)덤핑 제재를 가하려고 하지는 않는다. 그러니 이 새로운 형태의 납세 유권자 권력은 영속할 수밖에 없는 것이다.

하지만 지금의 막다른 골목에서 빠져나올 방법은 그 길밖에 없다. 국제적인 규칙들을 새롭게 세우는 것은 선진국 차원의 문제를 넘어 개도국, 더 나아가서는 지구 전체의 문제이기 때문이다. 사회적·환경적 목표 없이 오로지 통제 불가능한 자본과 재화, 서비스의 이동에 의해 작동하는 오늘날의 경제 시스템은 부자들을 위한 신식민주의와 크게 다르지 않다. 이를 전반적으로 바꾸어내고자 할 각국이 보편적 소명을 가지고, 다시 말해 명확한 사회적 정의의 지표들을 가지고 새로운 형태의 주권주의를 실행하면서 이에 동참할 때만, 현재의 모순들을 극복할 수 있을 것이다.

---

27 바이든 행정부가 생각하는 최소 세율 21%(현재 아일랜드에서는 12%)는 국제 금융 등기부 도입과 누진 세제(상위 자본 소득과 노동 소득에 대해 세율 80~90%까지 적용 가능) 부활을 목표로 삼는 국제적 프로젝트의 첫 단계로서는 유용할 수 있다. 그런데 만약 이것이 최종 세율이라면 얘기는 상당히 달라진다(현재 OECD에서 이루어지는 논의를 보면 15%까지 낮아질 가능성마저 있다).

제8장
차별에 반대하는 실질적 평등

    지금부터는 사회적 차별과 인종 차별 문제, 특히 교육과 고용 기회의 평등에 대해 좀 더 자세히 살펴보기로 하자. 지난 세기에 평등을 향한 여정이 노출한 가장 큰 한계 중 하나는 형식적 평등에 그친 경우가 많았다는 것이다. 간단히 말하자면, 출신에 상관없이 권리와 기회의 평등을 누려야 한다는 이론적 원칙만 설파했을 뿐, 이 원칙이 현실에 부합하는지 아닌지 확인할 방법은 갖추지 못했던 것이다. 만약 우리가 실질적인 평등을 이루고자 한다면, 선진국 개도국 가릴 것 없이 만연해 있는 젠더 차별, 사회적 차별, 종족-인종 차별을 철폐할 수 있는 지표와 절차들을 만들어내는 것이 시급하다. 이때 현실적으로 가장 어려운 문제가 바로 정체성을 고착화시키지 않으면서 끈질긴 편견들과 싸우는 것이다. 이 딜레마를 해결할 수 있는 단 한 가지 방법은 존재하지 않는다. 해결책은 국가에 따라, 그리고 주어진 포스트식민주의 상황에 따라 달라질 것이다. 유럽과 미국, 인도, 그리고 세계 여러 곳에서 수집된 경험들을 차분하게 들여다보면 문제 해결의 실마리를 잡을 수 있을 것이다. 또 한 가지, 우리가 잊지 말아야 할 것은 차별 철폐가 보편주의적 목표를 가진 좀 더 광범위한 사회적 정책 안에 포함되어야 한다는 사실이다.

늘 부르짖지만 한 번도 실현된 적 없는 교육 평등

교육 정의 문제부터 살펴보자. 지식의 확산은 항상 출신에 구애받지 않고 실질적인 평등에 이를 수 있게 해주는 핵심적인 도구였다. 그런데 거의 모든 곳에서 기회의 평등에 대한 공식 담론들과 취약 계급이 맞닥뜨리는 교육 불평등이라는 현실 사이에 어마어마한 간극이 존재한다. 물론 초등학교, 그리고 나서 중고등학교 교육의 기회는 20세기 동안, 최소한 선진국에서는 인구 전체로 확대됐다. 이는 대단한 진보임에 틀림없다. 하지만 유망한 교육 과정과 교육 기관 진학 기회의 불평등은 현실적으로 여전히 심각하다. 특히 대학 교육이 그렇다. 연구자들은 미국에서 부모의 세금 자료와 자녀의 진학 사이에 밀접한 상관관계가 있음을 밝혀냈다. 그들이 내놓은 암담한 결과에 따르면, 부모의 소득이 거의 100% 자녀의 대학 진학 가능성을 결정한다는 것이다. 구체적으로 살펴보면, 소득 최하위 부모를 둔 10%의 청소년들이 대학에 진학할 가능성은 고작 20%를 웃도는 반면, 소득 최상위 부모를 둔 청소년들의 대학 진학 가능성은 선형으로 상승해 90%가 넘는다(그래프 31 참조). 게다가 대학 진학을 해도 두 그룹이 다니는 학교가 다르다. 첫째 그룹은 상당수가 재정이 부족한 국공립 대학이나 커뮤니티 칼리지(community colleges)에서 단기 과정 학위를 취득하는 데 그치는 반면, 둘째 그룹은 재정이 튼튼한 사립 대학에 진학해 전문적인 과정을 배운다. 그런데 이 사립 대학들의 특징은 선발 절차가 불투명하고 공공 기관에

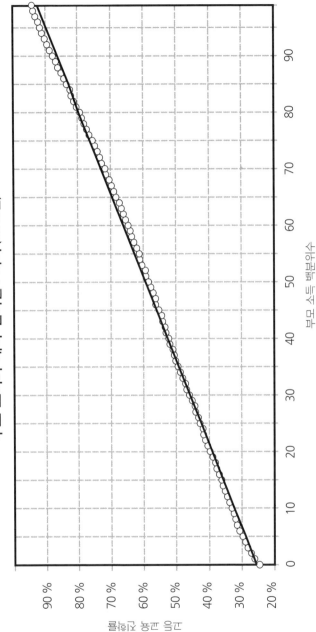

그래프 31

부모 소득과 대학 진학률 : 미국 (2018년)

(세로축) 대학 진학률: 20 %, 30 %, 40 %, 50 %, 60 %, 70 %, 80 %, 90 %

(가로축) 부모 소득 백분위수: 0, 10, 20, 30, 40, 50, 60, 70, 80, 90

2018년을 기준으로 미국의 가난한 하위 소득 10% 자녀들의 고등 교육 진학률(19~21세인 사람 중 대학, 전문학교, 여타 고등 교육 기관에 등록한 사람)의 백분율은 고작 30%였던 반면, 상위 10% 부자 자녀들의 고등 교육 진학률은 90%가 넘었다.

출처 및 통계 : piketty.pse.ens.fr/egalite

의한 관리 감독이 거의 전무하다는 것이다. 대학들은 다양한 사회 간접 자본의 혜택을 누리고 정부의 재정 지원을 받으면서도 자신들이 원하는 대로, 자신들의 알고리즘에 따라 학교를 운영하는 게 당연하다고 정치권을 설득하는 데 성공했다. '레거시 스튜던트(legacy student)', 즉 동문이나 부유한 기부자들의 자녀를 우선 선발하는 것도 그런 운영 방식에 포함된다. 형편이 어려운 학생들은 (아주 뛰어난 성적으로 장학금을 받지 못하는 한) 비싼 등록금 때문에 우수한 학교들에 입학이 불가능한 반면, 부자들은 이런 대학들에 일종의 추가금을 지불함으로써 자기 자식의 부족한 성적을 메울 수 있다.[1] 대학들은 이렇게 떳떳하지 않은 절차를 통해 입학하는 정원이 제한적이라고 해명하면서도, 관련 학사 정보와, 성적과 기부금의 가중치 계산 방식에 대해서는 공개를 거부한다. 수많은 미국 대학들이, 자식의 대학 입학을 걱정하는 인심 좋은 억만장자들이 우리 대학에 추가로 기금을 내겠다는데, 그게 뭐가 어떻다는 말인가? 하고 생각하는 것은 충격적이다. 대학들은 이미 그런 현실에 익숙해져 있다. 하지만 내 생각은 다르다. 나는 억만장자들에게 똑같은 금액을 세금 형태로 내게 해, 모두를 위한, (그 반대가 아니라) 특히 취약 계층을 위한 교육에 우선적으로 쓰는 게 훨씬 더 간단한 방법이라고 생각한다. 어쨌든 이 까다로운 문제들은 기부자들이 좌지우지하는 비공개 이사회에서 결정될 사안이 아니라, 장단점에 대한 분

1　부유한 졸업생들의 모교 기부가 비정상적으로, 그리고 상당한 금액이 자녀가 대학 입학을 앞둔 시기에 집중된다는 사실을 우리는 안다. 돈으로 대학 입학을 사는 게 대학들의 주장보다 훨씬 흔한 관행이라는 의미. J. Meer, H. Rosen, "Altruism and the Child Cycle of Alumni Donations", *American Economic Journal*, 2009 참조.

석이 이루어지는 투명한 숙의 과정을 통해 민주적으로 결정될 사안이다.

교육에서 나타나는 이런 위선이 미국만의 문제라고 생각한다면 착각이다. 무상에 가까운 교육이 이루어진다고 해서 사회적 선별이 없다는 뜻은 아니다. 적절한 기본 소득 체계가 갖춰지지 않은 상태에서 장기간 고등 교육 과정을 이수하는 것은 저소득 가정 학생들에게는 막대한 투자다. 게다가 이들은 일부 과정에 들어가기 위해 필수적인 사전 교육을 받지 못했고, 사회적 코드도 습득하지 못했으며, 네트워크도 갖추지 못한 경우가 흔하다. 프랑스 교육 시스템이 특별히 더 위선적인 이유는, 밖으로는 '공화주의적' 평등(등록금은 무상에 가깝고 특정 계급에게 공식적으로 주어지는 특권도 없다)을 내세우면서, 선별적 교육 과정(클라스 프레파와 그랑제콜)에 등록하는 학생에게 일반 대학에 진학하는 학생보다 1인당 3배가 많은 공적 자금을 투자하기 때문이다. 특히 선호도가 높은 학교들의 경우, 첫째 그룹의 학생들이 둘째 그룹의 학생들보다 평균적으로 훨씬 더 높은 사회 계층에 속한다.[2] 결국 다 알면서도 공적 자금을 투입해 이미 존재하는 사회

---

2 최근 가용 데이터에 따르면, 사회 취약 계층 출신(한 연령 그룹의 36%)은 바칼로레아+3과 바칼로레아+5 과정에 등록한 전체 대학생의 20%를 차지하지만, 파리 정치 학교(Sciences Po) 재학생의 8%, 국립 행정 학교(ENS Ulm) 재학생의 7%, 고등 상업 학교(HEC) 재학생의 3%, 폴리테크니크(Polytechnique) 재학생의 0%를 차지한다. 반면, 상위 계층 출신(한 연령 그룹의 23%)의 학생들은 바칼로레아+3과 바칼로레아+5 과정 등록 전체 대학생의 47%를 차지하지만, 파리 정치 학교 재학생의 73%, 국립 행정 학교 재학생의 75%, 고등 상업 학교 재학생의 89%, 폴리테크니크 재학생의 92%를 차지한다. C. Bonneau, P. Charousset, J. Grenet, G. Thebault, *Quelle démocratisation des grandes écoles depuis le milieu des années 2000?*, IPP, 2021 참조. 이 연구는 정부와 교육 기관의 반복적인 공언에도

적 불평등을 한층 더 강화하는 꼴이다. 유치원부터 대학교까지의 전체 교육 지출을 고려하면, 같은 연령 그룹 내에 극심한 불평등이 존재함을 확인할 수 있다. 교육 지출의 혜택을 가장 적게 받는 하위 10%에는 1인당 6만 5,000~7만 유로가 쓰이는 반면, 교육 지출의 혜택을 가장 많이 받는 상위 10%에는 1인당 20만~30만 유로가 쓰인다(그래프 32 참조). 소수에게 교육 재원이 집중되는 현상은 과거만큼 극단적이지는 않지만 여전히 심각한 수준이다. 게다가 무엇보다 기회의 평등을 외치는 오늘날의 담론들에 부합하지 않는다.[3]

사회적 기준에 바탕을 둔 적극적 우대 조치를 위하여

이러한 위선을 없애는 방법은 한 가지뿐이다. 집단적이고 민주적으로 교육 현실을 평가할 수 있는 방법을 갖추고, 수치화되고 확인 가능한 목표들을 설정해야 하며, 설정된 목표들에 도달하기 위해 끊임없이 정책을 조정해야 한다. 조세 정의와 관련해서는 소득, 소유, 과세표, 세율 등의 개념을 가지고 기준을 확립하고, 비교를 위한 공통의 언어를 만들어 객관적인 기반을 마련하는 데 수 세기가 걸렸다. 그런데도 이 과정은 아직 끝나지 않았다. 교육 정의와 관련해서는 일반적인 원칙들만 지키고 좋은 의도만 표시

불구하고 2000년대 이후 사회적 혼합 측면에서 그 어떤 측정 가능한 발전도 없었음을 보여주고 있다.

3 제4장, 그래프 14 참조. *Capital et idéologie*, op. cit., p. 1159-1165 참조. 지난 몇십 년간 학생당 교육 지출이 급감한 점을 고려할 때, 선별적 교육 과정에 투입되는 재정을 줄이는 게 아니라 다른 과정들에 대한 재정 지원을 이 수준과 동일하게 맞추는 것을 목표로 삼아야 할 것이다.

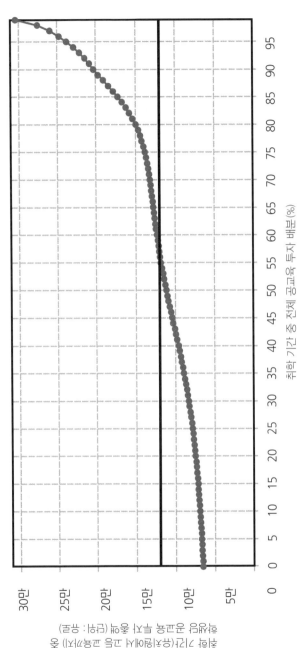

그래프 32

프랑스의 교육 투자 불평등 (2020년)

누적 평균 교육 투자 혜택 (유아교육에서 고등교육까지) 총액 (단위 : 유로)

취학 기간 중 전체 공교육 투자 배분 (%)

2020년에 20세가 된 학생 세대가 취학 기간 전체(유치원에서 고등 교육까지)에 걸쳐 받은 공교육 투자 총액은 평균 12만 유로(대략 15년 동안 연평균 8,000유로씩)에 이른다. 이 세대 내에서 가장 적은 공적 투자 혜택을 받은 10%의 학생은 대략 6만 5,000~7만 유로를 받은 반면, 가장 많은 혜택을 누린 10%는 20만~30만 유로를 받았다.

참고 : 2015~2018년 동안 프랑스 교육 제도에서 교육 과정별 연평균 투자액은 유치원~초등학교가 5,000~6,000유로, 중고 등학교가 8,000~1만 유로, 대학이 9,000~1만 유로, 그랑제콜 준비반(클라스 프레파)이 1만 5,000~1만 6,000유로다.

출처 및 통계: piketty.pse.ens.fr/egalite

하면 된다고 믿는 경향이 있는 것 같다. 하지만 그래프 31과 32를 보면 그렇지 않다는 것을 알 수 있다. 일단, 이런 수치화된 자료를 개인 연구자들이 드문드문 공개할 게 아니라, 국가가 매년, 공식적으로, 투명하게 공개하는 게 가장 중요하다. 좀 더 구체적으로 말하면, 교육 재정 분배 현황과, 학생의 출신 사회 계층과 학부모의 소득 백분위수에 따른 교육 과정별 진학률을 각각의 교육 단계별로 세분화해 매년 공개할 필요가 있다. 이 정보가 조작되었을 것이라는 의심을 받지 않고 균형 잡힌 민주적 토론을 일으키는 촉매제로 쓰이려면, 여러 연구 기관에서 관련 데이터와 문서 전반에 접근할 수 있어야 한다. 그런데 현실은 이와는 너무도 거리가 멀다. 정부와 공공 행정 기관들은 이 문제에 대해 사립 대학들 못지않은 불투명성을 보이고 있다. 그뿐만 아니라 여전히 공공 정책과 공익에 대한 위계적 인식에서 벗어나지 못한 채, 전문성과 그에 따르는 정보를 멋대로 독점하며 우쭐댄다.

　모두가 받아들일 수 있는 지표들을 만드는 게 중요하지만, 이게 전부는 아니다. 초중등 교육과 고등 교육 모든 단계에서 이러한 투명성의 실현이 교육 현실을 실질적으로 변화시킬 수 있는 수단 및 정책들과 직접적으로 연계되는 게 중요하다. 고등 교육의 경우, 여러 국가들이 지역이나 전국 차원에서 학생을 할당하는 중앙 집중화된 절차를 도입하기 시작했다(프랑스의 파르쿠르쉬프Parcoursup 플랫폼이 이런 예에 해당한다). 이것은 각 대학이 자율적으로 결정하는 시스템에 비하면 진일보일 수 있다. 네트워크와 개인적인 관계(미국의 경우는 심지어 기부금까지)가 지배하는 논리에서 벗어나, 모두에게 똑같은 방식으로 적용되는 중립적이고 객관적인 학생 선발 기준을 민주적으로 만드는 것이 가능해지기 때문이다. 가령 우리는 대학 신입생 선발 시 학생의 희망, 학교 성적, 사회적 출신을 고려하는 방식을 생각해볼 수 있다. 학생이 속한 사회적 계층을 고려하는 이유는, 똑같은 수준에 오기까지 취약 계층 출신 고등학생들이 훨씬 더 많은 어려움을 겪기 때문이다. 물론 여러 요소 간에 절충점을 찾는 게 결코 만만한 문제는 아니다. 사회적 기준에 따른 적극적 우대 조치를 일정 정도 적용하는 것은 정당화될 수 있지만, 지나치면 모두에게 비생산적이 되기 때문이다. 이런 복잡한 판단을 내려야 할 때, 과연 누가 궁극적 진실을 안다고 자신 있게 말할 수 있겠는가. 그렇기 때문에 투명성과 경험에 바탕을 둔 폭넓은 민주적 숙의의 조건을 마련하는 것이 무엇보다 중요해진다. 하지만 불행히도 현실은 이와 달라서, 사전 협의나 장단점을 고려한 평가 절차 없이 학생과 학부모에게 무조건 선발 기준과 방식을 따르도록 강요하는 식이 된다. 이는 당연히 시스템에 대한 전반적인 불신, 나아가 교육 정의 자체에 대한 불신을 초래한다. 2018년 프랑스에 도입된 파르쿠르쉬프 플랫폼은 그랑제콜 준비반 입학을 희망하는 고등학교 장학생들(주로 부모의 소득을 기준으로 선발된 15~20%의 학생들)에게 일종의 적극적 우대 조치를 실시하는 제도다. 하지만 적용되는 매개 변수들에 대해서는 투명하게 알려져 있지 않다. 이에 대한 어떤 수치화된 목표도 설정된 바 없고, 평가 작업이 이루어진 적도 없다. 2021년, 행정 학교의 신입생 선발 시에 일정 비율의 장학생(한 연령 그룹의 50~60%)을 뽑아야 한다는 논의가 있었으나, 이러한 제도의 도입이 가져올 실질적인 효과에 대해서는 구체적인 언급이 없었다.[4] 정부와

---

4 한 연령 그룹의 50~60%를 차지하는 집단에 10~20%의 자리를 할당한다면, 실제 효과는 제한적이다 못해 부정적일 수 있다. 실제 자리 수는 늘리지 못하고 낙인찍기에 그칠 수 있기 때문이다. 이 논의가 복잡해지는 이유는 중고등학교의

공공 행정 기관들은 투명성의 요구에 부응하고 그들의 수직적이고, 때로는 조작을 일삼는 문화에서 당연히 벗어나야 한다. 하지만 이것만으로는 충분하지 않다. 교육 관련 주체 모두의 적극적인 참여가 필요하다. 시민, 사회단체, 노조, 국회, 정당이 관련 정보의 공개를 요구하고, 공개된 정보를 건설적으로 활용해 정책 제안을 해야 한다. 이렇게 만들어진 새로운 민주적 공간에 대중이 적극적으로 참여할 때만 진정한 의미의 변화가 일어날 수 있을 것이다.

대학 교육뿐 아니라 초중등 교육에서도 재원 할당이 투명하게 이루어지고 있는지 깊숙이 들여다볼 필요가 있다. 대학에 진학할 나이가 되면 기회의 불평등을 근본적으로 줄이기에는 이미 너무 늦은 감이 있다. 따라서 더 빨리 행동에 나서야 한다. 그런데 현실을 살펴보면 교육 현장의 위선이 극에 달했음을 목격하게 된다. 세계 여러 정부들이 '없는 사람에게 더 주는', 다시 말해 사회적으로 취약한 학교와 교육 기관에 추가 재원이 투입되는 시스템을 갖췄다고 공공연히 밝힌다. 하지만 사실 확인을 위해 데이터를 모아 보면 정반대 현상이 벌어지는 경우가 허다하다. 일례로 파리 지역 공립 중학교들을 조사해보면, 부유한 데파르트망(파리, 오드센)에서는 기간제 교사나 초임 교사의 비율이 10%에 그치는 반면, 경제적으로 취약한

장학생 개념(하위 소득 부모를 둔, 전체 학생의 대략 15~20%)이 대학의 장학생 개념보다 훨씬 제한적인 것과도 상관이 있다. 대학의 장학생 등급은 8등급으로 나눠지며, 전체 학생 수의 대략 40%에 해당한다(대학생 부모의 소득이 같은 세대 전체 부모의 소득보다 높은 점을 감안할 때, 이는 한 연령 그룹의 50~60%에 해당하는 수치다). 이 같은 차이들은 정보에 기반한 민주적인 숙의가 가능하려면 정확하고 중립적이며 독립적인 데이터가 반드시 필요함을 보여준다.

평등의 짧은 역사

데파르트망(센생드니, 발드마른)에서는 이 비율이 50%에 달하는 것을 알 수 있다. 아스마 베넨다가 교육부의 교사 월급 명세서를 분석한 연구 결과는 교육 시스템이 얼마나 반대 방향으로 가고 있는지 보여준다. 초중고등학교 현직 교사의 평균 임금을, 우선 지역에 적용되는 특별 수당과 급여에 반영되는 모든 요소(근속 연수, 학력, 정규직 혹은 기간제 여부)를 다 포함해 계산해보면, 부유한 계급의 학생들이 많이 다니는 학교에 재직하는 교사일수록 평균 임금이 더 높음을 확인할 수 있다.[5] 비슷한 현실은 상당수의 다른 OECD 국가에서도 확인된다. 부유한 계층 출신 학생들은 경험이 많은 정규직 교사들을 만날 기회가 더 많은 반면, 취약 계층 출신 학생들은 대체 교사나 기간제 교사를 만날 기회가 더 많다. 우선 지역 학교에 근무하는 교사들에게 지급되는 보잘것없는 특별 수당은 이 같은 근본적 불평등을 바로잡기에 충분하지 않다.[6]

지금까지 보았듯이, 실질적으로 가장 중요한 문제는 사회적 기준에 따른 적극적 우대 조치를 취하는 것이 아니라 부정적 차별부터 없애는 것이다. 단순히 초중고교와 대학에서 공적 교육 예산이 부유한 아이들에게 더

---

5 중학교 교사의 (모든 수당을 다 포함한) 평균 임금은 사회적으로 부유한 학생의 비율이 가장 낮은 하위 10% 학교에서는 월 2,400유로인데, 비율이 높아질수록 점차 올라가 상위 10% 학교에서는 2,800유로에 이른다. 고등학교 교사의 평균 임금은 하위 10% 학교에서는 2,700유로인데, 상위 10% 학교에서는 3,200유로에 달한다. A. Benhenda, "Teaching Staff Characteristics and Spending per Student in French Disadvantaged Schools.", PSE, 2019 ; A. Benhenda, *Tous des bons profs. Un choix de société*, Fayard, 2020 참조.

6 *Effective Teacher Policies: Insights from PISA*, OECD, 2018 참조.

많이 집행되는 현실을 바로잡으면 된다. 교육 현장 전체를 놓고 볼 때는 적어도 교사의 평균 임금이 재직 학교의 부유한 학생 비율에 비례하는 일이 없도록, 특별 수당 금액을 조정하는 것이 그다지 어려운 일은 아닐 것이다. 학생의 출신 사회 계층별로 교육 자원 분배가 어떻게 이루어지는지에 대한 객관적이고 확인 가능한 정보 없이, 그리고 교육 평등이라는 고도의 정치적 이슈를 둘러싼 집단행동 없이 현 상황을 개선하는 것은 불가능하다.

가부장제와 생산주의(productivism)의 존속에 대하여

교육 정의가 중요하긴 하지만 이것만으로 모든 문제를 해결할 수는 없다. 한 집단에 대한 뿌리 깊은 편견이 고착화돼 있으면, (특정 교육 과정뿐만 아니라) 특정 직무나 특정 직업에 대한 할당제를 포함해 다른 행동 수단들을 강구해야 할 필요도 있다. 역사적으로 선후진국과 동서양을 막론하고 모든 지역과 모든 차원에서, 가장 많은 수가, 가장 체계적으로 차별을 받았던 집단이 여성이었음은 의심의 여지가 없다. 대부분의 인간 사회는 젠더에 따른 편견과 역할 할당에 기초한 복잡한 체계 위에 성립되었다는 점에서 가부장제 사회였다. 18~19세기에 중앙 집권 국가의 발전은 가부장제를 강화하고 체계화하는 속에 이루어졌다. 나폴레옹 민법전에 명시된 배우자 간의 비대칭적인 권리를 포함해 명문화된 젠더 차별적 규칙들이 전 국가, 전 사회 계급에 적용됐다. 대부분의 국가에서는 선거권에 엄격한 남녀 차별이 존재했다. 여성의 보통 선거는 결과가 불확실했던 장기간의 싸움과 투쟁 끝에 뉴질랜드에서 1893년, 튀르키예에서 1930년, 브라질에서 1931년, 스위스에서 1971년, 사우디아라비아에서 2015년에 도입됐다. 프랑스에서는 1789년, 1848년, 1871년, 희망이 배신당하는 경험을 하고 나서야, 1919년 마침내 여성의 참정권이 하원의 승인을 얻었다. 수십 년간 페미니스트들이 노력한 결과였다. 하지만 상원이 거부권을 행사하는 바람에 여성의 보통 선거는 1944년에야 겨우 실현될 수 있었다.[7]

20세기 후반부에 마침내 남녀 간 형식적인 법적 평등이 실현됐지만, 가정주부의 존재가 사회적 성공의 상징이라는 이데올로기는 영광의 30년(1950~1980년) 동안 정점에 달했다. 1970년, 프랑스 임금 총량의 고작 20% 남짓이 여성에게 분배되었다는 사실은 돈이 남성의 영역으로 인식되었음을 단적으로 보여준다.[8] 가사 노동을 포함할 경우, 총 노동(상품 노동과 가사 노동) 시간의 50% 이상을 늘 여성이 담당해왔음을 여러 연구가 보여주고 있다. 만약 노동 시간에 따라 남녀 간 소득이 분배됐다면, 사회 전체는 물론 커플 간의 소득 분배와 권력관계에 엄청난 변화가 생겼을 것이다. 문제는 지금 우리가 가부장제의 황금기에서 벗어난 지 얼마 되지 않았다는 사실이다. 프랑스의 경우, 2020년을 기준으로 임금 총량에서 여성이 차지하는 비중은 38%에 불과한 반면 남성은 62%를 차지한다. 여성의 화폐 권력이 남성의 화폐 권력의 절반에 불과하다는 뜻이다. 여기서 다시 한번 지표 선택의 중요성을 언급하지 않을 수 없다. 만약 같은 일을 하는 남녀 간 임금 격차가 14%라고 지적하는 데서 그친다면, 이는 문제에 대한 지나치게 완곡한 접근이다. 왜냐하면 젠더 불평등의 가장 핵심적인 문제 중 하나가 바로 남녀가 같은 일을 하지 않는다는 것이기 때문이다.

---

7 B. Pavard, F. Rochefort, M. Zancarini-Fournel, *Ne nous libérez pas, on s'en charge! Une histoire des féminismes de 1789 à nos jours*, La Découverte, 2020 참조.

8 *Capital et idéologie*, op. cit., p. 804-805 참조.

이 같은 현상은 특히 정치권과 고위직에서 두드러지게 나타난다. 프랑스의 경우, 노동 소득 상위 1%에서 여성이 차지하는 비율은 1995년 10%에서 2020년에는 19%가 되었다. 문제는 변화 속도가 지나치게 느리다는 것이다. 만약 앞으로도 이런 속도가 계속 유지된다면, 여성은 2107년에 가서야 상위 백분위의 절반을 차지할 수 있게 된다(그래프 33 참조). 유럽과 미국, 그리고 세계 다른 지역들에서도 비슷한 결론이 나온다. 이런 상황이 벌어지는 가장 큰 이유는 여성에게 특정한 편견들이 강하게 작용하기 때문이다. 인도 연구자들은 이러한 편견들을 광범위하게 측정해 수치화했다. 가령, 똑같은 내용의 정치 연설을 여성의 목소리로 읽을 때와 남성의 목소리로 읽을 때 반응이 달라짐을 확인했다. 비슷한 논리에서, 시 예산이나 학교 설립 같은 이슈를 여성이 말하면 어김없이 내용에 대한 신뢰도가 떨어진다는 사실도 확인됐다. 이와는 다른 차원에서, 여성 리더의 존재가 여성 전반에 대한 부정적인 고정 관념을 줄이는 데 많은 도움이 된다는 사실 또한 밝혀졌다. 적극적 우대 조치가 여성에 대한 뿌리 깊은 편견을 없애는 데 단지 필요할 뿐만 아니라 효과적일 수 있음을 보여주는 설득력 있는 증거라고 할 수 있다.[9]

지난 몇십 년 동안 곳곳에서 여성 할당제가 도입됐다. 물론 이에 대한 반발 또한 거셌다. 프랑스에서는 1982년 다수당인 사회당에 의해 최초의 여성 할당제 관련 법안이 통과됐다. 특히 시 의회와 지방 의회의 명부식 비

---

9   L. Beaman, R. Chattopadhyay, E. Duflo, R. Pande, P. Topalova, "Powerful Women: Does Exposure Reduce Bias?", *Quarterly Journal of Economics*, 2009 참조.

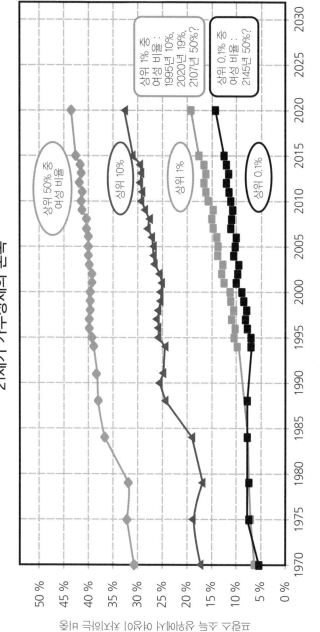

그래프 33

21세기 가부장제의 존속

상위 50% 중 여성 비율

상위 10%

상위 1%

상위 0.1%

상위 1% 중
여성 비율 :
1995년 10%,
2020년 19%,
2107년 50%?

상위 0.1% 중
여성 비율 :
2145년 50%?

노동 소득(임금과 비임금 소득) 분배의 상위 백분위(상위 1%에서 상위 10%)에서 여성이 차지하는 비중은 1995년 10%에서 2020년 19%로 늘어났다. 1995~2020년 동안의 증가 속도가 앞으로 계속 유지된다면, 2107년에 여성의 비율이 50%에 도달할 것이다. 마찬가지로 상위 전문위(상위 0.1%에서 차지하는 비율이 같아지려면 비율이 넘녀가 차지하는 2145년이 되어야 할 것이다.

출처 및 통계: piketty.pse.ens.fr/egalite

례 대표 선거에서 한 성별이 후보자 명단의 75% 이상을 차지할 수 없다고 명시한 이 법은 초보적인 수준이지만 선출직 여성의 비율이 10% 미만이 었던 당시 상황에서 여성들에게 의미 있는 진전이 될 수 있었다. 하지만 평 등 원칙에 위배된다는 이유로 헌법 재판소에서 위헌 판결이 내려졌고, 이 후 1999년에 개헌이 이루어지고 나서야 문제가 매듭지어졌다. 2000년 채 택된 명부식 비례 대표 선거법에는 완전한 남녀 동수를 보장하는 내용(즉, 후보자 명부에 남녀 동수를 의무화하고, 이를 위반해 선거구당 여성 후보의 수 가 적은 정당에는 제재를 가하는 내용)이 담겼는데, 이 법이 효과를 발휘하기 에는 제재 강도가 불충분한 것으로 나타났다. 당시 정부에서는 심사 위원 단 구성에도 남녀 동수 원칙을 의무화하려고 했으나 또다시 위헌 판정을 받았다. 2008년 2차 개헌에서는 남녀 동수 원칙을 공직뿐 아니라 사회적 책임이 있는 직업군으로 확대했다. 2011~2015년 사이 채택된 일련의 법들 은 기업 이사회(의석의 20%)와, 공공 기관의 심사 위원단과 경영 기구에도 여성 할당제를 적용했다. 2021년 현재 국회에서는 민간 기업 경영진 전체로 여성 할당제와 인센티브 적용 대상을 확대하는 방안이 논의되고 있다(이 아 이디어가 현실화되면 임금 상위 백분위와 십분위에서 여성이 차지하는 비중이 눈에 띄게 변할 수 있을 것이다). 이런 일련의 조치들이 전반적으로 어떤 효 과를 낳을지 판단하기에는 아직 너무 이르지만, 실질적인 평등을 향해 나 아가는 게 가능하다는 것, 그리고 정치적 의지만 있다면 얼마든지 개헌도 가능함을 보여주는 것은 분명하다.[10]

---

10 프랑스에서 시도된 최초의 적극적 우대 조치의 사례는 1924년 4월 26에 채택된 법이다. 이 법은 10인 초과 사업장에서 상이군인 출신을 10% 이상 채용할 것을

이런 조치들이 앞으로 고위직에서 남녀 동수를 실현하기 위해 반드시 필요한 것임에는 틀림없으나, 상층부에 집중된 조치들은 한계가 있다는 점을 지적하지 않을 수 없다. 이 같은 접근 방식은 대다수 여성들의 현실인 저임금 일자리 문제를 도외시하는 경향이 있기 때문이다. 다시 말해, 경영진에 여성의 자리를 몇 개 만들어주는 것이 나머지 여성 전체에게 여전히 위계적이고 젠더 차별적인 사회적 시스템을 유지하는 핑계로 쓰여서는 안된다. 가장 핵심적인 문제는 수백만 여성 계산원, 웨이트리스, 가사 노동자들, 그리고 지금까지 공적 토론과 노조의 집단행동에서 남성 노동자들의 직종만큼 관심을 받지 못한, 여성 비율이 높은 수많은 직군에 종사하는 많은 여성들의 임금과 노동 시간과 노동 환경의 개선이다.[11] 한 가지 덧붙일 것은, 영광의 30년 동안 생긴 여러 조세 제도와 사회적 제도(가령 소득세에 적용되는 배우자 계수나 육아 휴직 제도)가 오늘날까지도 존재해, 젠더화된 역할과 일자리 배분을 강화하는 요인으로 작용하고 있다는 사실이다.[12] 현

의무화하고, 이를 어길 경우 모자라는 인원의 일당을 날짜만큼 계산해 벌금을 내게 하는 내용이다. 이 법은 현재 시행 중인 장애인 고용 관련 법으로도 진화하게 되는데, 장애인 고용법은 상이군인 고용법에 비하면 위반 시 처벌이 약하고 처벌 대상도 적다.

11 C. Arruza, T. Bhattacharya, N. Fraser, *Feminism for the 99%*, op. cit. 참조. 또한 M. Benquet, *Encaisser! Enquête en immersion dans la grande distribution*, La Découverte, 2015 ; F.-X. Devetter, J. Valentin, *Deux millions de travailleurs et des poussières. L'avenir des emplois du nettoyage dans une société juste*, Les Petits Matins 참조.

12 H. Périvier, *L'Économie féministe*, Sciences Po, 2020 참조. 예전에 없던 새로운 불평등도 나타났다. 헤어지는 커플 수는 증가하는데 극도로 불평등한 재산 분

실에서 사회적 가부장제를 극복할 방법은 하나뿐이다. 생산과 사회적 재생산 간의 관계, 그리고 직업 생활과 가족 및 개인 생활의 관계에 전반적인 변화가 일어나야 한다. 고액 연봉을 받는 남성의 상당수가 자신의 아이들과 가족, 친구들과 보낼 시간이 거의 없을 만큼 일하며, 직업 외의 바깥세상에는 무관심하다. 이들은 소비 사회의 무한 경쟁과 그로 인한 환경 파괴에 큰 책임이 있다. 여성들에게 이런 남성들과 똑같은 삶의 방식을 추구함으로써 젠더 불평등 문제를 풀자고 하는 것은 바람직한 방법이 아니다. 해결책은 사회적 시간의 새로운 균형을 찾는 데 있다. 곳곳에서 할당제를 도입하는 것이 남성 중심주의 극복에 필요한 것은 분명히 맞지만, 이를 넘어서는 대안을 고민할 필요가 있다.

정체성을 고착화시키지 않고 차별을 철폐할 방법은 무엇인가

남녀 동수제와 여성 할당제는 반발 속에서도 오래전부터 도입되기 시작해 지금은 여러 나라에서 광범위하게 자리 잡았다. 반면 사회적 이유나 종족-인종적 이유, 종교적 이유로 차별받는 집단을 위한 할당제는 사람들이 여전히 내키지 않아 한다. 이 거부감은 근거 없이 생기는 것이 아니며,

---

배 시스템은 그대로 유지(경우에 따라서는 강화)되는 탓에 아이러니하게도 남녀 간 자산 격차가 더 벌어지는 결과가 나타났다. C. Bessière & S. Gollac, *Le Genre du capital. Comment la famille reproduit les inégalités*, La Découverte, 2020 ; C. Bessière, "Reversed Accounting. Legal Professionals, Families and the Gender Wealth Gap in France", *Socio-Economic Review*, 2019 ; N. Frémeaux, M. Leturq, "Inequality and the Individualization of Wealth", *Journal of Public Economics*, 2020 참조.

(물론 무시할 수 없는 이유이긴 하지만) 자신들의 자리를 내주기 싫은 사람들의 이기심이 유일한 원인이라고도 할 수 없다. 사회적 할당이나 인종 할당의 도입을 고려하기 전에 먼저 해야 할 것은 차별 자체의 철폐를 위한 노력이다. 다시 말하면, 차별적 관행과 인종 차별 관행을 찾아내 없애기 위해 모든 수단을 강구할 필요가 있다. 가령, 그런 차별을 저지르는 행위자들(고용주, 경찰관, 스포츠 팬, 시위자, 인터넷 사용자 등)에 대한 법적 처벌부터 이루어져야 한다. 여기서 우리는 사회적 할당과 인종 할당이 지닌 두 가지 중요한 위험성을 지적하지 않을 수 없다. 첫째, 할당의 혜택을 받는 사람의 '자격' 여부에 관한 시비가 생길 수 있다. 할당이 없었다면 그 자리가 자신의 것이 됐으리라 믿는 사람들 또한 그런 생각을 가지게 될 것이다. 둘째, 사회적 할당과 인종 할당은 (본래 다양하고 혼합적이며 진화하는 특성을 지닌) 사회적 정체성과 종족-인종적 정체성을 자칫 고착화시킬 위험이 있으며, 정체성들 간의 반목을 심화시킬 우려까지도 있다.[13] 물론 (여성에 대한 편견이 그렇듯이) 편견이 너무 뿌리 깊게 자리 잡아 할당제 도입 말고는 다른 해결책이 없는 경우가 있을 수도 있다. 어쨌든 이 문제는 매우 복잡미묘하기 때문에 한 가지 해답이 있을 수 없다. 각각의 사례별로 세심한 검토를 거쳐 해결책을 모색해야 할 것이다.

사회적 할당제 도입에 가장 적극적이었던 인도의 사례부터 살펴보자. (인도에서 그렇게 불리는) '배정(reservations)'이라는 제도는 '지정 카스트(scheduled castes, SC)'와 '지정 부족(scheduled tribes, ST)', 즉 전통 힌두교 사회에서 차별을 받았던 예전 불가촉천민과 원주민에게 먼저 적용됐다.

---

13 여성 할당제의 경우 첫째 위험성이 더 많고 둘째 위험성은 상대적으로 적다.

대략 인구의 20~25%를 차지하는 이 하층 카스트들은 1950년부터 대학 입학과 공직 지원 시에 할당제의 혜택을 받았다. 1980~1990년부터는 이 제도가 인구의 약 40~50%에 이르는 중간 계급인 '기타 하층 계급(other backward classes, OBC)'으로까지 확대 적용돼, 오늘날 인도 전체 인구의 60~70%가 연방 차원에서 할당제의 수혜를 입고 있다(그래프 34 참조).[14] OBC로 할당제를 확대 적용하는 것은 애초 1950년 헌법에 명기됐으나, 사회적 범주들을 구분하는 임무를 담당하는 위원회들의 설치가 여러 가지 문제에 부닥치면서 몇십 년이나 지연됐다. 1993년 수정 헌법에는 아직 실행 전인 주 정부들에게 시 의회인 '판차야트(panchayat)'의 의석 1/3을 여성에게 배정하라고 강제하는 내용이 담겼다. 현재는 1950년부터 인구에 비례해 하층 카스트에게 선거구를 할당한 것처럼 여성에게도 연방 선거에서 선거구의 일부를 배정하기 위해 개헌이 필요한지에 대한 논의가 활발히 벌어지고 있다.

수집된 데이터들을 분석해보면 이 시도의 성공 여부에 대한 판단을 내리기가 쉽지 않다. 인도 하층 카스트들에 대한 극심한 편견과 차별은 한편으로는 오래전부터 존재하는 불평등 체제에서 기인하고, 다른 한편으로는 영국 식민 권력에 의한 그 불평등 체제의 강화에서 기인한다. 영국인들은 식민 지배를 공고히 하기 위해 카스트 분리를 광범위하게 이용한 동시에, 하층 카스트들에게 이전과는 달리 행정상 존재할 수 있게 해주었다. 할당제가 없었다면 이 하층 카스트들이 그렇게 빨리 선출직과 고등 교육, 공직

---

14 적용 대상의 숫자를 놓고 보면 인도의 SC-ST는 대략 프랑스의 중등 교육 장학생 범주와 비슷하며, SC-ST-OBC는 고등 교육 장학생 범주와 비슷하다.

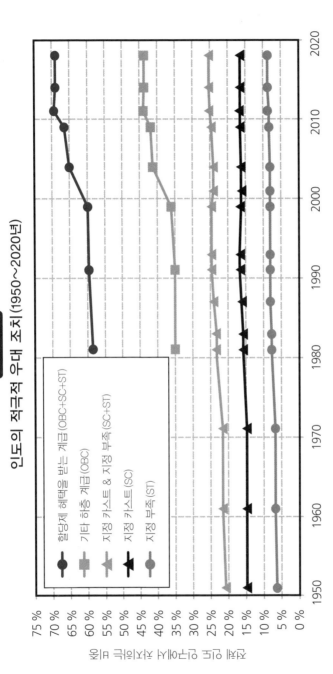

그래프 34

인도의 적극적 우대 조치(1950~2020년)

할당제 혜택을 받는 계급 (OBC+SC+ST)
기타 하층 계급 (OBC)
지정 카스트 & 지정 부족 (SC+ST)
지정 카스트 (SC)
지정 부족 (ST)

대학 정원 할당제와 공직 할당제는 1950년 '지정 카스트(scheduled castes, SC)'와 '지정 부족(scheduled tribes, ST: 차별을 받았던 과거 불가촉천민과 원주민들에 제일 먼저 적용되기 시작했고, 만달 위원회(Mandal Commission)가 1979~1980년 설립된 이후 1980년대에는 '기타 하층 계급(other backward classes, OBC: 이전의 수드라(sudra)'으로까지 확대 적용됐다. 2010년~2020년에는 인도 인구의 약 70%가 할당제의 혜택을 받았다. SC와 ST는 선출직 할당제의 혜택도 받는다.
출처 및 통계: piketty.pse.ens.fr/egalite

전체 인구에서 차지하는 비율 ('퍼센트')

에 접근하지 못했을 가능성이 크다. 경제적 측면에서는 여전히 하층 카스트들과 나머지 인구의 격차가 무척 크지만, 불평등은 1950년 이후 상당히 감소한 게 사실이다. 그리고 이 감소 폭은 미국에서 흑인과 백인 간의 불평등 감소 폭보다 훨씬 크게 나타났다(그래프 35 참조).[15] 할당제가 인도 선거 민주주의 확립에도 큰 기여를 했음을 여러 연구 결과가 보여주고 있다. 각 정당이 앞다투어 하층 카스트 출신 당선자들의 홍보에 나서는 걸 보면, 배정 제도가 실질적인 통합과 결집의 역할을 해냈음이 분명하다.[16]

인도의 할당제는 전반적으로 긍정적이라는 평가를 내릴 수 있지만, 한계 또한 분명히 노출하고 있다. 보편적인 목표를 추구하는 좀 더 야심 찬 사회적 정책이 수반되지 않는 한 할당제 하나로는 역부족임을 인도의 사례는 잘 보여준다. 어차피 대학 입학이나 선출직, 공직에서 할당제 혜택을 받는 사람들은 취약 계급 중 극히 일부에 해당하기 때문이다. 인도에서는 할당제가 엘리트들에 의해 세금을 내지 않으려는 구실로 사용되는 경우가 종종 있었다. 이들이 세금을 내야 사회 간접 자본과 교육, 기초 의료처럼 사

---

15 미국(흑인이 전체 인구의 10~15%)과의 비교가 남아공(흑인이 전체 인구의 80% 이상)과의 비교보다 더 의미가 있다.

16 F. Jensenius, *Social Justice through Inclusion: The Consequences of Electoral Quotas in India*, Oxford University Press, 2017 참조. 또한 C. Jaffrelot, *Inde: la démocratie par la caste. Histoire d'une mutation socio-politique 1885-2005*, Fayard, 2005 참조. (인도 인구의 15%를 차지하는) 무슬림은 SC-ST 할당제 적용 대상에서는 제외됐으나 OBC 할당제 대상에는 포함되었다. 이로 인해 인도 민중 계급과 무슬림 간의 연대가 형성되자 반대급부로 반(反)무슬림과 반(反)하층 카스트를 표방하는 보수 민족주의자들의 정당인 힌두 인민당(BJP)이 부상했다. *Capital et idéologie*, op. cit., p. 1067-1094 참조.

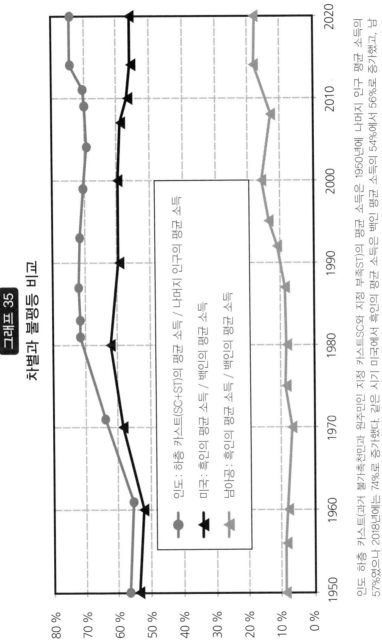

그래프 35

차별과 불평등 비교

(legend, vertical text within figure)

인도: 하층 카스트(SC+ST)의 평균 소득 / 나머지 인구의 평균 소득

미국: 흑인의 평균 소득 / 백인의 평균 소득

남아공: 흑인의 평균 소득 / 백인의 평균 소득

인도 하층 카스트(과거 불가촉천민과 원주민인 지정 카스트SC와 지정 부족ST)의 평균 소득은 1950년에 나머지 인구 평균 소득의 57%였으나 2018년에는 74%로 증가했다. 같은 시기 미국에서 흑인의 평균 소득은 백인의 평균 소득의 54%에서 56%로 증가했고, 남아공에서는 9%에서 18%로 증가했다.

출처 및 통계: piketty.pse.ens.fr/egalite

회적 불평등을 실질적으로 줄이는 데 필요한 재원이 마련되고, 그래야 (소수만이 아닌) 취약 계급 전체가 그 혜택을 볼 수 있는데 말이다. 재정이 탄탄한 사회적 국가가 아닌 인도는 독립 후 몇십 년 동안 불평등이 감소했으나 1980년부터 다시 급격히 증가하는 추세를 보이고 있다.[17] 모두를 위한 교육과 의료 외에, 인도를 짓누르는 무거운 불평등의 유산에서 벗어나게 해주었을 또 다른 근본적 정책은 바로 소유의 재분배, 그중에서도 특히 농지 개혁이다. 실제로 케랄라 주와 서벵골 주처럼 공산주의자들이 집권한 몇몇 주에서는 농지 개혁이 실행돼 사회적·경제적으로 좋은 성과를 내기도 했다.[18] 하지만 연방 차원에서는 아직까지 그런 시도가 없었다. 진정한 의미의 사회적 재분배를 위해 소유자 계급에게 세금을 부과하고 소유를 양도하게 하는 대신 할당제에만 지나치게 의존한 탓이다.

사회적 동수(同數)와 부의 재분배의 절충

인도의 사례가 다른 국가들에 어떻게 적용될 수 있는지 생각해보기로 하자. 그 전에 우선 인도식 할당제 자체가 계속 진화하는 중이라는 사실부터 지적할 필요가 있다. 1993년, 인도 대법원은 할당제 적용에 소득 기준을 도입했다. 어떤 사람의 카스트가 OBC에 포함되더라도 연 소득이 일

---

17 L. Chancel, T. Piketty, "Indian Income Inequality, 1922-2015: from British Raj to Billionaire Raj?", *Review of Income and Wealth*, 2019 참조. 또한 J. Drèze, A. Sen, *An Uncertain Glory: India and its Contradictions*, Princeton University Press, 2013 참조. 그리고 C. Jaffrelot, A. Kalaiyarasan, "Post-Sachar Indian Muslims: Facets of Socio-Economic Decline", Sciences Po, 2021 참조.

18 *Capital et idéologie*, op. cit., p. 421-423 참조.

정 기준을 초과하면 할당제 혜택을 받을 수 없게 한 것이다.[19] 이 규정은 2018년에 하층 카스트(SC와 ST)에까지 확대 적용됐고, 2020년부터는 상층 카스트에 속하더라도 소득이 기준에 미달할 경우 특수 쿼터를 적용해 할당제 혜택을 받을 수 있게 했다.[20] 앞으로 인도의 제도는 역사적으로 차별받아온 카스트 출신이라는 기준 하나만 보지 않고 부모의 소득, 학력, 재산 같은 객관적인 사회적 기준들에 근거해 적극적 우대 조치를 시행하는 방향으로 점차 나아갈 가능성이 크다. 아마도 그것이 최선의 길일 것이다. 사회적 범주를 고착화시키지 않고 다양한 범주들 간의 갈등을 예방하기 위해서는, 할당제 시행으로 특정 집단에 대한 차별과 편견이 줄어들 경우 이 할당제를 어떻게 바꿀 것인가 고민하지 않으면 안 된다. 가령, 서구 의회 민주주의의 선출직 가운데 민중 계급 출신이 거의 전무한 점을 감안해, (마침내 실현된 남녀 동수에 더해) 일종의 사회적 동수를 도입하는 방법을 생각해볼 수 있을 것이다. 다시 말해, 각 정당이 선거에서 후보의 절반을 취약 계급 출신으로 채우는 것을 의무화하는 것이다.[21] 관련 정책들이

---

19 2021년을 기준으로 할당제 적용에서 제외되는 소득의 기준은 80만 루피였다. 이를 적용하면 전체 인구의 약 10%가 할당제 대상에서 제외된다.

20 자이푸르 국립대학교(JNU)를 비롯한 몇몇 대학은 수십 년 전부터 신입생 선발 시에 지원자의 성적과 젠더, 출신 카스트, 부모의 소득, 출신 지역을 모두 고려함으로써 연방 정부의 기준을 충족하는 동시에 아주 강력한 적극적 우대 조치를 시행하고 있다.

21 J. Cagé, *Libres et égaux en voix*. Fayard, 2020 참조. 저자는 각 정당이 선거에서 후보의 50%를 노동 계급, 즉 사무직 노동자와 육체노동자(전체 경제 활동 인구의 약 50%를 차지하는 사회적 범주)로 채울 것을 의무화하고, 이를 우회적으로 어기는 정당(가령 해당 범주가 당선자의 40% 미만인 정당)에 제재와 처벌을 가

효과를 발휘해 부의 격차가 근본적으로 줄어들면 이런 규정은 점차 필요성이 감소할 것이고, 그때는 기준을 완화해도 의회의 대표성은 그대로 유지될 수 있을 것이다.[22]

　서구 국가 중에는 인도와 유사한 방식으로 사회적 할당제나 인종 할당제를 시행한 곳이 아직 없기 때문에 앞으로 다양한 제도를 만들어나갈 필요가 있다. 미국에서는 남북 전쟁이 끝나자 과거의 노예들에게 배상을 약속했지만, 이 약속은 지켜지지 않았다. 1964년 민권법(Civil Rights Act)이 통과되자 존슨 행정부는 몇 가지 정책을 도입했다. 공공 입찰에 참여하는 기업은 다양한 인종에게 동등한 취업 기회를 보장해야 한다는 행정 명령이 그중 하나다. 하지만 우리의 상상과 달리 미국에서는 한 번도 연방 차원에서 대학 신입생 선발이나 공직 채용, 선출직에 대한 할당제가 공식적으로 도입된 적이 없었다. 의회 다수파가 이 제도를 채택해 전국적으로 시행할 수 있으려면 강력한 집단행동이 있어야 했다. 막상 그런 법이 통과됐었다고 해도 미국 대법원이 행정부의 입장을 지지했을지 확실치 않다(미국 대법원은 1896년의 '플레시 대 퍼거슨' 판결을 통해 남부 연합 주들의 인종 차별

할 것을 제안한다. 민중 계급이라는 정의는 지난 10년간의 연평균 소득과 자산에 근거해 내려질 수 있을 것이다.

22 독일식 노동자 경영 참여 제도에는 이와 정반대되는 사회적 동수가 적용되고 있음을 지적할 필요가 있다. 기업의 중간 간부가 이사회 내 노동자 대표 중 일정 비율을 차지해야 한다는 할당제가 적용되고 있는 것이다. 노조는 이 규정이 노동자들을 갈라놓고 주주들의 권리를 강화하려는 고용주의 속셈을 반영한 것이라며 반발하고 있다(당연히 근거 있는 생각이다). S. Silvia, *Holding the Shop Together*, op. cit. 참조.

을 인정한 바 있기 때문이다). 어쨌든 진정한 의미의 배상 정책과 적극적 우대 조치의 부재가 오늘날 미국의 심각한 인종 불평등 현실과 연관이 있는 것은 분명하다.[23] 미국 일부 주에서 1970~1980년대에 할당제 도입을 시도한 적이 있었으나 법원에서 기각되거나 1996년 캘리포니아의 경우처럼 주민 투표를 통과하지 못했다(캘리포니아에서는 프랑스를 비롯한 여러 나라에서 이미 시행되고 있는 남녀 동수는 물론이고 인종 할당제도 금지했다). 이후 여러 주에서 소극적 차원이긴 하지만 고등학교와 대학 신입생 선발 시 거주지와 부모의 소득을 고려하는 제도를 만들었다.[24]

소득이나 재산, 출신 지역 같은 보편적인 사회적 기준들에 근거한 적극적 우대 조치는 이점이 많다. 의회 다수파의 지지를 이끌어내기가 상대적으로 쉬울 뿐 아니라, 종족-인종적 정체성을 고착화시킬 위험도 적다. 앞서 살펴보았듯이 현재 적극적 우대 조치는 프랑스와 미국을 비롯한 대부분의 나라에서 아직 걸음마 수준이다. 하지만 부정적 차별, 가령 취약 계급에게 부유한 계급보다 적은 교육 재정이 할당되는 현실을 바로잡을 수 있

---

23 미국에 존속하는 인종 불평등과 그 심각성에 관해서는, F. Pfeffer, A. Killewald, "Visualizing Intergenerational Wealth Mobility and Racial Inequality", *Socius*, 2019 참조.

24 그러나 여러 주의 법원에서 부모 소득을 입학 사정에 참고하는 것을 금지했기 때문에, 학교 측에서는 지원자의 거주지를 고려하는 수밖에 없다. 하지만 이것만으로는 사회적 할당 대상을 정확히 선별해내기가 불가능하다. 가난한 동네에 사는 부유한 학생들이 이 정책의 혜택을 보게 되는 경우가 많기 때문이다. G. Ellison, P. Pathak, "The Efficiency of Race-Neutral Alternatives to Race-Based Affirmative Action: Evidence from Chicago's Exam Schools", NBER, 2016 참조.

는 것만으로도 이미 큰 진전이라고 할 수 있다. 사회 간접 자본과 공공 서비스 전반에 대한 투자도 마찬가지다. 주민 1인당 소득과 토지세 과세 표준 격차에 비례해 지자체 간 예산 격차가 어마어마하게 벌어지는 현실이 지금 우리가 서 있는 출발선이다. 이런 상황인데도 근본적인 불평등(가령, 지자체별 예산이나 기간제 교사의 처우)을 전면적으로 개선하기는커녕, 몇 가지 작은 보완책을 마련해주고는 요란하게 성과를 떠들어댄다. 우리는 적극적 우대 조치가, 필수 불가결한 사회적 정책의 실행을 회피하기 위한 도구로 사용된 적이 많았다는 사실을 기억해야 한다. 사회적 기준에 따른 적극적 우대 조치라는 개념 자체는 존속시켜도 좋지만 그것만으로는 부족하다. 적극적 우대 조치는 좀 더 야심 찬 재분배 정책의 기반 위에서 실행되어야 하며, 사회적 국가, 고용 보장, 모두를 위한 상속 같은 보편적 조치들을 보완하는 차원에서 추진되어야 한다.

인종 차별의 측정: 종족-인종 범주의 문제

사회적 기준에 따른 적극적 우대 조치의 유용성은 인정하지만, 이것만으로 종족-인종에 바탕을 둔 차별 관행을 없애기는 역부족이다. 종족-인종적 차별은 이것을 측정한 다음, 확실하고 전면적으로 바로잡을 수 있게 해주는 지표와 절차들이 마련되어야만 사라질 수 있다. 오래전부터 미국 인구 센서스에서 사용하는 것과 비슷한 종족-인종적 범주를 유럽과 다른 나라들에서 도입하는 것만이 해결책이 될 수 있다고 주장하는 사람들이 있다. 하지만 나는 그에 대한 확신이 없다. 일단, 이 범주들은 인종 차별을 (철폐하기 위해서가 아니라) 강화하기 위해 도입되고 사용됐던 것들이다. 물론 몇십 년 전부터는 이것들이 인종 차별을 측정하기 위해, 더러는 철폐하기 위해 사용된 게 맞다. 하지만 그로 인해 미국이 얻은 인종 평등의 성과를 보면 그다지 부러운 마음이 들지 않는다. 그렇다고 해서 이 범주들을 거부하거나 미국식 모델을 의례적으로 비판하는 것도 방법이 아니다. 교육 정의도 그렇지만, 인종 차별 문제에서도 솔직히 다른 나라들의 모범이 될 만한 나라가 하나도 없다. 과거 수 세기 동안 군사적 지배나 노예제, 식민 지배를 통해서가 아니면 종족-인종적 배경이 다른 사람들끼리 접촉하면서 살 기회가 거의 없었다. 이런 사람들이 얼마 전부터 같은 정치 공동체에 속해 함께 살고 있다는 사실 자체가 어마어마한 문명적 진보임이 분명하다. 하지만 곳곳에서 지속적으로 편견이 만들어지고 정치적으로 악용되는 것이 엄연한 현실이며, 이런 현실은 민주주의의 확대와 평등의 실현을 통해서만 바꿀 수 있다. 각국이 이 문제를 민족주의적 자족감의 근거로 삼거나, 다양한 모델의 장단점을 파악하려는 노력 없이 무조건 경쟁과 대립의 대상으로 삼으려고 해서는 안 될 것이다. 오히려 다른 국가들의 경험을 반면교사로 삼아 더 나은 해결책을 찾기 위해 고민해야 할 것이다.

영국은 차별 철폐를 목적으로 유럽에서 유일하게 미국식 종족-인종 범주를 도입한 나라다.[25] 1991년 인구 조사부터 영국인들은 자신이 속한다고 생각하는 인종, 가령 '백인', '흑인/카리브인', '인도/파키스탄인' 등이 적힌 칸에 표시를 하게 돼 있다. 각종 조사와 경찰 검문 관련 서류에도 비슷한 범주가 도입됐다. 이러한 종족-인종 범주의 도입이 인종 차별의 일부 남용과 일탈 사례에 대해 공적 관심을 끄는 데 도움이 된 건 분명한 사실이지

---

25 Z. Rocha, P. Aspinall, *The Palgrave International Handbook of Mixed Racial and Ethnic Classification*, Palgrave, 2020 참조.

만, 그렇다고 영국에서 다른 유럽 국가들보다 실질적으로 인종 차별이 감소했다고 확인해주는 연구 결과는 아직까지 발표되지 않았다.[26] 여기서 한 가지 반드시 언급하고 넘어가야 할 게 있다. 이 문제에 있어 한 가지 모델만 존재하지 않는다는 사실이다. 모든 것은 해당 국가의 이민 상황과 포스트식민주의 상황에 따라 달라진다. 독일과 프랑스의 경우, 비유럽 출신 인구의 대부분이 튀르키예와 마그레브(리비아, 튀니지, 알제리를 포함한 아프리카 서북부 지역)에서 온 사람들이다. 그런데 지중해 연안 사람들 간에는 신체적 특징의 차이가 상대적으로 적다. 게다가 출신 국가가 다른 사람들끼리 끊임없이, 그리고 미국 같은 나라에서보다 훨씬 많이 섞이기 때문에 이 차이가 아주 점진적이고 연속적으로 나타난다.[27] 그렇다 보니 지중해 출신

---

26 A. F. Heath, V. Di Stasio, "Racial Discrimination in Britain, 1969-2017: A Meta-Analysis of Field Experiments on Racial Discrimination in the British Labour Market", *British Journal of Sociology*, 2019 참조. L. Quillian et al., "Do Some Countries Discriminate More than Others? Evidence from 97 Field Experiments of Racial Discrimination in Hiring", *Sociological Science*, 2019 참조. 이 논문에 따르면, 프랑스와 스웨덴의 인종 차별이 영국과 독일보다 더 심각하지만, 국가 간 차이가 통계적 중요성을 띨 정도에는 미치지 못한다.

27 프랑스에서는, 부모 중 한쪽이 북아프리카 출신인 경우 인종 간 결혼을 하는 비율이 30~35%이며, 부모 중 한쪽이 포르투갈 출신인 경우에도 이 비율은 비슷하다. 부모 중 한쪽이 스페인이나 이탈리아 출신인 경우에는 인종 간 결혼 비율이 60%에 달한다. C. Beauchemin, B. Lhommeau, P. Simon, "Histoires migratoires et profils socioéconomiques", in *Trajectoires et origines. Enquête sur la diversité de la population française*, INED, 2015 참조. 미국에서는, 자신을 흑인이라 여기는 사람들 중 인종 간 결혼을 한 사람의 비율이 2015년을 기준으로 15%(1967년에는 2%)였다. 라티노와 아시아 출신 소수 인종에서는 이 비율이 25~30%에 이르고, 백인의 경우는 약 10%에 이른다. G. Linvingston, A. Brown, "Intermarriage

사람들 상당수가 '백인', '흑인' 같은 하나의 범주를 선택하는 것을 어려워한다.[28] 몇몇 연구에 따르면, 이들은 종족-인종 범주를 사용해 자신의 정체성을 규정하는 것 자체를 불편하게 여기기도 한다.[29]

상황이 이렇다면 인구 조사에 종족-인종 범주를 도입하는 것이 주로 부정적 효과를 낸다고 결론지어도 무방하지 않을까. 내 생각에는 사람들한테 이렇게 스스로의 종족-인종적 정체성을 정하라고 요구하지 않아도 얼마든지 인종 차별을 측정하고 차별적 관행을 찾아내 바로잡을 수 있는 (적어도 지금까지보다 훨씬 많은 성과를 낼 수 있는) 다른 방법이 있다. 그것은 바로 공적 기구의 설치다. 프랑스와 독일을 비롯해 인종 차별 문제를 안고 있는 많은 나라들은 인종 차별 현실을 객관화하고, 매년 상황을 업데이트한 다음, 이에 따라 정책 방향을 정하는 일을 맡을 공적 기구를 설치해야 한다. 프랑스 연구자들이 수천 건의 구인 광고에 가짜 이력서를 보내 기업에서 지원자에게 면접을 제안하는 응답률을 따져보는 실험을 한 적이 있다. 지원자의 성이 아랍계-무슬림 같아 보이면 기업의 응답률이 1/4로 줄어들었다.

---

in the U.S. 50 Years after Loving v. Virginia", Pew Research Center, 2017 참조.

28 영국 인구 조사 결과에 따르면, 튀르키예와 이집트, 마그레브에서 태어난 사람들의 1/4~1/2가량이 자신을 ('흑인/카리브인'이나 '인도/파키스탄인'보다는) '백인'의 범주로 분류하고, 나머지는 '아시아인'이나 '아랍인'으로 분류한다('아랍인'이라는 범주는 2011년에 도입됐으나 목표 대상들이 모두 이 범주를 선택하지는 않았다).

29 P. Simon, M. Clément, *Rapport de l'enquête 'Mesure de la diversité'*, INED, 2006 참조. 종족-인종을 묻는 질문을 불편해하는 반응은 사하라 이남이나 앤틸리스 제도 출신보다 북아프리카 출신에게서 더 많이 나타났다. P. Ndiaye, *La Condition noire. Essai sur une minorité française*, Calmann-Lévy, 2008 참조.

유대계 성도 이만큼은 아니지만 차별의 대상이 됐음이 확인됐다.[30] 문제는 이 같은 연구가 다시 이루어지지 않아 2015년 이후 상황이 개선됐는지 혹은 악화됐는지 알 길이 없다는 것이다. 따라서 공적인 인종 차별 관측 기구에서 대대적인 테스트 캠페인을 벌여 시간에 따른 변화, 지역 및 업종별 비교를 통해 신뢰성 있는 데이터를 확보하는 것이 시급하다. 마찬가지로 피부색에 따른 경찰 검문을 비롯해 다양한 형태의 인종 차별에 대해서도 비슷한 조치가 취해져야 한다.[31] 이 기구에서는 또한 기업 내 차별 실태(임금, 승진, 교육 등)를 매년 조사해 데이터를 업데이트해야 할 것이다. 그러기 위해서는 인구 조사에 부모의 출생 국가에 대한 질문을 삽입하는 게 꼭 필요해 보인다(현재는 프랑스는 물론이고 상당수 국가의 인구 조사에 이 질문이 빠져 있다). 이렇게 수집한 정보에다, 공적 기관의 감독하에 익명을 전제로 기업에서 제출받은 노동자들의 임금 관련 데이터를 함께 활용하면, 지역별, 업종별, 사업장 규모별로 차별 현황을 세세히 파악할 수 있을 것이다.[32] 이

30 M.-A. Valfort, *Discriminations religieuses à l'embauche : une réalité*, Institut Montaigne, 2015, 참조.

31 프랑스에서는 2011년, Halde(Haute Autorité de lutte contre les discriminations et pour l'égalité : 차별 철폐와 평등을 위한 고위 기구)를 대체해 Défenseur des droits(권리 보호 기구)가 생겼다. 이 두 기구 모두 대규모 연간 차별 실태 조사를 실시할 수 있는 역량과 여력을 갖추지는 못했다. 유럽 차원에서 이 문제를 담당하는 EU 기본권청(FRA)도 사정은 마찬가지다.

32 공공 기관에서 실시하는 여러 조사(가령, '고용', '교육과 직무 능력', '진로와 출신')에는 오래전부터 부모의 출생 국가를 묻는 질문이 포함돼 있다. 하지만 이 조사들의 주기성과 규모가 가진 제약 때문에 세분화된 실태 파악을 하기는 불가능하다. 2010년에 한 공식 보고서가 임금 노동자들로부터 직접 정보를 제공받아

평등의 짧은 역사

지표들은 노조와 연계해 차별 관행을 찾아내고 지역에서 테스트를 실시하는 데 기초 자료로 쓰이게 될 것이다. 일정 규모 이상의 사업장에 특정 국가 출신의 숫자가 명백히 적다면 법적 소송을 하거나 해당 사업장에 제재를 가할 수도 있을 것이다. 원칙적으로 필요하다는 판단이 들면, 인구 조사에 조상에 대한 개략적인 질문을 삽입하는 것도 고려해볼 수 있을 것이다.[33] 그런데, 다른 나라들의 경험에서도 알 수 있듯이, 중요한 것은 더 많은 통계 자료를 확보하는 게 아니라 가용 지표들을 활용해 진정한 의미의 반(反)차별 정책을 수립하는 것이다. 지금까지는 이런 정책이 단 한 번도 제대로 실행된 적이 없다. 국가적 모델을 뛰어넘어 추진되어야 하는 이 단호하고 강력하며, 투명하고 확인 가능한 차별 철폐 정책은 관련 주체들(노동조합과 고용주, 정당과 시민 단체)의 적극적인 참여를 필요로 한다.

종교적 중립성과 프랑스식 세속주의의 위선

한 가지만 덧붙이면서 마무리하자. 종족-인종적 차별을 철폐하기 위해서는 종교적 중립성을 새롭게 정립할 필요가 있다. 이 문제 역시 만족할 만

활용하자는 제안을 했으나, 받아들여지지 않았다. [*"Inégalités et discrimination. Pour un usage critique et responsable de l'outil statistique"*, *Rapport du Comité pour la mesure de la diversité et l'évaluation des discriminations (COMEDD)*, 위원장 F. Héran] 인구 조사를 활용하는 것이 절차를 단순화시키는 방법이 될 수 있을 것이다.

33 가령, "당신이 아는 당신 조상들 중에 다음 지역 출신이 있습니까?"라고 질문한 뒤, 남유럽, 북아프리카, 사하라 이남 아프리카, 남아시아 등의 칸에 차례로 Yes/No를 표시하게 할 수 있을 것이다.

한 균형을 이루었다고 자부할 수 있는 나라는 없다. 프랑스식 세속주의 모델은 완벽한 중립성을 표방하고 싶어 하지만, 현실은 훨씬 복잡해 보인다.[34] 프랑스에서 종교 시설은 공식적으로 보조금 지급 대상이 아니지만, 1905년 정교 분리법 이전에 설립된 시설에는 예외가 적용되기 때문에 거의 대부분의 교회가 보조금 혜택을 받을 수 있다. 기독교인보다 무슬림에게 불리한 제도인 것이다. 1959년 드브레(Debré) 법이 채택되기 전에 설립된 가톨릭 초중고교는 지금도 납세자의 세금으로 다른 나라에서는 예를 찾아볼 수 없을 만큼 막대한 재정 지원을 받고 있다. 게다가 이 학교들은 사회적 혼합이라는 공통 규칙을 무시한 채 마음대로 학생을 선발할 권리를 여전히 유지하고 있다. 결과적으로 학교의 게토화에 큰 책임이 있는 셈이다.[35] 종교에 대한 재정 지원(성직자와 건물)에서 세제 혜택은 또 하나의 중요한 부분이다. 다른 여러 나라처럼 프랑스도 종교 기부금에 세금 감면 혜택을 주고 있는데, 이는 사실상 극도로 불평등하게 이루어지는 공적 자금 지원이나

---

34 젊은 세대가 기성세대보다 무슬림 차별에 더 민감하게 반응하는 것은 앞으로 긍정적인 변화를 기대해볼 수 있다는 의미다. *Enquête auprès des lycéens sur la laïcité et la place des religions à l'école et dans la société*, Licra, 2021 참조.

35 J. Grenet, "Renforcer la mixité sociale dans les collèges parisiens", PSE, 2016 참조. 프랑스는 또한 교리 문답 공부를 위해 일주일에 하루(1882~1972년까지는 목요일, 이후로는 수요일) 초등학교 문을 닫은 유일한 나라다. 이 하루가 마침내 정상적인 학사 일정에 다시 포함되는가 싶더니, 2017년에 결국 프랑스식 예외를 연장하는 결정이 내려졌다. 이 때문에 한 주 학사 일정의 흐름이 끊기고 하루의 학과 시간이 지나치게 길어졌을 뿐만 아니라, 잘 알려져 있다시피, 학습 면에서나 젠더 불평등 면에서나 여러 가지 나쁜 영향이 나타나고 있다. C. Van Effenterre, *Essais sur les normes et les inégalités de genre*, EHESS, 2017 참조.

마찬가지다. 기부금 금액이 많다는 것은 정부 보조금이 그만큼 많다는 뜻이기 때문이다(이 역시 일부 종교에 유리하게 작용하고 있다.)[36]

이탈리아와 독일도 프랑스와 상황이 비슷하다. 이탈리아에서는 납세자가 자신이 내는 세금의 일부를 원하는 종교에 할애할 수 있고, 독일에서는 종교세를 부과하고 있다. 이 두 방식 모두 통합된 전국적 조직을 보유한 종교들에 유리하게 작용한다(이슬람교는 사실상 여기서 제외된 것이나 마찬가지다). 이탈리아, 독일과 비교해보면 종교 단체를 다른 단체들과 동일하게 취급하는 프랑스식 모델이 더 낫다고 할 수도 있다. 결국 종교를 다른 것과 똑같은 하나의 믿음이나 신념으로 보고 있기 때문이다. 이러한 관점은 종교의 구조적 쇄신과 다양성에 유리하게 작용한다. 물론 지금의 제도를 좀더 평등한 제도로 바꾸려는 노력은 앞으로 당연히 있어야 할 것이다. 가령, 현재의 정부 보조금 지급 방식을 바우처 형태로 바꾸는 것을 생각해볼 수 있다. 동일한 금액의 바우처를 모두에게 지급해, 각자의 가치와 신념에 따라 선택한 단체(종교 단체, 문화 단체, 인도주의 단체 등)에 기부할 수 있게 하는 것이다. 이런 제도는 불신과 낙인찍기가 지배하는 작금의 현실에서 벗어나 실질적인 평등을 향해 나아가는 데 도움이 될 것이다.

---

36 프랑스에서는 100유로를 기부하는 경우, 세액 공제 후 납세자가 실제로 내는 돈은 34유로밖에 되지 않는다. 나머지 66유로는 정부가 부담하는 셈이다. 이런 방식의 보조금은 모든 공익 단체에 대한 기부금에 적용된다. 단, 해당 기부자가 소득세 과세 대상이어야 하며(인구의 가난한 50%는 자동 제외되는 셈이다), 과세 소득의 20%까지만 혜택이 적용된다.

제9장
신식민주의의 극복

　평등을 위한 투쟁은 아직 끝나지 않았다. 이 투쟁은 사회적 국가와 누진세, 실질적 평등, 차별 철폐를 극대화하면서 앞으로도 계속되어야 한다. 이를 위해서는 무엇보다 세계 경제 시스템의 구조적인 변화가 수반되어야 한다. 식민주의 시대의 종언으로 평등을 위한 여정이 시작됐지만, 경제계 (économie-monde)는 여전히 극도로 위계적이고 불평등한 방식으로 작동하고 있다. 자본이 사회적·환경적 목표를 갖지 않은 채 통제받지 않고 자유롭게 이동하는 현재의 경제 체제는 부자들을 위한 신식민주의나 다름없다는 생각이 들게 한다. 이런 발전 모델은 정치적으로나 환경적으로나 용납할 수가 없다. 현 체제의 극복은 민족 단위의 사회적 국가에서 개도국들을 향해 열려 있는 연방 단위의 사회적 국가로 전환할 때만, 현재 세계화를 좌지우지하는 각종 규정과 조약들에 대한 대대적인 수술이 있을 때만, 가능해질 것이다.

영광의 30년과 후진국: 사회적-민족 국가가 지닌 한계

지난 두 세기 동안 국가 간 부의 격차가 변화한 양상을 살펴보면 두 단계로 확연히 나뉘는 것을 알 수 있다. 첫째 단계는 불평등이 지속적으로 증가하던 1820~1950년의 긴 시기다. 이 시기는 다시 서구 열강이 세계 경제를 장악했던 1820~1910년과, 식민주의가 정점에 이르렀던 1910~1950년으로 나뉜다. 둘째 단계는 국가 간 불평등이 극심한 수준에서 안정화됐던 1950~1980년(선진국은 영광의 30년을 누리고 후진국은 식민 지배에서 독립하던 시기)과, 격차가 줄어들기 시작한 1980~2020년을 아우르는 시기다. 1820년에는 부유한 국가에 사는 세계 인구 10%의 평균 소득이 가난한 나라에 사는 50%의 평균 소득의 3배를 조금 넘는 수준에 불과했다. 완벽한 평등은 아니었으나, 당시 세계에서는 국가 간 격차가 상대적으로 작았고, 세계 인구 전체의 평균 소득 역시 무척 낮았다. 1960년이 되면 이 격차는 다섯 배 더 벌어져 16배 차이가 난다. 1980년 이후 격차가 현저히 줄어들긴 했지만 2020년에도 여전히 8배의 차이를 보인다(그래프 36 참조).

여기서 몇 가지 사항을 강조하고 넘어갈 필요가 있다. 우선, 세계적으로 불평등은 여전히 심각한 수준에 있으며, 이는 식민주의가 남긴 깊은 유산의 흔적이자 1820~1960년 동안 서양과 그 외 지역 간에 벌어진 격차의 결과라는 점이다. 지난 몇십 년 동안 이 격차를 실질적으로 따라잡는 움직임(중국이 주된 역할을 하고 남아시아와 사하라 이남 아프리카가 동참했던 움직임)이 있었지만, 여전히 갈 길이 멀다.[1] 새로운 강대국들 역시 과거 강대

---

1   중국은 2010년부터 더는 가난한 하위 50% 국가에 속하지 않는다. 그래프 36에 나타난 배율의 축소는 무엇보다 인도와 인도네시아, 베트남, 아프리카 일부 국

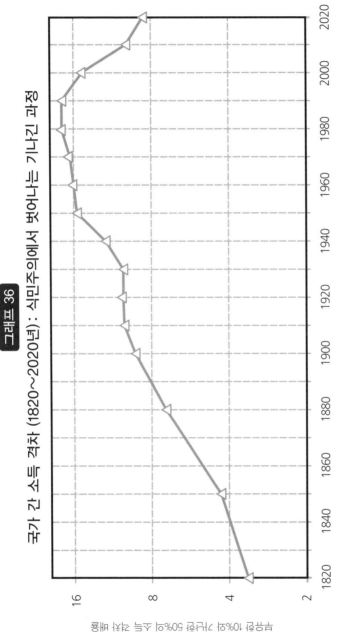

그래프 36

국가 간 소득 격차 (1820~2020년): 식민주의에서 벗어나는 기나긴 과정

부유한 나라에 사는 세계 인구 10%의 평균 소득과 소득과 가난한 나라에 사는 세계 인구 50% 간의 소득 격차 격차 배율로 표시한 국가 간 소득 격차는 1820년부터 1960~1980년까지 엄청나게 증가한 후 감소하기 시작한다.

참고: 이 배율 계산에서 양쪽 그룹 사이에 걸쳐 있는 수많은 국가들은 그래프 중간에 분포한다.

출처 및 통계: piketty.pse.ens.fr/egalite

국들처럼 뒤처진 나라들에게 자력으로 발전할 기회를 주지 않고 장기적인 종속 관계를 유지하려는 경향이 있다. 이를 바로잡으려는 적절한 집단행동과 강력한 정치적 움직임이 없다면, 위계적 구조가 영구적으로 자리 잡을 가능성 또한 없지 않다. 한 가지 더, 영광의 30년(1950~1980년)의 이상화 또한 피해야 할 것이다. 이 시기는 선진국에게는 미덕의 상징 같은 시기였지만, 후진국에게는 빈곤과 높은 인구 압력 속에 독립 전쟁과 주권 국가로서의 첫발을 내딛기 위한 힘겨운 투쟁으로 점철된 시기였다. 영광의 30년 시기의 사회적 국가는 기꺼이 사회적 가부장제 국가였다는 점 외에도, 민족 단위의 사회적 국가였다는 특징이 있다. 다시 말해, 선진국들이 민족 국가 테두리 내에서, 자국민을 위한 사회 보장 제도와 교육 및 사회 간접 자본에 투자하면서 발전했을 뿐, 자신들이 이룬 부의 축적을 가능하게 했던 과거 식민지(불과 얼마 전의 일인데도 사람들은 서둘러 기억에서 지우고 싶어 한다)의 통합과 세계 통합, 그리고 나머지 세계의 발전에는 무관심했다는 의미다.[2] 선진국들은 노동력 수요를 충당하기 위해 필요하면 후진국 사람

가들의 경제 성장을 반영하는 것이다. 우리는 노동 시간당 소득 불평등은 전체 소득의 불평등보다 더 심각하다는 사실을 지적할 필요가 있다. 가난한 나라들은 1인당 평균 노동 시간이 훨씬 길지만, 이것만으로 그들의 미약한 경제적·교육적 자본을 보완하기에는 역부족이다. L. Chancel, T. Piketty, "Global Income Inequality 1820-2020", WID, 2021 참조.

2 (프레이저가 사용한) '케인스-베스트팔렌적' 국가 개념과 (발리바르적 의미의) '사회적-민족(national-social)' 국가 개념에 관해서는 N. Fraser, *Scales of Justice: Reimagining Political Space in a Globalized World*, Polity, 2009 ; E. Balibar, I. Wallerstein, *Race, nation, classe. Les identités ambiguës*, La Découverte, 2018(1988) ; E. Balibar, *Histoire interminable. D'un siècle l'autre*, La Découverte, 2020 ; L. Boltanski,

들에게 손을 내밀었다가, 노동력을 제공받고 나면 다시 돌려보냈다. 당연히 했어야 할 새로운 노동력 이동의 형태나 규제에 대한 고민도 없었고, 공동 발전 모델에 대한 고민도 없었다.

세네갈의 상고르 같은 지도자들은 식민 지배에서 벗어나는 순간 이미 신생 국가들이 국제 노동 분업에서 협상력을 갖기에는 힘이 부족하다는 사실을 깨닫고 있었다. 다국적 기업들과 서구 국가들에 맞서려면, 그리고 유럽이 벌였던 민족주의적 경쟁을 재현하지 않으려면, 거대 서아프리카 연방을 창설하는 게 해법이 될 수 있다고 상고르는 판단했다. 이 계획은 1959~1961년 사이 현실화됐는데, 코트디부아르와 니제르가 결국 가입을 철회하고 나서, 세네갈과 오늘날의 말리, 베냉, 부르키나파소, 이렇게 네 나라가 단기간 말리 연방을 형성했다.[3] 다른 연방 결성 움직임들도 1958~1962년 동안 여기저기서 생겨났다. 아랍 연합 공화국(이집트, 시리아, 예멘)과 서인도 연방(자메이카, 트리니다드 토바고, 바베이도스 등)이 그 대표적인 예다.[4] UN 기구들이 만들어질 때 여러 대표단에서 후진국에 더

N. Fraser, P. Corcuff, *Domination et émancipation. Pour un renouveau de la critique sociale*, Presses universitaires de Lyon, 2014 참조.

3 1945~1960년 동안 서아프리카 연방 대신 자국이 주도하는 프랑스-아프리카 연방체 결성의 환상을 끊임없이 불어넣었다는 점에서 프랑스는 이 프로젝트의 방해자였던 셈이다. F. Cooper, *Citizenship between Empire and Nation*, op. cit. 참조. 말리 연방은 가장 규모가 컸을 때인 1960년에도 전체 인구가 2,000만 명에 조금 못 미쳤다. 당시 6개 참여국 각각의 인구는 200만~400만 명 내외였다.

4 서인도 연방 추진은 특히 트리니다드 토바고 출신의 C.L.R. 제임스가 주도했다. 제임스는 생도맹그 노예 혁명을 다룬 영향력 있는 1938년 저작『블랙 자코뱅 The Black Jacobins』과, 해방 운동에서 소수의 자주적 조직과 투쟁의 역할을 놓고

많은 비중을 부여하고, 무역 흐름과 투자에 대한 공적 규제 강화를 시도하기도 했다. 1947~1948년에 인도와 브라질을 주축으로 추진된 국제 무역 기구(ITO) 설립 프로젝트는 다자적인 법적 틀을 마련해 국유화와 소유권 이전을 집단적으로 규제하자는 제안까지 내놓았다. 이러한 개입주의가 자신들의 통제를 벗어나 결국에는 자신들의 이해관계를 위협할 가능성을 염려한 선진국들은 ITO 설립 제안을 거부하고[5] 대신 GATT(관세와 무역에 관한 일반 협정. 이후에 WTO로 대체됨)를 설립했다. 선진국들은 이 기구들을 통해 자신들의 영향력을 계속해서 유지하고 오늘날까지 민감한 사안들에 대해 자신들이 만든 조건을 강제할 수 있게 됐다.[6]

트로츠키와 벌인 논쟁으로 유명하다. D. Obono, P. Silberstein, *Question juive, question noire. Textes choisis et commentés de Léon Trotsky*, Syllepse, 2011 참조.

5 R. Toye, "Developing Multilateralism: The Havana Charter and the Fight for the International Trade Organization, 1947-1948", *International History Review*, 2003 참조. 또한 Q. Slobodian, *Globalists: The End of Empire and the Birth of Neoliberalism*, Harvard University Press, 2018 참조. 당시 영국 노동당이 (제국주의 이해관계에 반한다고 판단해 토리당이 맹비난했던) ITO 설립 프로젝트에 반대했던 사실과, 1956년 수에즈 운하 분쟁 때 프랑스에서 (공산주의자들에 맞서 중도 우파와 연합한) 사회당이 정권을 잡고 있었다는 사실을 기억하자.

6 서구 국가들이 자신들의 이해관계를 위협하는 제안에 거부권을 행사할 수 있는 가능성은 2020~2021년 코로나 위기 때 인도와 남아공을 위시한 100여 개 후진국과 개도국이 WHO에 백신 특허권 면제를 요청했을 때 다시 현실화됐다.

신식민주의, 무역 자유화, 조세 피난처

1980년대 보수 혁명은 영어권 국가들에서 누진 세제에 대한 조직적인 공격과 자본의 자유로운 이동(서유럽과 미국에서 생겨난 새로운 모토)에 대한 집착과 맹신으로 나타났다. 이런 환경은 후진국에 대한 선진국과 국제기구의 입장과 태도에도 영향을 미쳤다. 소위 '워싱턴 컨센서스'는 1980~1990년부터 가난한 나라들에게 주어지는 정책적 권고의 바탕이 되는데, 작은 국가, 긴축 예산, 무역 자유화, 전방위적 규제 완화가 바로 그 핵심 내용이다. 선후진국 간에 작동하는 비대칭적 권력관계를 감안할 때, 이 정책들은 권고가 아니라 강요됐으며, 이것은 (물론 식민지 시대와 설득의 메커니즘이 똑같지는 않지만) 신식민주의의 한 형태라 말해도 무방하다.[7] 그런데 2008년 금융 위기 이후 워싱턴 컨센서스가 효력을 상실했다는 것은 이제 상식이 됐다. IMF와 세계은행, 서구 각국의 정부들이 지나친 자유화의 부작용과, 다시 심화되는 불평등과 환경 위기가 초래하는 문제들을 인식하고 있다고 다들 입을 모은다. 하지만 현실은 그렇지 않다. 아직 대안적인 컨센서스에 의해 대체되지 않은 정통 자유주의가 여전히 막강한 위력을 발휘하고 있기 때문이다. 선후진국 관계에서는 더더욱 그렇다.

지금 와서 거리를 두고 생각해보면, 급속하게 추진된 규제 완화와 무역 자유화 정책이 후진국의 취약한 국가 형성 과정에 장기적인 걸림돌로 작용

---

7   최근 연구들은, 냉전 시대를 이상화하려는 의도는 아니지만, 동서 간의 경쟁이 격화됐던 당시에 오히려 후진국들의 목소리에 더 귀를 기울였고, 국제기구 내에서 다자주의도 이후보다 훨씬 더 잘 작동했다는 사실을 밝혀냈다. S. Kott, *Organiser le monde. Une autre histoire de la guerre froide*, Seuil, 2021 참조.

했던 것은 분명하다. 좀 더 구체적으로 들여다보자. GDP 대비 세수 비중을 분석해보면, 지구상의 최대 빈국들이 1970~1980년과 1990~2000년 사이에 더 가난해졌음을 확인할 수 있다. 2010~2020년에 상황이 다소 나아지긴 했지만, 이전 수준(물론 아주 낮았지만)은 여전히 회복하지 못했다. 세수 감소의 원인은 거의 전적으로 관세 수입 상실에 있다. 물론 무역 관세 축소 자체가 반드시 나쁜 것은 아니다. 하지만 관세 수입 상실분을 대체할 다른 방법이 있어야 한다. 가령 다국적 기업의 수익과 고소득, 고액 자산에 부과하는 직접세 수입 같은 것 말이다. 그런데 현실은 이와 전혀 달랐다. 관련국들이 대체 세수를 마련할 시간도 없이 관세 철폐가 급속도로 강요됐다. 이 부분에 대한 국제적 지원 또한 없었다(지원은커녕 오히려 워싱턴 컨센서스는 누진세 원칙 자체를 맹렬히 비난했다).[8] 선후진국 간 조세 재정 능력 격차는 1970년 이후 더 현격히 벌어졌다. 가난한 국가들의 세수는 GDP 대비 15% 이하에서 정체된 반면, 부유한 국가들의 세수는 30%에서 40%로 증가했다(그래프 37 참조). 세수가 적은 가난한 나라들 사이에도 큰 격차가 존재한다. 나이지리아, 차드, 중앙아프리카 공화국 같은 상당수 아프리카 국가의 세수는 GDP의 6~8%에 불과하다. 우리가 앞서 오늘날 선진국이 된 나라들의 국가 형성 과정을 분석하면서 확인했듯이, 이렇게 적은 세수로는 겨우 치안을 유지하고 약간의 사회 간접 자본을 구축할

---

8 서구 국가들에서는 (역사적으로 매우 비중이 높았던) 관세 수입 감소가 19세기와 20세기에 걸쳐 서서히 일어났다. 이들 국가들은 외부의 압력이 없는 상태에서 대체 세수를 마련할 수 있었다. J. Cagé, L. Gadenne, "Tax Revenues and the Fiscal Cost of Trade Liberalization, 1792-2006", *Explorations in Economic History*, 2018 참조.

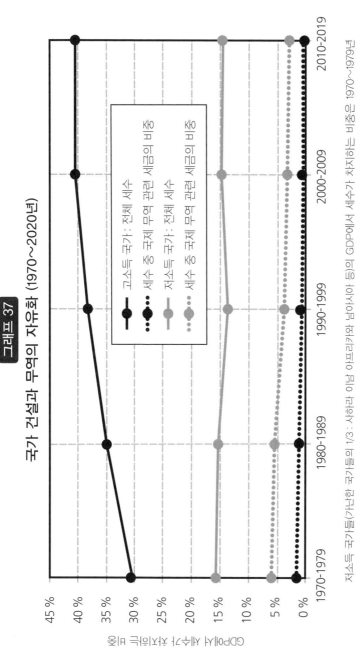

그래프 37

국가 건설과 무역의 자유화 (1970~2020년)

범례:
- 고소득 국가: 전체 세수
- 세수 중 국제 무역 관련 세금의 비중
- 저소득 국가: 전체 세수
- 세수 중 국제 무역 관련 세금의 비중

세로축: GDP에서 세수가 차지하는 비중
가로축: 1970-1979, 1980-1989, 1990-1999, 2000-2009, 2010-2019
세로축 값: 0 %, 5 %, 10 %, 15 %, 20 %, 25 %, 30 %, 35 %, 40 %, 45 %

저소득 국가들(가난한 국가들의 1/3 : 사하라 이남 아프리카와 남아시아) 등이 GDP에서 세수가 차지하는 비중은 1970~1979년 15.6%에서 1990~1999년 13.7%, 2010~2019년 14.5%로 변화했다. 관세와 국제 무역에 부과하는 여타의 세금(1970~1979년에 GDP의 5.9%, 1990~1999년에 3.9%, 2010~2019년에 2.8%) 수입은 반면 국제 대체 세수는 확보하지 못해 떨어진 일이다. 반면 고소득 국가들(부유한 국가들의 1/3 : 유럽, 북미 등)은 애초부터 전체 세수에서 관세 수입이 차지하는 비중이 낮았다. 이들 국가의 세수는 무준의 증가하다 얼마 전부터 안정화됐다.

출처 및 통계: piketty.pse.ens.fr/egalite

수 있을 뿐이다. 사회 보장 제도는 말할 것도 없고 교육과 의료 분야에 대한 대규모 투자는 생각조차 할 수 없다. 만약 어떤 국가가 이렇게 적은 세수로 이 모든 책무를 다 수행하려 든다면 어느 것 하나 제대로 하지 못할 위험이 크다(국가의 기본 책무를 하나라도 포기하기 힘들다 보니 불행히도 그럴 공산이 크다).[9] 부유한 국가들의 발전 과정은 조세 재정 국가로서의 능력 향상(국민 소득에서 세수가 차지하는 비중이 1914년에는 10% 이하였던 것이 1980년에는 40% 이상으로 늘어났다)에 의해 뒷받침됐는데, 이 나라들은 왜 자기들과 다른 정책을 가난한 나라들에게 강요했을까 하는 의문이 자연스럽게 생길 수밖에 없다. 그것은 역사적 망각 때문일 수도 있고, 아니면 식민 지배를 받았던 국가가 과연 스스로 통치하고 막대한 세수를 집행할 능력이 있을까 하는 의심 때문일 수도 있다. 우리는 부유한 나라들이 가난한 나라들에 제시한 해법(결국 그들의 빈곤화)이 결코 긍정적인 역학을 만들어내지 못한다는 사실을 알 필요가 있다.[10] 좀 더 부수적인 다른 이유도 생각해볼 수 있다. 가령, 부유한 나라들은 무역 자유화를 통한 자국 기업들의 해외 시장 진출에만 관심이 있을 뿐, 가난한 나라들이 다국적 기업의

---

9   가난한 나라들에서 부동산과 사업 자산의 등록이 이루어지지 않고 이에 대한 최소한의 과세가 없는 것은 비공식 부문이 비대해지는 원인이 되기도 했다. M. Chen, F. Carré, *The Informal Economy Revisited: Examining the Past, Envisioning the Future*, Routledge, 2020 참조.

10 후진국들이 국가 건설 과정에서 부닥치는 또 다른 어려움 중 하나는 이민의 기회가 다른 사람들보다 더 열려 있는 고학력자들이 자신들의 보수를 선진국의 고학력자들(혹은 과거 식민지 시대의 관료들)과 비교할 수 있다는 사실이다. 이는 가난한 나라들의 국가 건설 과정을 복잡하게 만드는 요인이자, 초국적 협력과 정의의 기준이 도입되어야 하는 이유가 된다.

수익에 세금을 부과하도록 도와주는 데는 큰 관심이 없다. 또 하나, 선진국들은 후진국들의 자본 유출을 규제할 생각도 그다지 없다. 유출된 자본이 대부분 자국 은행에 예치되거나 투자되기 때문이다.

자본의 자유로운 이동과 조세 피난처, 국제 금융의 불투명성 강화가 후진국들에게 끼치는 막대한 피해에 대해서는 분명히 강조할 필요가 있다. 그런데 선진국 또한 피해에서 자유롭지 않다는 사실을 알아야 한다. 통제받지 않고 자유롭게 이동하는 자본은 선진국에서 누진 세제의 기반을 흔들고 새로운 납세 유권자 권력을 확립하는 데 크게 일조했다. 새로운 법적 체계를 전 세계에 강요한 것은 선진국들이지만 그것의 최대 피해자는 국가적으로 취약하고 행정력이 부족한 후진국들이다. 가용 추정치에 따르면, 조세 피난처에 있는 금융 자산이 유럽과 남아메리카가 보유한 전체 금융 자산의 10~20%(이것만 해도 엄청난 수준이다)에 해당하는데, 아프리카, 남아시아, 산유국들(러시아와 중동 오일 머니oil money 군주제 국가들)에서는 이 비중이 30~50%에 달한다. 고액 금융 자산이 조세 피난처로 이동하는 것은 훨씬 더 대규모로 일어나는 것으로 밝혀졌다.[11] 이 관행은 사실상 국내법 적용을 피하기 위해 해외 사법 체계를 활용하는 보편화된 우회 수법으로, 고위 국제기관들과 국제법, 현지 엘리트들의 지원 속에 이루어지고 있다. 이런 조건에서 가난한 국가들이 지속적인 국가 건설을 추진하기는 거의 불가능하다. 국가 건설 과정은 세금에 대한 국민들의 최소한의 동의 없

---

11 *Capital et idéologie*, op. cit., p. 700-701 ; A. Alstadsaeter, N. Nohannesen, G. Zucman, "Who Owns the Wealth in Tax Havens?", *Journal of Public Economics*, 2018 참조.

이는 불가능하며, 결국 조세 정의와 사회적 정의에 대한 신뢰성 있는 기준이 마련되지 않고는 불가능하기 때문이다. 부유한 국가들이 공공연히 고통 분담을 회피하려 드는 이상, 이 방향으로 나아가기는 결코 쉽지 않다.

허울뿐인 국제 원조와 기후 정책

국제 원조라는 개념을 둘러싼 심각한 위선에 대해서도 몇 가지 지적할 필요가 있다. 첫째, 공적 개발 원조는 우리가 흔히 생각하는 것보다 훨씬 적어, 세계 GDP의 0.2%에도 미치지 못한다(긴급 인도주의적 원조는 이보다 더 적어, 세계 GDP의 0.03%에 불과하다).[12] 이와 비교하면 부유한 국가들의 탄소 배출로 가난한 국가들이 입는 피해의 규모는 세계 GDP의 몇 포인트를 차지할 정도로 막대하다.[13] 둘째, 이 또한 결코 사소한 문제가 아닌데, 아프리카와 남아시아 등에 있는 소위 '원조 대상국' 중 대부분의 국가에서 다국적 기업의 이익과 자본 유출을 포함한 전체 자금 유출 규모가 공적 원조 형태의 유입 규모보다 몇 배나 크다는 사실이다(이는 공식 국민 계정에 집계

---

12 P. Micheletti, *0.03%. Pour une transformation du mouvement humanitaire international*, Éditions Parole, 2020 참조. OECD의 공적 개발 원조 공식 목표는 부유한 국가 GNI의 0.7%이다. 하지만 프랑스를 비롯한 상당수 국가들이 0.3~0.4%만 지원하기 때문에 2020년을 기준으로 세계 공적 개발 원조 규모는 2억 유로에도 못 미친다(100조 유로에 달하는 세계 GDP의 0.2%도 되지 않는 금액이다). ODA(Official Development Assistance, 공적 개발 원조)에 서구 컨설턴트들의 월급이 포함되는 것을 두고는 설왕설래가 오간다.

13 제1장 참조. UN이 제안한 최소 적응 기금(Adaptation Fund) 금액(연간 세계 GDP의 0.5~1%)에 관해서는, L. Chancel, T. Pikettey, "Carbon and Inequality: From Kyoto to Paris", WID.world, 2015 참조.

된 유출만 계산한 것이기 때문에 실제 규모는 이보다 훨씬 크리라 짐작된다).[14] 부유한 국가들이 자신들에게 실제로 수익을 가져다주는 나라들을 도와준다고 주장하는 것, 이 현실이 놀랍게도 세계적 차원의 중심부-주변부 관계의 핵심이다. 이 같은 상황은 선후진국 관계에서뿐만 아니라 지역 관계에서도, 특히 유럽 내에서도 발견된다. (지역 투자 기금 같은 명목으로 받은) 공적 자금과, EU 예산에 낸 분담금의 차이를 계산해봤을 때, 2010~2018년 동안 폴란드, 헝가리, 체코 공화국, 슬로바키아는 GDP의 2~4%에 해당하는 순(純) 공적 이전을 받았다. 문제는 같은 시기에 이윤, 배당금 및 기타 자본 소득 형태로 빠져나간 민간 유출 규모가 이것의 2배로, 이들 국가 GDP의 4~8%에 달했다는 사실이다(그래프 38 참조). 서쪽에서 온 투자자들(특히 독일과 영국)이 신생 회원국인 자신들을 값싼 노동력의 저장고로 활용해 막대한 이윤을 올리면서 영구적인 경제 속국으로 삼으려 한다는 대륙 동쪽 국가들의 지적은 일리가 있다. 민간 유출을 실현된 투자에 대한 당연한 반대급부로 여기는 독일과 프랑스는 이 문제에 대한 언급을 피하고 싶어 한다. 이들 국가는 공적 유입만 논의 대상으로 삼고 싶어 한다. 경제적 힘과 '시장의 균형'을 당연시하고, (이 시장의 균형이 확립된 상태에서 이루어지는) 사후 이전에만 집중하는 것은 시장 지배자들에게는 매우 실용적이다. 이전을 일종의 시혜로 보는 이런 관점은 소유관계에 작동하는 권력관계가 전혀 당연한 게 아니라는 점을 간과한다. 임금과 이윤의 수준은 여러 사회적 장치와 제도들에 의해, 가령 유럽 전역에 사회적·조세적 차원의 조

---

14 1970~2012년 동안 아프리카에서 발생한 자본 소득의 공식 유출 규모는 국제 원조 유입 규모의 3배가 넘었다. *Le Capital au XXIe siècle*, op. cit., p. 118 참조.

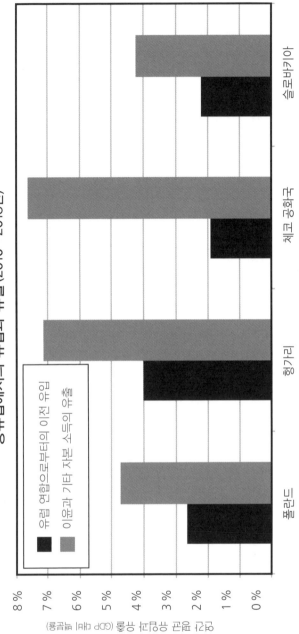

그래프 38

동유럽에서의 유입과 유출 (2010~2018년)

범례:
- 유럽 연합으로부터의 이전 유입
- 이윤과 기타 자본 소득의 유출

세로축: 연간 해외 순유입과 유출 (GDP 대비 백분율)

가로축 국가: 폴란드, 헝가리, 체코 공화국, 슬로바키아

가로축 값: 8 %, 7 %, 6 %, 5 %, 4 %, 3 %, 2 %, 1 %, 0 %

2010~2018년 동안 유럽 연합으로부터 유입된 연간 순 이전(지급받은 액수와 유럽 연합 연간 예산 분담금의 차액)은 폴란드 연평균 GDP의 2.7%에 해당했다. 같은 시기에 이윤과 기타 자본 소득의 유출(상응하는 유입을 뺀 액수)은 폴란드 GDP의 4.7%를 차지했다. 헝가리의 경우는 이 비중이 각각 4.0%와 7.2%였다.
출처 및 통계: piketty.pse.ens.fr/egalite

화가 존재하는가 그렇지 않은가에 의해, 자본의 이동에 대한 규제가 어떻게 이루어지는가에 의해 결정된다. 이런 문제들은 앞으로 논의의 대상으로 삼아야 할 것이다.[15]

세계적 차원에서도 똑같은 논리가 작동하고 있다. 보잘것없는 액수의 국제 원조에만 집중하고 민간 유출 규모는 외면한 채 세계 경제 시스템에 대한 철저히 왜곡된 시각을 만들고 있다. 한 가지 덧붙일 것은, 이 원조가 항상 부자 나라들의 기분에 좌우되고, 그들의 감독하에 각종 개발 기구나 NGO를 통해 이루어진다는 사실이다. 절대적으로는 보잘것없지만, 가난한 국가들의 정부가 관리하는 초라한 세수와 비교하면 경우에 따라 상당한 금액이 될 수도 있다. 여러 연구를 통해 사실상 국가 공식 망을 우회하는 배급망을 통해 이루어진 원조 기구와 NGO의 지원이 국가 건설 과정을 한층 불안정하게 만들었다는 사실이 밝혀졌다. 식민지 해방 이후에 다양한 지역 주체들과 사회 집단들이 동의하는 영토 주권이 아직 제대로 확립되지 못한 사헬 지역이 그 대표적인 경우에 해당한다. 정상적인 세수에 추가된 국제 원조라면 긍정적인 효과를 발휘할 수 있었겠지만, 극심한 국가의 빈곤화 속에, 국가의 정당성을 한층 약화시킨 국제 원조는 당연히 큰 도움이 되지 않았다.[16]

---

15 사회 계급과 노동 조건, 그리고 유럽 차원에서 이 두 가지에 의해 만들어지는 시스템에 대한 분석을 새롭게 할 필요성에 대해서는 C. Hugrée, E. Penissat, A. Spire, *Social Class in Europe: New Inequalities in the Old World*, Verso, 2020 참조.

16 G. Mann, *From Empires to NGOs in the West African Sahel; The Road to Nongovernmantality*, Cambridge University Press, 2015 참조.

가난한 국가들의 권리: 중심부-주변부 논리에서 벗어나기

이 난관에서 벗어나려면 다음과 같은 원칙에서 출발해야 한다. 모든 국가는 평등하게 발전의 권리를 누려야 하며, 세계적으로 생산된 부의 분배는 전적으로 우리가 만드는 규칙과 제도에 의해 결정되는 지극히 정치적인 문제라는 원칙 말이다. 특히 가난한 국가들은 다국적 기업과 세계 억만장자들에게 부과되는 세금의 일부를 받을 권리를 가져야 한다. 그 이유는 크게 두 가지다. 첫째, 인간이라면 누구나 동등하게 의료, 교육, 발전에 대한 최소한의 권리를 누려야 하기 때문이다. 둘째, 부유한 경제 행위자들이 이룬 번영은 전적으로 세계 경제 시스템과 국제 노동 분업 덕분이기 때문이다. 가장 먼저 생각할 수 있는 방법은, 가령 1,000만 유로 이상의 자산에 부과하는 2% 세율의 국제세다. 이것만으로 전 세계 GDP의 1%에 해당하는 연간 1조 유로의 세수 확보가 가능할 텐데, 이렇게 걷은 세금은 인구에 비례해 각국에 배분하면 된다.[17] 과세 기준을 자산 200만 유로로 낮추면 세계 GDP의 2%에 달하는 세수를 확보할 수 있을 것이고, 억만장자들에게 강력한 누진 세율을 적용하면 세계 GDP의 5%까지도 확보가 가능할 것이다.[18] 국제세 징수는 최소한의 목표를 설정한 다음, 나머지는 각국이 필

---

17 국제세 과세 대상자는 세계 인구의 0.1%(50억 중 대략 300만 명의 성인) 이하가 될 것인데, 이 집단은 세계 총자산의 약 15%, 즉 세계 GDP의 75%(75조 유로)를 차지하고 있다. 이와 비교해 《포브스》지가 선정한 세계 억만장자 3,000명(세계 인구의 0.001% 이하)은 세계 총자산의 약 2%, 즉 세계 GDP의 10%(10조 유로)를 차지하고 있다. 간단히 말하자면, 국제 재산세 과세 기준을 자산 1,000만 유로로 하는 것이 10억 유로로 할 때보다 예상 세수가 훨씬 많다.

18 제6장, 도표 2 참조.

요에 따라 추가로 자국 과세표에 따라 상위 자산에 세금을 부과하게 한다면, 이걸로도 충분히 현재의 공적 원조 전체를 대체하고도 남는 금액을 징수할 수 있을 것이다. 그리고 이 세수는 가난한 국가들의 교육과 의료, 사회 간접 자본의 대규모 투자에 사용될 수 있을 것이다. 여기에 더해 다국적 기업들이 내는 법인세의 일부를 가난한 국가들에게 할당하는 방법 또한 고려해볼 수 있을 것이다. 이 문제에 대해서는 현재 논의가 진행 중이다.[19]

부유한 나라들은 앞으로도 지금처럼 자신들의 개발 기구와 인도주의 단체들을 통해 공적 원조나 민간 원조 형태의 지원을 계속할 수 있다. 하지만 이 지원은 가난한 나라들이 스스로 발전하면서 국가를 건설할 불가침적인 권리를 보장받은 상태에서 추가로 이루어져야 한다. 지원금 사용의 남용을 막으려면 정부와 공공 분야, 민간 분야에서 선진국과 후진국 지도자들의 과도한 축재(蓄財)를 광범위하게 추적하는 게 필요하다. 그렇다고 이를 빌미 삼아 후진국 국가들의 합법성 자체를 끊임없이 문제 삼는 일은 이

---

19 현재 OECD 차원에서 논의 중인 BEPS 프로젝트는 다국적 기업들이 전 세계에서 올린 수익에 대해 단일 신고를 하게 하는 내용을 담고 있는데, 만약 현실화된다면 획기적인 진전이 될 것이다. 문제는 세원(稅源)을 국가별로 나눌 때 복합적인 기준(임금 총량과 지역별 매출)을 사용하려 할 것이고, 이렇게 되면 현재 조세 피난처에 보유된 수익의 95% 이상이 사실상 부유한 나라들에게 돌아가 가난한 나라들한테는 거의 남는 게 없을 것이다. 이 문제를 해결하기 위해서는 적어도 다국적 기업 세수의 일부는 각국의 인구에 비례해(1인당 1유로) 배분되도록 하는 게 반드시 필요할 것이다. OECD가 추진하는 안 대로 다국적 기업에 최소 세율 15~20%를 적용할 경우 예상되는 세수는 1,000억 유로(세계 GDP의 0.1%)에 불과하다. 세율 25~30%를 적용하면 훨씬 많은 세수가 예상되지만, 이것도 상위 소득에 누진세를 적용할 때의 세수 규모에는 못 미친다.

제 중단되어야 한다.[20] 가난한 국가들이 좀 더 탄탄한 기반 위에서 취약한 국가 건설 과정을 다시 계속해나가기 위해서는, 무엇보다 대출자인 선진국들의 후견에서 벗어나 장기적으로 자동 발생하는 세수를 기대할 수 있는 조건이 되어야 한다.

현재의 국제 원조가 지닌 가장 큰 문제점은, 본질적으로 공정한 시장의 균형이 존재한다는 전제 자체에 있다. 이는 각국이 과거에 고립 상태에서 단독으로 부를 생산했으며, 그렇게 축적한 부의 정당한 소유자라는 인식이다. 하지만 실제 벌어진 일은 그것과는 다르다. 산업 혁명 이후 서구 국가들이 이룬 부의 축적은 국제 노동 분업과, 세계적인 천연 자원과 인적 자원의 무분별한 착취 없이는 불가능했을 것이다. 가난한 나라들과 해외 자원이 없었다면 지금의 부유한 나라들은 존재하지 않을 것이다. 이는 과거 서구 열강과 신(新)아시아 열강(일본과 중국) 모두에 해당된다. 18세기와 19세기에 노예, 면화, 목재, 그리고 석탄을 기반으로 실현된 경제 발전은 20세기, 그리고 21세기 초반인 지금에도 전 세계에 분포한 자원을 광범위하게 사용하면서 계속되고 있다. 주변부 국가들의 값싼 노동력과 수백만 년 동안 땅속에 축적된 석유와 천연가스 자원이 이 경제 성장의 원동력이다. 화석 연료 사용의 급속한 증가는 오늘날 지구를 살 수 없는 곳으로 만들고 있으

---

20 다국적 기업 과세에 대한 논의가 UN이 아닌 OECD에서 이루어진다는 사실은 부유한 나라들이 이 과정을 계속 좌지우지하겠다는 의사 표현이다. UN이 인정한 합법적인 정부들은 모두 이 논의에 참여할 수 있어야 한다. UN에서 논의가 이루어진다면 추가 과세 조건들에 대한 좀 더 광범위한 합의가 도출될 수 있을 것이다.

며, 이 상황의 최대 피해자는 가난한 국가들이다.[21]

각국이 (더 심하게는 각국의 개개인이) 자국의 생산과 부의 원천이라는 생각은 역사적 관점에서 바라보면 그다지 타당하지 않다. 모든 부의 원천은 집단이기 때문이다. 사적 소유는 개인의 축재를 제한하고 권력의 순환과 부의 공정한 분배를 가능하게 하는 제도와 법률이 균형 있게 갖춰진 상태에서, 공익에 복무할 때만 확립될 수 있다(혹은 확립되어야 한다). 이러한 정치적 과정의 한계가 어디까지인지, 과연 어느 지점에서 멈춰야 할지 몰라 두려워지는 것은 당연한 일이다. 특히 강한 편견이 작용하고 관련 사회 집단들이 서로를 잘 몰라 상대의 상황을 정확히 파악하기가 어려운 초민족적 차원에서는 더더욱 그렇다. 이런 상황에서는 공동의 정의 규범을 확립하는 것이 복잡하고 불확실해질 수밖에 없다.[22] 하지만 이런 두려움은 결코 약이 되지 않는다. 불안정하지만 필요 불가결한 이 정치적이고 제도적인 과정 외에 다른 현실적 대안이 없기 때문이다. 타협과 그것을 통해 나

---

21 연구자들은 상이한 에너지 체계가 사회적 투쟁의 형태와 부의 분배에 영향을 미쳤다는 연구 결과를 내놓았다. 석탄의 사용과 이에 수반되는 노동 집약성은 집단행동에 유리하게 작용한 반면, 석유의 유동성은 사회적 투쟁을 약화시키는 역할을 했다. T. Mitchell, *Carbon Democracy: Political Power in the Age of Oil*, Verso, 2011 참조. 또한 P. Charbonnier, *Abondance et liberté. Une histoire environnementale des idées politiques*, Le Découverte, 2020 참조.

22 전간기에 그람시는 후진국과 주변부에서 민중 연합을 결성하는 어려움에 대해 언급했다. 이탈리아 국내 상황도 예외가 아니어서, 남부인 메조지오르노 (Mezzogiorno)의 빈곤을 북부 지역의 민중 계급이 이해하기 어렵다는 것이다. 그렇기 때문에 일각에서 파시즘같이 신화화된 민족주의를 활용해 공통의 역사 인식을 만들려는 시도가 생긴다고 그람시는 설명한다. A. Tosel, *Étudier Gramsci*, Éditions Kimé, 2016 참조.

온 해결 방법들, 가령 우리가 앞서 언급한 배상과 국제세 같은 것들은 불완전하고 일시적일 수밖에 없다. 하지만 이것과 다른 대안들, 다시 말해 시장을 신성시하고 과거에 획득된 소유권을 그 규모와 원천에 상관없이 절대적으로 존중해주는 방식의 해결책들은 불공정과 근거 없는 권력관계를 영구히 존속시키기 위해 만든 억지요 모순이다. 종국에 가면 이것들은 새로운 위기를 부를 수밖에 없다.

사회적-민족 국가에서 사회적-연방제 국가로

가난한 국가들이 발전의 권리와 다국적 기업들에게서 걷은 세금의 일부를 받을 권리를 누려야 한다고 앞서 언급한 바 있다. 하지만 여기서 끝나선 안 된다. 우리는 국제 질서 전반에 대해 재검토할 필요가 있다. 세계 경제 체제는 수십 년 전부터 두 가지 전제에 기초해 작동하고 있다. 하나는, 국가 간의 관계가 거의 아무 조건도 붙지 않는, 절대적으로 자유로운 재화와 자본의 이동을 기반으로 형성된다는 것이다. 다른 하나는, 각국이 하는 정치적 선택, 특히 조세 제도와 사회적 제도, 사법 제도에 대한 선택은 이 국가만의 문제이므로, 철저히 국가 주권의 차원에서 인식돼야 한다는 것이다. 이것이 바로 사회적-민족 국가의 원칙이다. 문제는 이 두 가지 전제가 서로 상충하는 데 있다. 공동의 조세 제도나 규제의 적용을 받지 않고 통제 없이 자유롭게 이동하는 자본은, 이동성과 권력을 가진 경제 주체들의 이익을 위해 개별 국가의 선택을 철저하고 교묘하게 피해 간다. 사실상 부자들을 위한 새로운 형태의 납세 유권자 권력을 만들어내는 것이다. 좀 더 일반적으로 말해, 통제받지 않는 자유 무역은 각국의 불평등 심화와 지구 온난화의 급가속화를 초래한다. 이 두 가지 문제가 오늘날 세계화의 가장 핵심적인 문제라는 점에 대해서는 광범위한 인식이 이루어지고 있다.

이론적으로는 해결이 무척 간단하다. 오늘날까지 세계화를 지배한 순전히 상업적이고 금융적인 국제 조약들을 지속 가능하고 공정한, 진정한 의미의 공동 발전 조약들로 바꾸면 된다.[23] 이 새로운 형태의 조약들은 분명하고 강제력 있는 사회적·환경적 목표들, 가령 다국적 기업에 대한 과세율, 부의 분배, 탄소 배출량, 생물 다양성에 관한 수치화되고 확인 가능한 목표를 설정하게 될 것이다. 이 조약들은 무역을 사회적·환경적 목표 실현의 수단으로 삼지, 무역을 위해 사회적·환경적 목표를 희생시키지 않을 것이다.[24] 기존 조약에서 새로운 조약으로의 이행은 당연히 하루아침에 이루어지지 않을 것이다. 이 방향으로 나아가고자 하는 국가들의 연합을 인내심

---

23 국내 불평등 심화는 1980년 이후 미국과 유럽뿐 아니라 인도와 중국, 러시아를 포함해 전 세계적으로 나타나는 현상이다. 유일하게 불평등 증가가 관찰되지 않았거나 극히 낮은 수준인 지역들은 모두 종전 후 평등화의 단계를 밟지 않은 곳들이다(특히 중동, 남아메리카, 사하라 이남 아프리카). 1980~2018년 동안 전 세계 상위 1% 부자들이 세계 경제 성장에서 가져간 몫은 하위 50%가 가져간 몫의 두 배가 넘었다. *Rapport sur les inégalités mondiales 2018*, WID.world 참조.

24 이를 위해서는 사용 지표의 획기적인 변화 또한 필요하다. 기존의 조약들, 가령 유럽 연합의 조약들은 GDP나, GDP 대비 무역 적자와 부채 같은 것을 지표로 삼았다. 앞으로 공동 발전 조약들은 불평등이나 이윤-임금 배분, 탄소 배출 같은 지표들을 도입해야 할 것이다. 오늘날 기후 협약들이 부분적으로 이러한 지표들을 도입하고 있지만, 강제력은 없다. 국제법에 사회적 정의 관련 목표를 넣을 필요성에 대해서는, A. Supiot, *L'Esprit de Philadelphie. La justice sociale face au marché total*, Seuil, 2010 ; M. Delmas-Marty, *Aux quatre vents du monde. Petit guide de navigation dans l'océan de la mondialisation*, Seuil, 2016; S. Moyn, *Not Enough: Human Rights in an Unequal World*, Harvard University Press, 2018 참조.

을 가지고 만들어갈 필요가 있다. 오늘날 세계화가 봉착한 심각한 문제들에 대한 인식이 이미 광범위하게 퍼져 있지만, 이 전환이 부드럽게 일어나리라는 보장은 전혀 없다. 이상적이라면 이 공동 발전 조약들은 초민족적 차원의 민주주의 또한 담보하고 있어야 할 것이다. 기존 조약들은 전체적인 논리가 매우 수직적이다. 각국의 국가 원수와 행정부가 자기들끼리 만나 자유 무역의 규칙을 협상하고 나서, 경우에 따라 의회 승인을 거친 뒤에는, 모든 것이 자율 주행하듯 작동한다. 이 과정에 진정한 의미의 민주적 관리 감독이란 존재하지 않고, 분쟁 해결은 상황에 따라 민간 법원에 중재를 맡기기도 한다. 다국적 기업들의 입장에서는 무척 반가운 일이 아닐 수 없다. 이와 달리 공동 발전 조약들에는 사회적 규제, 조세 및 환경 관련 규제를 중재할 순전히 정치적인 수단들이 다양하게 존재한다. 이러한 정치적 중재의 대상이 되는 규제들은 사전에 다 정해질 수 있는 게 아니기 때문에, 어느 선까지는 조약 체결 당사국들을 대표하는 초민족적 회의체에 결정을 위임할 수도 있다(도표 3 참조). 이 초민족적 회의체 구성은 두 가지 방식으로 할 수 있다. 관련 당사국 의회의 기존 의원들로 구성할 수도 있고, 초민족적 회의체를 구성할 의원들을 따로 선출할 수도 있다. 민주주의 차원에서 둘째 방식이 훨씬 더 과감하고 도전적인 이유는, 민족 국가의 정치 제도들을 단박에 초월하는 것이기 때문이다. 하지만 실제로는 빛 좋은 개살구가 될 가능성도 없지 않다. 유럽 연합 의회는 1979년부터 직선제 보통 선거를 통해 구성되지만, 권력을 행사하는 주체는 여전히 국가별로 한 명의 대표가 모이는 정상 회의나 각료 회의다. 게다가 각국 대표가 조세와 예산 문제에 거부권을 행사할 수 있기 때문에 초민족적 의회 민주주의는 유명무실해지고 말았다.[25] 2020년 팬데믹 위기 때 피해가 극심한 국가들을 지원하기 위

평등의 짧은 역사

도표 3

새로운 세계화 기구 : 초민족적 민주주의

초민족적 회의체

국제적 공공재(기후, 학습 연구, 교육, 노동 등)와 국제적 조세 정의(상위 자산과 상위 소득, 대기업에 대한 공동 조세, 탄소세)를 책임진다.

A 국가 의회	B 국가 의회	C 국가 의회	D 국가 의회	···

이 책에서 제안하는 조직 구성에 따르면, 세계화(재화·자본·사람의 이동)를 규제하는 조약들에는 관련 당사국들 간 초민족적 회의체를 설립하는 내용이 포함된다. 이 기구는 국제적 공공재(기후, 학습 연구, 교육, 노동별 등)와 국제적 조세 정의(상위 자산과 상위 소득, 대기업에 대한 공동 조세, 탄소세)를 다루게 된다.

참고: A 국가, B 국가는 프랑스, 독일, 이탈리아, 스페인 등이 국가가 될 수 있으며, 이 경우에 초민족적 회의체는 유럽 의회가 될 것이다. A 국가, B 국가는 유럽 연합, 아프리카 연합 등이 지역 연합이 될 수도 있는데, 이 경우에 초민족적 회의체는 유럽-아프리카 연합이 될 것이다. B 국가는 유럽 연합, 아프리카 연합 등이 지역 연합 그리고/혹은 의원들 그리고/혹은 특별히 이 목적을 위해 선출된 초민족적 의원들로 구성할 수 있다. 초민족적 회의체는 각국 의회 의원들 그리고/혹은 특별히 이 목적을 위해 선출된 초민족적 의원들로 구성할 수 있다.

출처 및 통계: piketty.pse.ens.fr/egalite

해 공동 차입을 통한 경기 부양을 결정할 때 그랬던 것처럼, 어떤 정책이 만
장일치로 채택되는 기적이 일어난다고 하더라도, 이는 나중에 각국 의회
의 승인을 받아야 한다. 현재의 법적 틀에서는 각국 의회만이 국내 납세자
들에게 부담을 지울 수 있는 권한을 가지고 있다. 이 모든 과정은 거추장스
럽고 신속성이 떨어질 수밖에 없다. 이 문제를 풀 수 있는 한 가지 해결책
은, 희망하는 국가들이 모여 각국 의원들로 유럽 차원의 회의체를 결성하
고, 이 기구에 관련 당사국들이 정한 제한 범위 내에서 일련의 예산, 조세,
사회 정책 관련 결정을 다수결로 내릴 수 있는 권한을 부여하는 것이다.[26]

사회 민주적 연방제를 위하여

사회적-연방제 국가의 문제는 유럽 차원에만 국한되지 않는다. 새로운
형태의 사회적 연방제, 즉 명확하고 확인 가능한 사회적 목표들을 추구하
는 민주적 연방제는 지구 차원의 문제다. 일례로, 현재 서아프리카 국가들
은 식민지 시대의 영향력에서 완전히 벗어나기 위해 자신들의 공동 통화

---

25 1952년부터 1979년까지 유럽 공동체(EC)에는 각국 의원들로 구성된 의회 회의
    체가 존재했다. 이 회의체는 1962년 유럽 의회로 이름이 바뀌었고, (오늘날의 유
    럽 의회와 거의 비슷하게) 주로 자문 역할을 했다.

26 이런 성격을 지닌 프랑스-독일 회의체가 쌍무 조약을 통해 2019년 탄생했지만,
    순전히 자문 역할에 그친다. 희망하는 모든 국가에 열려 있고, 실질적인 권한
    (누진세로 재원을 조달하는 사회·환경 분야의 부양 정책 예산 표결)을 가지게
    될 이 같은 회의체 구성을 목표로 하는 유럽 민주화 조약에 대한 제안을 보려면,
    "Manifesto for the Democratization of Europe", http://tdem.eu와 M. Bouju,
    A.-L. Delatte, S. Hennette et al., *Changer l'Europe, c'est possible*, Seuil, 2019 참
    조.

를 새롭게 만들기 위한 논의를 진행 중이다. 이는 서아프리카 화폐를 (더는 부자들의 자본의 이동성을 높이는 데만 사용하지 않고) 젊은 세대에 대한 투자와 사회 간접 자본 건설을 통한 발전 계획에 쓸 수 있는 좋은 기회다. 이 기회를 현실로 만들기 위해서는 조세와 예산을 다루는 서아프리카 차원의, 더 나아가 언젠가는 전체 아프리카 연합 차원의 새로운 연방제 도입이 필요할 것이다. 이 과정은 반드시 지난날의 실패들, 특히 독립 이후 시기에 추진된 연방제 프로젝트들에 걸림돌이 됐던 조세 이전을 둘러싼 갈등들을 반면교사로 삼아 진행돼야 할 것이다.[27]

연방제 추진 프로젝트들에 대한 참여를 이끌어내려면 조세 정의와 부자들에 대한 세금 부과는 핵심적인 문제가 아닐 수 없다. 이상적인 방법은 국내외에서 유가 증권 보유자들을 추적할 수 있게 실질적인 공공 금융 등기부를 만드는 것이다.[28] 2008년 금융 위기 이후 금융 불투명성과 해외 금융

---

27 K. Nubukpo, *L'Urgence africaine. Changeons le modèle de croissance*, Odile Jacob, 2019 참조. 서아프리카 경제 통화 연합(WAEMU)은 2008년 법인세 공동 과세 표준을 확립하고 각국에 25~30%의 세율을 적용하도록 강제하는 지침을 발표했는데, 유럽 연합은 아직 이에 대한 결정을 내리지 못했다. 세파(CFA) 프랑 (1848년 법에 따라 노예 소유주들에게 지급된 배상금을 기반으로 1853년에 설립된 세네갈 중앙은행이 발행한 화폐)을 에코(Eco)라는 명칭의 주권 화폐로 바꾸기 위해 현재 추진되고 있는 프로젝트는 깊은 정치적·역사적 함의를 지닌다.

28 *Capital et idéologie*, op. cit., p. 785-789 참조. 문제는 국가가 (경제 질서에서 중요한) 유가 증권 등록 업무를 자신 못지않게 불투명한 민간 금융 수탁 기관들, 가령 미국의 예탁 결제원(DTC), 유럽의 클리어스트림(Clearstream), 유로스트림(Eurostream)에 맡겨놓고 방치했다는 것이다. 중앙 수탁 기관 역할을 할 국제 금융 등기부(GFR, Global Financial Register)의 도입은 이 문제에 대한 해결책이 될 수 있을 것이다.

정보 자동 제공에 대한 논의가 이루어지고 있지만, 아직 이렇다 할 진전은 없다.[29] 다른 문제들과 마찬가지로 이 문제 또한 각국이 지역 혹은 세계적 차원에서 만장일치로 결정이 내려지길 기다리지 말고 지금 당장에 가능한 독자적인 조치들을 취하는 게 좋은 방법이다. 가령, 각국이 부동산이나 사업 자산, 그리고 자신의 영토에 설립된(혹은 자신의 영토에 사용자들이 있는) 생산 단위의 소유자들을 상대로 실질적 소유자들의 신원과 수익 현황 등에 대한 정보 제공을 요구할 수 있다. 정보를 제공받고 나면 각국이 민주적으로 결정한 과세표에 따라 세금을 부과하면 된다.[30] 이렇게 각국 차원에서 취할 수 있는 독자적 조치들과 연방제 차원의 사회적 제안들을 결합하는 것이 우리가 나아가야 할 방향이다. 이 두 가지 접근 방식을 대립적으

---

29 OECD에서 논의되고 있는 공동 보고 표준(CRS, Common Reporting Standard)은 모든 자산을 적용 대상으로 삼지는 않는다는 점에서 많은 한계를 노출한다. 2021년 룩스리크스(Luxleaks) 금융 스캔들이 보여주었듯이, 기업의 실질적인 수익자(즉 페이퍼 컴퍼니 뒤에 숨어 있는 진정한 소유자)를 등기부에 올리기 위해 유럽 차원에서 추진되고 있는 계획 또한 한계가 있기는 마찬가지다. 지금까지 탈세를 일삼아온 부자들에게 제대로 과세하기 위해 금융 정보의 제공이 얼마나 중요한지를 확인시켜주는 지표들을 세무 당국이 발표하는 것은 매우 중요하고 반드시 필요한 일이다. L. Chancel, "Measuring Progress Towards Tax Justice", WID. world, 2019 참조.

30 해당 기업이 요구받은 정보를 제공하지 않을 경우, 가장 손쉬운 제재 방법은 개인 소유자에 대한 재산세 과세표를 적용해 세금을 매기는 것이다. 2020년에 버니 샌더스와 엘리자베스 워런이 제안했던 세율 40%의 '국적 포기세(exit tax)'를 각국이 적용하는 것도 한 가지 방법이 될 수 있을 것이다. 이 세금은 연방 재산세를 회피하기 위해 국적을 포기하면서 해외로 자산을 이전하려는 미국 납세자들을 겨냥한 것이었다.

평등의 짧은 역사

로 보는 것은 결코 해결책이 될 수 없다.

초대륙적 차원에서, 가령 유럽-아프리카가 참여하는 공동 회의체 결성은 자칫 순진하고 실현 불가능한 발상으로 비칠 수도 있다. 하지만 경제 개발, 인구의 국제적 이동, 환경 파괴 등 공동의 문제들이 갈수록 중요해지는 현실에서 그런 논의의 장은 앞으로 더욱 필요해질 수밖에 없다. Black Lives Matter, MeToo, Fridays for Future 같은 집단행동들은 젊은 세대의 상당수가 세계적이고 초민족적인 관점에서 세상을 바라본다는 사실을 확인시켜주었다. 가령, 우간다와 콩고에서 노동 조건과 생물 다양성 파괴 문제를 일으킨 석유 그룹 토탈(Total) 같은 다국적 기업들의 활동을 평가하기 위해서는, 가장 적절한 규제 조치를 공개적으로 토론할 수 있는 초민족적 의회식 기구의 존재가 결코 사치는 아닐 것이다. 이러한 기구를 통해 인적 자원의 이동과 고등 교육에 대한 재정 지원 문제를 논의하는 것 역시 합당해 보인다. 한 가지 예를 들어보자. 2019년 프랑스 정부의 결정에 따라 유럽 역내에서 온 대학생들은 앞으로도 계속 프랑스 대학생들과 똑같은 금액의 등록금(200~300유로)을 내게 되는 반면, 유럽 역외 출신 대학생들은 3,000~4,000유로를 내야 한다. 말리나 수단 출신이라고 해서 룩셈부르크나 노르웨이 출신보다 10~20배 많은 등록금을 내야 한다는 것은 논리적으로 말이 안 된다. 이 경우에 의회에서 공적이고 초민족적인 숙의를 거쳐 좀 더 형평성 있는 해결책을 채택할 수 있을 것이다. 가령, 말리와 룩셈부르크 학부모들과 납세자들에게 각자의 소득에 비례하는 부담을 지우는 방법 말이다. 중요한 것은, 이동의 자유 같은 기본권들을 공공 서비스 시스템과 이에 따르는 공적 재정 지원과 따로 떼어서 생각할 수 없다는 점이다.

결론을 대신해 한 가지만 강조하자. 사회 민주적 연방제에 대한 거부는 민족 국가가 노출한 한계를 권위주의적 방식으로 보완하려는 반동적 시도를 낳을 수 있다는 점을 명심해야 한다. 이미 한나 아렌트는 1951년 『전체주의의 기원』에서, 전간기 유럽 사민주의자들의 최대 약점은 경제계의 도전에 부응하는 정치계의 필요성을 온전히 담보해내지 못했다는 사실이라고 지적한 바 있다.[31] 어쩌면 사민주의자들만 그랬는지도 모른다. 제국주의 열강의 식민 지배와, 볼셰비키와 나치의 정치 기획은 세계 경제와 산업·금융 자본주의의 국제화에 부합하는 포스트민족적인 국가 형태에 기반하고 있었기 때문이다. 자연은 비어 있는 상태를 끔찍이 싫어한다. 앞으로 어떤 형태든 간에 포스트민족적인 민주적 기획이 등장하지 않는 한, 그 빈 자리를 권위주의적 체제들이 차지하게 될 것이다. 이들은 고삐 풀린 황소처럼 세계를 휘젓는 경제와 국가의 위력 앞에서 불공정을 느끼는 사람들에게 솔깃한 해결책을 제시하려 들 것이다.

이러한 상황을 가장 드라마틱하게 보여주는 최근 사례가 바로 2014년 이슬람 극단주의 무장 단체 이슬람 국가(IS)의 출현(그리고 사헬 지역을 비롯한 여러 지역에서의 준동)이다. 가용 데이터에 따르면, 중동은 전 세계에서 가장 불평등한 지역이다. 불평등의 가장 큰 이유는 바로 (땅속에 그대로 놔둬야 할) 석유 자원이 인구가 적은 몇몇 영토에 집중 매장돼 있기 때문이다. 이 나라의 올리가르히들은 세계 시장에서 서양 국가들의 적극적인 지원하에 무한정으로 금융 자원을 축적하고 있다. 이들에게 무기를 팔 수 있고, 이들이 보유한 자금의 일부를 국내 은행이나 스포츠 클럽으로 유치할 수 있는 서양 국가들로서는 환영할 일이다. 그런데 이런 나라들에서 불

---

31 *Capital et idéologie*, op. cit., p. 559-565 참조.

296   평등의 짧은 역사

과 몇백 킬로미터 떨어져 있는 인구 1억 명의 이집트 같은 나라는 젊은 세대의 교육과 사회 간접 자본에 투자할 재정적 여력이 절대적으로 부족하다.[32] 이미 전례가 있었듯이, 이 지역에서 부와 투자의 좀 더 공정한 분배와 다양화를 가능하게 해줄 민주적 연방제 기구 결성을 다시 시도해볼 수 있을 것이다. 아니면 기존의 아랍 리그(AL)나 아랍 연합(Arab Union)을 재정비해 그런 역할을 맡기는 것도 얼마든지 가능하다. 하지만 이러한 논의 자체를 하지 않고 경제적·영토적 현상 유지에만 몰두한다면, IS같이 식민지 시대처럼 경계를 다시 설정하려는 반동적 프로젝트들이 활개 치게 만들어주는 꼴이 될 것이다. IS는 절대적 국가 권력과 극단적인 자기 매몰적 정체성, 전체주의적 종교 이데올로기의 구축을 통해 전간기 나치 국가의 방식과 똑같이 자신의 지지자들이 느끼는 모욕감을 해소해주려고 한다(다행히도 지금까지는 나치만큼 힘을 갖거나 정치-군사적으로 성공하지는 못했다). 과거에도 그랬듯이 오늘날에도 공정한 경제 발전과, 보편적 가치에 기반한 사회적 정의라는 신뢰성 있는 목표의 추구만이 정체성주의와 전체주의식 일탈을 막을 수 있는 방법이 될 것이다.

---

32 F. Alvaredo, L. Assouad, T. Piketty, "Measuring Inequality in the Middle East: The World's Most Unequal Regions?", *Review of Income and Wealth*, 2019 참조. *Capital et idéologie*, op. cit., p. 761-764 참조.

제10장
민주적·환경적·다문화적 사회주의를 향하여

평등을 위한 투쟁은 무엇보다 과거 투쟁의 기억을 자양분 삼아 21세기에도 계속될 것이다. 지난 두 세기 동안 사회적·경제적·정치적 평등의 확대를 향한 역사적 움직임이 가능했던 것은 무수한 반란과 혁명과 대규모 정치적 집단행동이 있었기 때문이다. 이는 미래에도 마찬가지일 것이다. 이 마지막 장에서 나는 앞으로 수십 년 동안 일어날 변화를 촉발할 몇 가지 요인, 그중에서도 특히 환경 재난과, 세계적 차원에서 벌어질 국가 간 경쟁과 이데올로기 각축에 대해 언급하려고 한다. 특히 '중국식 사회주의'의 부상이 우리에게 던지는 과제를 집중적으로 다룰 생각이다. 국가주의적이고 권위주의적인 중국식 사회주의 모델은 이 책에서 주장하는 분권화된 민주적 사회주의와 모든 면에서 대척점에 있으며 훨씬 덜 해방적인 체제이다. 하지만 서구 강대국들은 이를 진지하게 보는 게 도움이 될 것이다. 서구 선진국들이 시대에 뒤떨어진 하이퍼자본주의 모델만 계속 고수하려 든다면, 앞으로의 성공은 장담할 수 없다. 진정한 대안은 민주적·참여적·연방제적·환경적·다문화적인 사회주의다. 이 제도는 사실상 18세기 말부터 시작된 평등을 향한 긴 여정의 논리적 귀결이다. 우리 모두가 분권화된 방식으로 이 목표의 실현에 기여할 수 있으려면, 보편주의적 지향을 가진 새로운 주권주의 형태들을 만들어내야 할 것이다.

변화의 요인들: 온난화와 이데올로기 간 각축

사회적 국가, 누진세, 참여적 사회주의, 선거와 교육에서의 평등, 신식민주의 극복을 비롯해 이 책에서 언급한 모든 변화들은 강력한 집단행동과 권력관계의 변화가 수반되어야만 일어날 수 있다. 이는 당연한 지적이다. 과거에도 낡은 체제를 새로운 제도로 바꾼 힘은 투쟁과 집단적 움직임이었기 때문이다. 물론 새로운 사회적·정치적 운동을 통해 유권자의 절대다수를 움직이고, 야심 찬 변화들을 담은 정강을 제안함으로써 권력을 잡는 조용한 변화를 상정하지 못할 것은 없다. 하지만 과거의 경험은 우리에게, 거대한 역사적 변화는 위기와 갈등과 충돌의 순간에 찾아옴을 말해주고 있다. 미래에 다가올 변화를 가속화시킬 요인 중 하나로 당연히 환경 재난이 꼽힌다. 과학자들의 연구가 환경 재난의 가능성을 점차 확신으로 변화시키고 있으므로 파국을 막기 위한 적절한 집단행동이 당연히 일어나리라 기대할 수 있다. 그런데 현실은 이런 예상과 다르다. 불행히도 지금까지 우리가 느낀 것보다 더 확실하고 구체적인 피해가 발생해야 비로소 보수적인 태도가 달라지고 현재의 경제 시스템에 대한 근본적인 문제 제기가 일어날 것으로 보인다.

지금 단계에서는 어디서 이런 구체적인 징후들이 나타날지 아무도 예상할 수 없다. 우리가 아는 것은 지구의 기온이 갈수록 높아져 21세기 동안

300

산업화 이전에 비해 최소한 3도 이상 올라가리라는 점, 그리고 현재 우리가 예상하는 조치들보다 훨씬 강력한 조치들만이 이런 시나리오의 실현을 막을 수 있을 것이라는 점뿐이다. 전 지구적으로 기온이 3도 오른다고 가정할 때 한 가지 확실한 것은, 그 어떤 모델로도 기온 상승으로 인한 전반적인 연쇄 반응을 예측하기가 불가능하다는 사실이다. 얼마나 빨리 해안 도시들이 물에 잠기고 나라 전체가 사막 기후로 변할지 아무도 모른다. 생물 다양성의 급속한 붕괴와 해양의 산성화, 지력(地力) 상실처럼 이미 벌어지고 있는 심각한 상황들을 볼 때, 파국의 첫 징후들이 전혀 다른 쪽에서 나타나는 것도 얼마든지 가능한 일이다.[1] 최악의 시나리오는 이런 징후들이 너무 늦게 발견돼 자원을 둘러싼 국가 간 충돌을 피할 수 없게 되는 경우다. 정말로 이런 상황이 벌어진다면, 가능할지 불가능할지 모르는 재건에 수십 년은 걸릴 것이다.[2] 물론 다른 가능성도 없는 건 아니다. 앞으로 나타날 강력한 징후들, 가령 빈번한 대형 화재 발생이나 자연 재난이 건설적인 방향으로 인식의 전환을 초래할 수도 있다. 그렇게 되면 1930년대 대공황 때 그랬듯이, 경제 체제의 근본적인 변화와 새로운 형태의 공권력 개입

---

1   *Global Warming of 1,5°C*, IPCC Special Report, 2018 ; *Global Assessment Report on Biodiversity and Ecosystem Services*, IPBES, 2019 ; W. Steffen et al., "Planetary Boundaries: Guiding Human Development on a Changing Planet", *Science*, 2015 ; J. Hickel, *Less is More*, Heinemann, 2020 참조

2   레오노라 미아노(Léonora Miano)는 소설 「붉은 여왕 Rouge impératrice」(2019)에서, 21세기에 기후 재난과 핵 재앙을 겪은 뒤 2124년에 마침내 하나로 통합되는 강력한 아프리카 연방의 모습을 그린다. 서구 국가들의 상품화와 세계화가 초래한 문제들을 극복하는 데 성공한 아프리카 연방은 편견과 원한을 털어낸 뒤 유럽 난민들에게 도움의 손길을 내민다.

이 정당성을 얻게 될지 모른다. 다수가 일상에서 심각한 피해를 느끼는 상황이 되면, 자유 무역에 대한 태도가 획기적으로 변할 가능성도 있다. 그렇게 되면 가장 큰 원인을 제공한 라이프 스타일을 가진 국가와 사회 집단들, 가령 미국과 유럽을 비롯한 전 세계 부자들에 대한 적대적 반응이 생겨날 수도 있다.[3]

한 가지 우리가 꼭 기억해야 할 게 있다. 인구가 적은 선진국들(미국, 캐나다, 유럽, 러시아, 일본은 대략 전 세계 인구의 15%를 차지한다)이 산업화 시대 초기부터 축적된 탄소 배출량의 80%에 책임이 있다는 사실이다. 서구 국가들의 국민 1인당 연간 탄소 배출량은 1950~2000년 동안 극도로 높은 수준에 도달해, 미국은 1인당 25~30톤, 유럽은 15톤 내외에 이르렀다. 이후 감소하기 시작해 2020년 초반에는 미국이 1인당 연간 20톤, 유럽이 10톤을 배출했다. 중국의 경우는 2000년까지만 해도 1인당 연간 5톤 이하였으나 2000~2020년 사이에 5~10톤을 배출했다. 현재까지의 추이대로라면 앞으로 서양만큼 많은 탄소를 배출하지 않고도 똑같은 생활 수준에 도달할 수 있을 것으로 예상된다.[4] 그 이유는 물론 부분적으로 지구 온

---

3   제1장, 그래프 3 참조. 환경적 파국을 맞고 나면 사람들이 더는 테크노 억만장자들의 변덕과 기행, 자가용 비행기, 우주 관광을 웃어넘기지 못할지도 모른다. 이 부자들은 (세금을 내고 검박하게 사는) 간단하고 뻔한 해결책을 피하기 위해 언제든지 허황된 지구공학적 가설에 투자할 준비가 돼 있는 사람들이다.

4   L. Chancel, "Global Carbon Inequality in the Long Run", WID.world, 2021 참조. 또한 L. Chancel, T. Piketty, "Carbon and Inequality: From Kyoto to Paris", WID.world, 2015 참조. 여기에 제시된 수치들은 (수입 보정값이 적용된) 간접 배출 전체를 나타낸다.

난화에 대한 인식 확대와 신기술의 발전 덕분이다. 일각에서는 마치 '녹색 계몽주의'가 최근에 출현한 개념인 것처럼, 극적인 해결책인 것처럼 여기는 경향이 있다. 하지만 이는 사실과 다르다. 사람들은 아주 오래전부터, 산업 혁명 초기부터 이미 화석 연료 사용의 급속한 증가가 끼칠 해악을 염려하고 있었다. 그럼에도 불구하고 대응이 느리고 지금도 여전히 제한적인 수준에 그치는 이유는, 국내외적으로 막대한 사회-경제적 이해관계가 걸린 문제이기 때문이다.[5] 기후 온난화 현상을 완화하고 피해가 극심한 나라들(특히 후진국들)의 기후 변화 적응을 재정적으로 지원하려면 경제 시스템 전반과 부의 분배에 변화가 일어나야 한다. 이는 국제적 차원에서 새로운 정치적·사회적 연합의 결성 없이는 불가능하다. 패자는 없고 승자만 있으리라는 생각은 위험하고 도취적인 환상이므로 얼른 깨어나지 않으면 안 된다.

중국식 사회주의: 완벽한 디지털 독재의 단점들

이번에는 환경 문제 외에 앞으로 정치적 변화를 가속화시킬 주요한 요인 중 하나인 강대국 간 경쟁과 이데올로기 각축에 대해 살펴보기로 하자. 이 문제의 핵심은 중국 체제의 미래와, 이 체제가 가진 강점과 약점을 이해하는 것이다. 예기치 않은 붕괴가 일어나지 않는 한 중화 인민 공화국은 앞으로 수십 년 내에 세계 제1의 경제 대국이 될 가능성이 높다. 물론 이 속도가 얼마나 빠를지, 시간이 얼마나 걸릴지는 그 누구도 정확히 예측하기 힘

---

5   C. Bonneuil, J.-B. Fressoz, *L'Événement anthropocène. La Terre, l'histoire et nous*, Points, 2016 ; J.-B. Fressoz, F. Locher, *Les Révoltes du ciel. Une histoire du changement climatique*, Seuil, 2020 참조.

들다.[6] 중국과 서구 경제 시스템의 가장 큰 차이점은 당연히 소유 체계, 그 중에서도 특히 공적 소유의 비중이다. 중국에서 공적 자본(모든 정부 부문과 지자체 부문을 합한 자본)이 차지하는 비중은 개혁이 시작된 1978년에는 70%에 육박했으나, 1980~1990년대, 그리고 이후 2000년대 중반까지 큰 폭으로 감소하다가 30%대에서 안정됐다(그래프 39 참조).

한 가지 놀라운 사실은, 중국에서 소유의 사유화 과정이 2005~2006년 이후 중단됐다는 사실이다. 이후 공적 소유와 사적 소유의 균형은 거의 변동이 없다. 고속 성장 중인 중국 경제에서 자본 축적은 여러 가지 형태로 계속 이루어지고 있다. 눈 깜짝할 사이에 새로운 토지가 개발되고 공장과 고층 건물이 지어진다. 현재 공공이 보유한 자본은 민간 자본과 거의 똑같은 속도로 증가하고 있다. 이런 면에서 중국은 혼합 경제라 지칭할 수 있는 소유 구조로 안정화되고 있는 듯 보인다. 다시 말해, 중국이 엄밀한 의미의 공산 국가는 아니지만, 그렇다고 온전히 자본주의 국가도 아니라는 뜻이다. 중국에서 공적 소유는 전체 소유의 30%를 조금 넘는 적은 수준이 분명하지만, 실질적인 영향력을 가지기에 충분한 규모다. 전체 소유의 30% 가까이를 공공이 보유하고 있다는 것은 국가가 행사할 수 있는 공권력이 그만큼 크다는 의미다. 국가가 투자와 고용 창출을 위한 대

---

6 구매력 평가 지수로 표시한 중국의 GDP는 이미 2013년에 미국을 앞섰다. 하지만 성인 1인당 연간 국민 소득으로 보면 중국은 여전히 서양의 1/3 수준에 그친다(중국은 1만 5,000유로, 서유럽은 4만 유로, 미국은 5만 유로). 현재 격차가 줄어드는 속도를 감안하면(연간 5%), 2040~2050년에는 똑같은 수준에 도달할 수 있을 것이다. 그때가 되면 중국의 인구와 GDP는 미국과 유럽을 모두 합친 것보다 50% 더 많은 수준이 될 것이다.

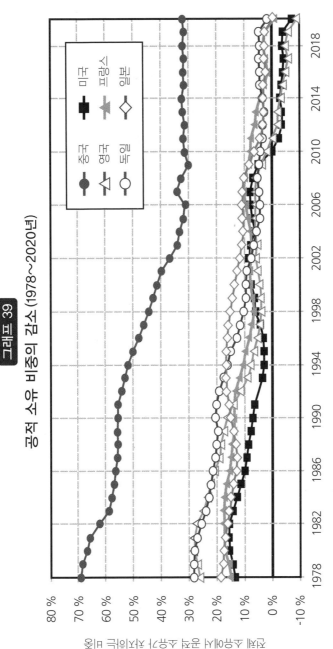

그래프 39

공적 소유 비중의 감소 (1978~2020년)

중국의 전체 소유(공적 소유와 사적 소유의 합)에서 공적 소유 분야와 자치 단체가 보유한 모든 형태(기업, 부동산, 토지, 자본, 금융 자산 등)의 자산 총에서 부채를 뺀 순 공적 자산)가 차지하는 비중은 1978년 대략 70%에 육박했으나 2000년대 중반 이후 30%대에서 안정화됐다. 자본주의 국가들에서는 이 비율이 1970년대 말에 15~30%대였고, 2020년에는 거의 제로이거나 마이너스 수준이다.

출처 및 통계: piketty.pse.ens.fr/egalite

범례 (세로축 방향):
- 80 %
- 70 %
- 60 %
- 50 %
- 40 %
- 30 %
- 20 %
- 10 %
- 0 %
- -10 %

전체 소유에서 순 공적 자산가 차지하는 비중

범례:
- 미국
- 프랑스
- 일본
- 중국
- 영국
- 독일

상지를 선정하고, 지역 개발 정책을 추진하는 데 막대한 영향력을 행사할 수 있기 때문이다.

또 한 가지, 공적 자본의 평균 비중 30%라는 수치 뒤에 감춰진 자산 범주별 차이를 눈여겨볼 필요가 있다. 중국의 주택용 부동산은 거의 대부분 사유화되었다. 2020년대 초반을 기준으로 정부와 기업이 소유한 주택 보유고는 5% 미만에 불과하다. 은행을 통한 저축 가능성이 제한적이고 공적 연금 시스템의 재정이 부족하다 보니, 경제적 여유가 있는 중국 가정들에게 주택은 최고의 투자 대상이 되었고, 이는 결국 부동산 가격 폭등을 불러왔다. 부동산과 달리 기업의 자본은 여전히 상당 부분 정부가 소유하고 있다. 중국 정부는 현재 기업 총자본(규모와 업종에 상관없이 상장 기업과 비상장 기업의 자본을 모두 합친 것)의 55~60%를 소유하고 있다. 2005~2006년 이후 이 비중이 거의 변하지 않았다는 사실은 국가가 생산 시스템을 밀착 통제하고 있다는 의미다. 특히 대기업에 대해서는 정부의 통제가 더욱 강하게 이루어지고 있다. 중국 기업의 자본 중 외국인 투자자의 보유 비중이 현격히 감소하고, 이 감소분이 중국 가계의 보유분 증가로 상쇄되고 있는 현상 또한 주목해서 바라볼 필요가 있다(그래프 40 참조).

혼합 경제 체제와 기업에 대한 국가의 강력한 통제 외에, 중국이 자국 체제의 호칭으로 좋아하는 표현인 '중국식 사회주의'에는 중요한 특징이 하나 더 있다. 중국 공산당의 지배적인 역할이 바로 그것이다. 중국 공산당 (CCP)은 2020년을 기준으로 9,000만 명이 넘는 당원을 보유하고 있는데, 이는 중국 성인 인구의 대략 10%에 해당하는 수치다. 《환구시보》를 통해 매일 보도되는 중국 정부의 공식적인 입장은, 중국식 사회주의가 서양의 슈퍼마켓식 선거보다 근본적으로 우월하다는 것이다. 중국식 사회주의에

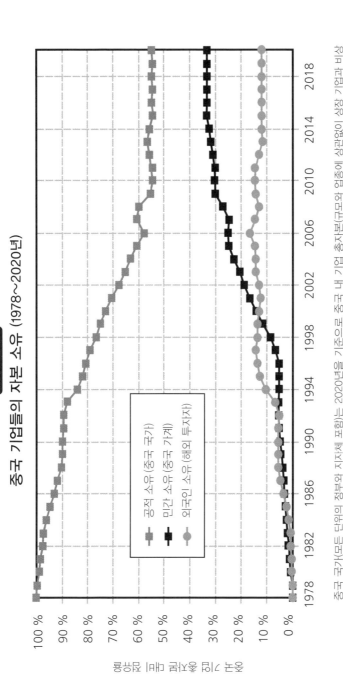

그래프 40

중국 기업들의 자본 소유 (1978~2020년)

중국 국가(모든 단위의 정부와 지자체 포함)는 2020년을 기준으로 중국 내 기업 총자본(규모와 성관없이 성장 기업과 비상 장 기업의 자본을 모두 합친 것)의 약 55%를 보유하고 있다. 중국 가계의 보유 비중은 33%, 해외 투자자들의 보유 비중은 12% 이다. 2006년 이후 해외 투자자들의 보유 비중은 줄어드는 반면 중국 가계의 비중은 늘어났다. 중국 국가의 보유 비중은 변동 없이 55% 선에서 안정화됐다.

출처 및 통계: piketty.pse.ens.fr/egalite

서는 의욕적이고 결의에 찬 전위 집단이 국가의 운명을 책임지는데, 중국 사회를 대표하는 이 선발된 집단은 변덕스럽고 줏대 없는 서양의 보통 유권자들보다 훨씬 공익을 위해 헌신한다는 것이 그 생각의 핵심이다.[7] 하지만 현실은 이와 달라서, 중국은 아무도 닮고 싶어 하지 않는 완벽한 디지털 독재로 점차 변해가고 있다. 외부에 일절 공개되지 않는 당내 숙의 모델은 설득력을 갖기 힘들다. 이에 반해 소셜 네트워크상에서의 국민에 대한 감시 확대, 반체제 인사와 소수 민족에 대한 탄압, 홍콩 선거 제도의 폭력적 개편, 대만의 선거 민주주의 제도에 가하는 위협은 갈수록 공공연하게 이루어지고 있다. 이런 체제가 다른 나라 (정치 지도자들은 물론이고) 여론에 매력적으로 받아들여질 가능성은 크지 않다. 이에 더해 급격한 불평등 증가, 부의 분배를 둘러싼 극심한 불투명성, 그리고 이 두 가지에서 중국인들이 느끼는 불공정성(이 감정은 몇 사람을 해임하고 투옥한다고 해서 영원히 달랠 수 있는 건 아니다)의 문제 또한 지적하지 않을 수 없다.[8] 예고된 인구 감소와 인구 노령화의 가속화 또한 중국 정부 입장에서는 심각한 도전이다. 잘못하다간 21세기 후반에 세계 제1의 경제 대국 자리를 인도에 내

---

7   천안문 사태 당시 대학생이었던 현《환구시보》편집장 후시진은 유고슬라비아
    내전이 일어났을 때 당이 가진 갈등 중재자로서의 역할과 당내에서 이루어지는
    숙의의 중요성, 그리고 국경이나 소유 체계 같은 복잡미묘한 문제의 결정을 감정
    에 좌우되는 선거에 맡기는 것이 불가능함을 깨달았다고 밝혔다. 후시진의《르
    몽드》지(2017. 10. 15.) 인터뷰 참조.

8   중국의 불평등 추이와 데이터의 투명성 부족에 대해서는, T. Piketty, G. Zucman,
    L. Yang, "Capital Accumulation, Private Property and Rising Inequality in
    China, 1978-2015", WID.world 2017, *American Economic Review*, 2019 참조.

주는 상황이 벌어질 수도 있기 때문이다.[9]

이렇게 단점들도 있지만 중국식 사회주의에는 장점 또한 적지 않다. 서구 열강들이 계속 시대착오적인 하이퍼자본주의 이데올로기를 고수한다면, 갈수록 커지는 중국 체제의 영향력을 제어하기 힘들지도 모른다. 경제적·금융적 측면에서 부채 규모를 훨씬 웃도는 자산을 보유한 중국 국가는 국내외에서, 특히 사회 간접 자본과 에너지 전환 등에 과감한 투자를 할 재정적 여력이 있다. 중국과 달리 서구 주요 국가들은 2020년대 초반을 기준으로 공적 소유의 비중이 모두 제로이거나 마이너스 수준을 보인다(그래프 39 참조). 공공 부문 계정의 수지 균형을 맞추지 못한 선진국들은 공공 부채가 늘자 점점 더 많은 공공 자산을 매각해, 부채 규모가 자산을 다소 상회하는 수준에 이르렀다. 이 점 하나는 분명히 해두자. 역사상 사적 소유의 규모가 지금처럼 거대했던 적이 없었다는 점에서 오늘날 부자 나라들이 부자인 건 분명한 사실이다. 단지 그 국가들이 가난할 뿐이다. 지금의 추세가 계속된다면 이 국가들의 공적 자산은 점점 마이너스 상태가 될 수밖에 없다. 그런 상황이 되면 국채 보유자들이 공적 자산(건물, 학교, 병원, 사회 간접 자본 등) 전부를 소유하게 되는 것은 물론, 미래에 납세자들이 낼 세금

---

9 아마 2028년에는 인도 인구가 중국을 앞지를 것이다. (장담하기는 어려운 일이지만) 인도가 무거운 불평등의 유산을 극복하고 교육, 의료, 인프라에 좀 더 많이 투자하는 동시에, 현재 권력을 잡은 힌두 민족주의자들의 정체성주의적이고 권위주의적인 일탈에서 벗어나는 데 성공할 수만 있다면, 중국에 비해 여러 면에서 유리하다. 의회 제도와 연방제, 선거 제도, 언론의 자유를 가진 인도는 중국보다 더 탄탄한 (그리고 다른 나라들에 수출하기에 더 매력적인) 정치적 기반을 가진 나라다.

의 일부에 대한 인출권까지 갖게 되는 셈이다.[10] 물론 다른 방식의 귀결도 가능하다. 바로 이 국가들이 전후에 그랬던 것처럼, 상위 자산에 세금을 부과한다면 여기서 발생한 세수로 빠르게 공공 부채를 줄여나가면서 예전처럼 공권력의 운신의 폭을 다시 넓힐 수 있을 것이다.[11] 이를 위해서는 다양한 선택의 가능성과, 그 방향으로 나아가기 위한 정치적·사회적 집단행동에 대한 인식이 필요한데, 불행히도 지금 팽배해 있는 보수주의 분위기 속에서는 위기들이 더 찾아와야 가능한 일일 것 같다.

중국식 체제는 다른 강점들도 가지고 있다. 기후 재난이 발생하면 중국은 거리낌 없이 서양에 책임을 묻고 비난할 수 있을 것이다. 자신들이 노예제나 식민 지배 없이도 산업화를 이루어냈음을, 오히려 자신들은 그것들

---

10 여전히 진행 중인 최근의 공공 자산 매각 사례로 프랑스 정부가 2019년 매각을 결정한 파리 공항 그룹(ADP) 민영화 계획이 있다. 부유세와 누진 자본 소득세를 폐지함으로써 연간 50억 유로의 세수를 포기한 프랑스 정부는 이 매각으로 80억 유로의 세수 유입을 기대하고 있다. 감세 혜택을 받는 사람들에게 소유 증서를 직접 양도하는 게 더 간단하고 쉽지 않았을까 생각한다.

11 제5장 참조. 국민 계정에 기록된 공적 자산의 가치는 일반적으로 국민 소득의 100~150%이기 때문에, 부채가 이 수준을 넘어서면 공적 자산은 마이너스가 된다. 여기서 한 가지 언급해야 할 것은 이 서구 국가들 또한 1950~1980년에는 혼합 경제였다는 사실이다. 당시에 공공 부채는 거의 없었던 반면 공적 자산은 상당한 규모여서, 순 공적 자산이 전체 국가 자본에서 실질적인 비중(대개가 20~30%)을 차지했다. 내가 이 책에서 공적 자산의 이상적인 수준에 대해 단정적으로 말하기는 어렵다. 이는 특히 공적 부문의 민주적 거버넌스 형태에 따라 달라지는 복잡한 문제이기 때문이다. 국가 총자본 중 순 공적 자산의 비중이 제로나 마이너스인 것보다는 플러스인 게, 하지만 절반은 넘지 않는 게 바람직하다고만 간단히 말해두자.

의 피해자임을 중국은 기회가 있을 때마다 상기시킨다. 틈만 나면 전 세계에 정의와 민주주의를 가르치려 들지만 정작 체제 내부를 갉아먹는 불평등과 차별은 해결하지 못하는 무능한 선진국들, 이익만 되면 언제라도 전제주의 통치자들과 올리가르히들과 손을 잡는 타협적인 선진국들, 그러면서도 늘 오만하기만 한 선진국들을 상대로 중국은 유리한 입장이 될 것이다. 여러 측면에서 민주적이고 참여적인 새로운 형태의 사회주의가 중국식 권위주의적 국가 사회주의의 바람직한 대안이 될 수밖에 없다. 환경적이고 포스트식민주의적인 이 새로운 사회주의는 마침내 후진국들의 운명을 고민하고, 서구 국가들의 불평등과 위선에 응답하게 될 것이다. 이러한 중국의 변화는 동력을 상실한 신자유주의에 대안을 제시할 수도 있을 것이다. 신자유주의의 쇠퇴는 2008년 금융 위기와 2020년 팬데믹 위기로 가속화되었는데, 그 주된 이유는 규제 완화를 통해 경기 부양을 달성하겠다는 레이건주의의 약속이 지켜지지 않았기 때문이다.[12] 중간 계급과 민중 계급은

---

12 신자유주의는 1980년대부터 전 세계를 휩쓸고 있는 새로운 형태의 경제적 자유주의를 가리키는 용어로, 19세기부터 제1차 세계 대전이 발발한 1914년까지 영향력을 발휘했던 정통적인 경제적 자유주의에 대비되는 개념이다. 이 개념은 유용하게 쓰일 수 있지만, 한 가지 우리가 명심해야 할 게 있다. 이 신자유주의가 선진국들에서는 1914년 이전과는 크게 달라진, 강력한 복지 국가 개념이 뿌리내린 사회들에 자리 잡았으며, 후진국들에서는 1960년 이전이나 1914년 이전의 식민주의와는 전혀 다른 신식민주의의 영향하에 있는 독립 이후 사회들에 자리 잡았다는 사실이다. 이 용어는 1938년에 일군의 자유주의 지식인들이 파리에서 개최한 한 학술회의에서 처음 사용되었다. (언론인 월터 리프먼, 경제학자 프리드리히 하이에크, 루트비히 폰 미제스, 빌헬름 뢰프케를 비롯한) 참석자들은 1914년 이전의 자유주의가 붕괴하는 현실을 함께 공유하고 미래의 재건을 논의했다. S. Audier, *Le Colloque Lippmann. Aux origines du 'néo-libéralisme'*, BDL, 2012 ;

그동안의 달콤한 약속들이 지켜지지 않자 세계화에 대해 심각한 의문을 가지기 시작했다. 현 상황에서 가장 우려되는 것은 당연히 신자유주의가 다양한 형태의 신민족주의로 대체될 가능성이다. 가령 트럼프주의와 브렉시트, 튀르키예·브라질·인도에서 나타나는 민족주의의 득세는 형태는 달라도 한 가지 공통점이 있다. 국가적 불행의 책임을 외국인과 국내의 다양한 소수 집단들에게 돌린다는 것이다.[13] 트럼프주의의 실패는 정체성 충돌의 격화와, 부자들과 대규모 환경 오염 유발자들을 위한 사회적 덤핑이나 조세 덤핑을 초래할 그러한 정치적 흐름의 한계를 고스란히 노출했다.[14] 이러한 신민족주의적 흐름들은 현재 세계가 부닥친 문제들을 해결할 능력이 없을뿐더러, 오히려 중국식 권위주의적 국가 사회주의를 강화하는 데 기여하고 있는 듯이 보인다. 중국식 모델 역시 민족주의를 자양분으로 삼고 있긴 하지만, 최소한 당분간은 강력한 공권력을 바탕으로 자신의 목표를 실현해나갈 수 있을 것으로 예상된다.

Néo-Libéralisme(s). Une archéologie intellectuelle, Grasset, 2012 참조.

13 정치-이데올로기적 영역을 자유주의·민족주의·사회주의로 나누는 삼분법이 지닌 구조적 취약성에 관해서는, B. Karsenti, C. Lemieux, *Socialisme et sociologie*, Éditions de l'EHESS, 2017 참조. 내용을 간단히 요약하자면, 자유주의가 시장과, 사회에서 이탈한 경제(social disembedding of the economy)에 기반한다면, 민족주의는 국가와 종족-민족적 연대의 물화(物化, reification)로 자유주의에 대응하며, 사회주의는 교육과 지식, 권력의 분유를 통한 보편주의적 해방을 지향한다.

14 유럽 연합 차원에서 1980~1990년대에 이루어진 규제 완화에 만족하지 못하고 새로운 대규모 규제 완화를 요구한 헤지 펀드와 금융 로비스트들이 2016년 브렉시트 캠페인에 돈을 댔던 방식에 대해서는, M. Benquet, H. Bergeron, *La Finance autoritaire. Vers la fin du néolibéralisme*, Raisons d'agir, 2021 참조.

자본주의 간 전쟁에서 사회주의 간 전투로

앞서 언급한 여러 이유 때문에 미래에 벌어질 이데올로기적 충돌은 흔히 언급되는 자본주의 간 전쟁이 아니라 사회주의 간 전투의 양상을 띨 가능성이 크다. 우리는 지금까지 역사적으로 무수하고 다양한 경제 모델이 전 세계에 존재해왔다는 사실을 알아야 한다. 자본주의나 사회주의를 표방하는 시스템은 그중 일부일 뿐이다.

이 책에서 나는 민주적이고, 연방제적인, 분권화되고 참여적인, 환경적이고 다문화적인 사회주의의 가능성을 주장했다. 이 사회주의는 사회적 국가와 누진세의 확대, 기업 내 권력 분유, 포스트식민주의 배상, 차별 철폐, 교육 평등, 개인 탄소 카드 도입, 점진적인 경제의 탈상품화, 고용 보장, 모두를 위한 상속, 화폐적 불평등의 대폭 축소, 그리고 마침내 금권의 영향에서 벗어난 선거와 미디어 시스템의 기반 위에서 작동하게 될 것이다. 이러한 방향들은 몇 가지 가능성일 뿐이다. 이 책을 통해 나는 무엇보다 다양한 시스템의 실현 가능성과, 과거에 집단행동이 대안적 시스템을 요구하면서 역사에 길을 냈던 방식을 보여주고 싶었다. 1990년대 소비에트 공산주의 몰락 이후 잠시 중단됐던 대안적 시스템과 다양한 사회주의 형태에 대한 논의는 2008년 금융 위기 이후에 현재의 시스템이 초래한 불평등과 기후 위기에 대한 인식이 자리 잡으면서 다시 활성화되기 시작했다. 이러한 논의와 투쟁들은 앞으로도 멈추지 않고 계속될 것이다.

한 가지 덧붙이고 싶은 것은, 이 민주적 사회주의가 현재의 세계와 거리가 아주 멀어 보이지만 실상은 과거에 이미 일어났던, 어떤 면에서는 불과 수십 년 사이에 일어났던 거대한 변화들의 연장선상에 있다는 사실이다. 몇 가지 형식적 유사성을 빼고는 1980년대 사민주의 혼합 경제와, 1910년의 권위주의적 식민 자본주의를 특징짓는 사회·법률·조세·교육·선거 제도 사이에는 아무런 공통점이 없다. 이 책에서 주장하는 민주적이고 참여적인 사회주의는, 만약 2050년 이전에 태동하게 된다면, 이 역사적 흐름의 직접적인 연장선상에 놓이게 될 것이다. 미래의 이 새로운 사회주의 모델과 현재 경제 체제의 차이는 앞선 두 모델, 즉 사민주의 혼합 경제와 식민 자본주의의 차이만큼 클 것이다. 경제 시스템을 장기적인 관점에서 바라보는 것은 서로 다른 모델 간의 소통을 위해서도 필요한 일이다. 만약 서구 국가들이 일부라도 기존의 자본주의적이고 민족주의적인 관점에서 벗어나, 민주적 사회주의와 신식민주의 탈피를 기반으로 조세 정의를 실현하고, 세계적 차원에서 다국적 기업과 억만장자들의 수입을 공유하는 강력한 조치들을 취한다면 후진국들의 신뢰를 회복할 수 있음은 물론, 투명성과 민주주의 문제에서 중국식 권위주의적 국가 사회주의에 압박을 가할 수 있을 것이다. 현 단계에서는 환경과 가부장제, 인종 혐오 등의 중요한 문제에 대해 그 어떤 체제도 다른 체제에게 귀감이 되지 못한다. 체제 간의 대화와 소통, 건전한 경쟁만이 미래에 진보를 가능하게 할 수 있을 것이다.

화폐가 우리를 구원해줄까?

어떤 경제 모델을 채택하든 앞으로 수십 년 동안 통화 제도와 금융 제도는 핵심적인 역할을 하게 될 것이다. 중앙은행과 통화 창출은 2008년 금융 위기와 2020~2021년 팬데믹 위기 이후 절대적인 중요성을 갖게 됐다. 구체적으로 살펴보면, 세계 주요 중앙은행들의 대차 대조표, 즉 빌려준 대출금과 보유한 유가 증권의 합계가 10년 남짓 만에 전후에 기록했던 역사상 최고 수준에 다시 도달했다(그래프 41 참조). 이론적으로는 이보

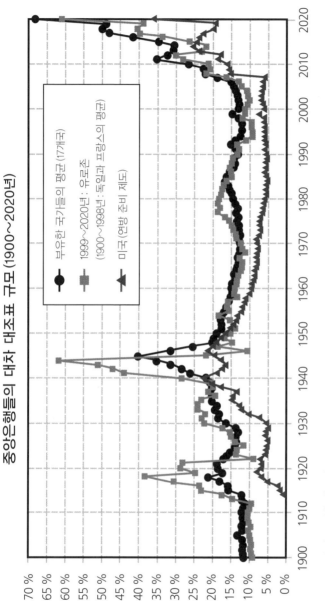

그래프 41

중앙은행들의 대차 대조표 규모 (1900~2020년)

부가세 GDP 대비 중앙은행의 총자산 (%)

범례:
- 부유한 국가들의 평균 (17개국)
- 1999~2020년: 유로존
  (1900~1998년: 독일과 프랑스의 평균)
- 미국 (연방 준비 제도)

유럽 중앙은행(ECB)이 보유한 부유한 총자산은 2004년 12월 31일 유로존 GDP의 11%에서 2020년 12월 31일 61%로 늘어났다. 1900~1998년의 그래프 곡선은 독일 중앙은행과 프랑스 중앙은행 평균값을 나타낸 것으로, 1918년에 39%, 1944년에 62%로 정점을 찍었다. (1913년에 설립된) 연방 준비 제도의 총자산은 2007년 말 미국 GDP의 6%에서 2020년 말 36%로 증가했다.

참고: 부유한 국가들의 평균은 독일, 일본, 오스트레일리아, 벨기에, 캐나다, 덴마크, 미국, 프랑스, 핀란드, 네덜란드, 이탈리아, 일본, 노르웨이, 포르투갈, 스웨덴, 스위스, 영국, 이렇게 총 17개국의 산술 평균이다.

출처 및 통계: piketty.pse.ens.fr/egalite

다 더 높아지지 못하란 법도 없다.[15] 오늘날에는 어떤 화폐도 금 혹은 기준이 되는 하나의 실물에 대비해 가치가 규정되지 않는다. 화폐는 무엇보다 컴퓨터상에 존재하는 전자적 기호로, 중앙은행이 무제한으로 만들어낼 수 있다. 단기간 내에 중앙은행 디지털 화폐(CBDC)를 도입하자는 계획 또한 존재한다. 이 계획이 현실화되면 각 개인은 자기 나라의 중앙은행에 디지털 계좌를 보유하게 된다. 그러면 중앙은행이 지금처럼 민간 은행이나 기업 계좌에만 입금해줄 수 있는 게 아니라, 개인 계좌에도 직접 입금해줄 수 있게 된다.[16]

2008년 이후 급격히 늘어난 통화 창출은 경제 제도가 결코 고정불변한 것이 아님을 다시 한번 확인시켜주었다. 경제 제도는 위기가 발생하고 권력 관계가 변할 때마다 불안정하고 일시적인 타협을 통해 끊임없이 재정비된다. 새롭고 쉬운 방식으로 통화 공급을 늘릴 수 있다 보니 오해가 생겨 이참에 분명히 해두어야겠다. 간단히 말하자면, 화폐는 경제·사회·기후 정책에 필수적인 도구이지만 절대 신성화해서는 안 된다. 우리는 화폐를 제자리로, 다시 말해 사회적 국가, 누진세, 의회를 통한 숙의, 민주적 관리 감독에 기반한 일관적이고 제도적인 틀 안으로 되돌려놓아야 한다.

---

15 스위스와 일본 중앙은행의 대차 대조표는 이미 2020년 팬데믹 전에 GDP의 100%를 넘어섰다. *Capital et idéologie*, op. cit., p. 811-821 참조.

16 통화 정책상의 이점 말고도 CBDC의 도입은 무료에 누구나 접근 가능한, 진정한 의미의 은행 공공 서비스의 출현을 의미하게 될 것이다. 이런 면에서 민간 사업자들이 꿈꾸는 전자 화폐 시스템(비집중화되고 환경 파괴적인 암호 화폐인 비트코인이든, 메타Meta와 민간 은행들이 개발 중인 집중화되고 불평등한 가상 화폐든)과는 대척점에 있다.

평등의 짧은 역사

여기서 우리가 반드시 기억해야 할 게 하나 있다. 통화 정책에는 인플레이션이라는 유일하고 중대한 한계가 있다는 점 말이다. 소비자 물가의 실질적인 상승이 없는 한, 실업 정책, 고용 보장, 건물의 단열 설비 지원, 의료와 교육 및 재생 에너지에 대한 공공 투자를 비롯한 유용한 정책들에 그 돈이 쓰인다면, 추가 통화 창출에 반대할 분명한 이유가 아무것도 없다. 하지만 인플레이션이 장기화된다면 문제는 달라진다. 이는 통화 창출이 한계에 도달했고, 자원을 동원하려면 (세금을 필두로) 다른 도구들을 사용해야 한다는 의미이기 때문이다.[17] 한 가지 더 기억해야 할 것은, 금융 위기와 팬데믹 위기, 자연 재난, 기후 위기 등으로 인해 급속한 경기 하락이 발생할 때 중앙은행은 연쇄 도산과 빈곤 폭발을 막기 위해 신속한 대응에 나설 수 있는 유일한 공적 제도라는 점이다. 1929년 대공황 때는 중앙은행이 가진 이 최종 대출자로서의 역할이 금융 교조주의 때문에 거부돼, 결국 전 세계가 심연의 가장자리까지 떠밀렸었다. 하지만 오늘날에는 이 역할에 대한 합의가 이루어지고 있으니 다행스러운 일이다. 우리가 역사에서 교훈을 얻을 수 있다는 뜻이다. 하지만 문제는 여전히 남아 있다. 2008년과 2020년에 실행된 통화 정책이 다분히 보수적인 관점에 머물러 있기 때문이다. 간단히 설명하자면, 은행과 은행가들을 구할 때는 통화라는 무기를 적극적으로 사용하면서, 지구를 살리고 불평등을 해소하고 다양한 위기와 민간

---

17 켈턴(S. Kelton)과 체네르바(P. Tcherneva)처럼 고용 보장과 그린 뉴딜을 위한 통화 창출을 옹호하는 사람들은 이 점을 분명히 한다. S. Kelton, *The Deficit Myth: Modern Monetary Theory and the Birth of the People's Economy*, Public Affairs, 2020 참조. 또한 L. Randall Wray et al., *Public Service Employment: a Path to Full Employment*, Levy Institute, 2018 참조.

분야에 대한 구제 정책과 부양 정책을 실시하느라 늘어난 막대한 공공 부채 문제를 해결해야 할 때는 지나치게 망설인다는 것이다.

공공 부채는 2020년 초에 일시적인 균형 상태가 유지되고 있다. 중앙은 행들은 국채를 더 대량으로, 거의 제로에 가까운 금리로 다시 사들였다. 만약 금리가 오른다면, 아니, 금리는 오를 것이고 그때가 되면 시민-납세자들은 이자 부담을 견디기 힘들 것이다. 그때는 다른 조치들, 가령 종전 후 도입됐던 자산 특별세(사적 자산에 부과하는 고율의 세금) 같은 것이 필요하게 될 것이다. 현재의 통화 정책은 다른 문제들도 야기한다. 소액 예금주에게는 제로 금리나 마이너스 금리가 반드시 좋은 소식은 아니다. 반면에 저금리 대출을 받을 수 있고 유망한 투자처를 찾을 수 있는 사람들에게는 막대한 수익을 올릴 수 있는 좋은 기회다. 전체적으로 보면, 통화 창출과 중앙은행의 유가 증권 매입은 주가를 올리고 부동산 가격을 높여 부자들을 더 부자로 만들어주는 결과를 낳았다. 또 하나, 제로 금리는 주로 부유한 국가들에게 주어진 새로운 특권이다. 전 세계 투자자들은 비록 수익은 적지만 안전한 주요 서양 국가들의 통화와 국채에 투자하려고 한다(새로운 은행 규제 때문에 어쩔 수 없는 경우가 아니더라도 말이다). 하지만 후진국에 돈을 빌려줄 때는 높은 이율을 요구한다. 이 제로 금리의 기적 앞에서 좋아하기보다, 위기가 찾아올 때 전 세계 모든 국가가 낮은 금리로 자금을 조달할 수 있도록 국제 금융 협력에 더 관심을 가져야 할 것이다.

전반적으로 평가하면, 새로운 도구로서 인정받은 통화라는 도구가 변화를 위한 강력한 요소임은 분명하다. 이제 경제·금융 교조주의로의 회귀만이 유일한 방법이라고 여론에 설명하기는 매우 힘들다. 하지만 통화라는 도구는 민주적인 관리 감독하에 쓰여야 한다. 중앙은행들이 '녹색' 대차 대조표를 만들고, 지속 가능하고 공정한 개발을 이끌 책임이 있다는 사실에 합의가 이루어지고 있는 것은 반가운 소식이다. 하지만 중앙은행들의 이 새로운 임무는 의회 기구 내에서의, 그리고 광장에서의 광범위한 민주적 숙의를 필요로 한다. 가능한 통화 정책들이 여러 가지 사회적·환경적 지표들에 미칠 영향에 대한 전문적 지식과, 장단점에 대한 분석이 필요함은 물론이다. 그런데 현재의 중앙은행 모델은 이와는 거리가 멀다. 정부에서 임명하면 의회에서 금방 임명 동의를 해주는 중앙은행 지도자들이 대규모 공적 자원을 사용하는 가장 효율적인 방식을 비공개회의에서 자기들끼리 결정해버리기 때문이다.[18] 앞으로 중앙은행들이 해야 할 고도의 정치적 결정들 중에는 일부 장기 채권에 대한 만기 연장도 포함된다는 사실을 여기서 지적하고 싶다.[19] 중앙은행들이 평등을 위한 진정한 민주적 도구가 되려면 무수한 투쟁을 거쳐야 함은 두말할 필요가 없을 것이다.

---

18 E. Monnet, *La Banque Providence. Démocratiser les banques centrales et la création monétaire*, Seuil, 2021 참조. 이 책에서는 특히 유럽 의회 산하에 유럽 신용위원회(European Credit Council)를 만들자고 제안한다. 또한 N. Dufrêne, A. Grandjean, *La Monnaie écologique*, Odile Jacob, 2020 참조.

19 유럽 중앙은행(ECB) 대차 대조표에 표시된 공공 부채에 대해, 가령 기후 목표 달성을 위해 무이자로 40~50년 상환 연장을 해줄 수 있을 것이다. 또한, 공공 부채든 개인 계좌를 통한 대출금이든, ECB의 대차 대조표에 무이자 영구 부채로 기록하는 방법도 가능할 것이다. 이는 결국 채무 탕감이나 마찬가지다. 어떤 방식이 되든 간에 제로 금리일 때 결정을 내리는 게 좋을 것이다. 여기저기서 금리 인상이 일어나면 국가 간 갈등이 다시 불거질 수밖에 없기 때문이다.

보편주의적 주권주의를 위하여

이제 우리의 탐구를 마무리할 때가 왔다. 평등을 향한 여정은 결과가 불확실한 투쟁이며 결코 미리 정해져 있는 길이 아니다. 18세기 말 이후 평등은 줄곧 기존 체제들이 확립한 규칙들을 전복하면서 길을 닦아왔다. 미래에도 다르지 않을 것이다. 관련 국가들이나 사회 집단들의 만장일치를 절대적 원칙으로 확립하면 결정적 변화들이 일어날 수 있다고 생각한다면 환상이다. 각 정치 공동체는 상대 파트너들의 만장일치 합의를 기다리지 않고 스스로 대외 무역의 조건들을 정할 수 있어야 한다. 역사상 늘 그래 왔듯이, 각국은 필요한 경우 전임 정부에서 한 약속을 파기해야 한다. 사회적 화합과 지구의 생존에 관련된 문제라면 더더욱 그렇다. 하지만 이러한 주권주의는 반드시 보편주의적·국제주의적 목표들에 기반해, 다시 말해 모든 국가에 똑같이 적용 가능한 사회적 정의와 조세 정의, 환경적 정의의 분명한 기준들에 따라 실행되어야 한다.

이 길이 쉽고 잘 닦인 길이라고 주장한다면 어불성설이다. 이 길을 가기 위해서는 거의 모든 것이 새로 만들어져야 한다. 현실에서는 이 책에서 주장하는 보편주의적 주권주의와, 민족적 주권주의를 구분하기가 항상 쉽지는 않을 것이다. 민족적 주권주의는 특정 문명적 정체성과 동질의 민족적 이해관계에 기반하고 있다. 이 두 가지를 명확히 구분하기 위해서는 몇 가지 엄격한 원칙을 따르지 않으면 안 된다. 먼저, 가능한 독자적인 조치를 취하기 전에 상대 국가에게 협력적인 개발의 모델부터 제안해야 한다. 이 협력적인 개발 모델은 보편적 가치들과, 객관적이고 확인 가능한 사회적·환경적 지표에 바탕을 둔 것으로, 여러 소득과 자산 계급 사이에 공공 분야와 기후 문제에 대한 책임 분담이 어떻게 이루어지는지 투명하게 보여줄 수 있는 것이어야 한다. 이에 더해 초민족적 회의체들에 대한 구체적인 밑그림을 그려야 할 것이다. 이상적이라면 이 기구들은 국제적 공공재와, 공동의 조세 정의 및 환경 정책을 책임지게 될 것이다. 이 사회적-연방제적 제안들이 당장 채택되지 않는 상태에서 이루어지는 일방적 조치는 항상 동기 부여 차원에 머물러야 하며, 번복 가능해야 할 것이다.[20] 마지막으로, 여전히 우리의 최종 목표로 남아야 하는 민주적 사회주의 연방제로의 전환을 가속화시킬 수 있는 국제적 차원의 연합을 결성하기 위한 노력이 지속적으로 이루어지지 않는다면, 이 보편주의적 주권주의의 길은 신뢰를 상실하고 말 것이다.

이 길은 또한 적극적인 시민들을 요구한다. 사회과학이 기여할 수 있는 부분이 있지만, 이걸로 충분하지 않음은 두말할 필요가 없다. 집단적 움직임과 조직화를 통한 강력한 사회적 집단행동만이 공동의 목표를 수립하고 권력관계의 변화를 가능하게 할 것이다. 우리 각자가 친구들에게, 자신의 관계망과 자신이 뽑은 공직자들에게, 자신이 좋아하는 미디어와 자신이 소속된 노동조합 대표들에게 자신의 요구 사항을 전달할 때, 스스로 행동에 나서고 집단적 숙의와 사회적 운동에 참여할 때, 사회-경제적 현상들은 좀 더 이해하기 쉬운 것으로 변할 것이다. 그때 비로소 우리는 현재 일

---

20 가령 어떤 주권주의적-국제주의적 국가가 조세 덤핑이나 기후 덤핑을 하는 상대국에 제재를 가한다고 가정해보자. 상대국이 다국적 기업의 이윤과 탄소 배출에 만족스러운 수준의 세금을 부과하기로 결정한다면, 이 제재들은 즉시 철회되어야 한다. 이러한 관점에서 보편적 원칙에 기반하지 않고 내려지는 업종별 조치들은 금지되어야 한다. 이는 건설적이고 객관화 가능한 결과를 낳지 못하고 자칫 제재 남발을 부를 수 있기 때문이다.

어나고 있는 변화들의 의미를 파악하게 될 것이다. 경제 문제는 다른 사람들의 손에 맡기기에는 너무도 중차대한 문제다. 시민에 의한 경제 지식의 재전유(再專有)는 평등을 위한 투쟁에서 반드시 필요한 단계다. 이 책이 독자들에게 평등을 위한 투쟁의 새로운 무기를 손에 쥐어주었다면, 나는 목표를 다 이룬 셈이다.

알라딘 북펀드를 통해 이 책이 세상에 나오는데
도움을 주신 모든 분들께 감사드립니다.

SDC까미노	누리엄마	안가을	장지해
강기원	도방주	안나연	전미연
강주이	문석	안분훈	전미연
강하얀	민동섭	역학자	정재국
권영진	박다정	오정화	정현기
권용신	박서영	유의창	조굉래
기은서	박준태	이곤	조수민
김명훈 tsv	박하윤	이민규	조재현(하준)
김문기	백동현	이보람	지의령
김생	백승훈	이엠글로벌(주)	진호연
김인수	변재원	이연주	진효경
김하윤	서동욱	이유나	차신준
나지원	서지민	이은미	최승룡
노군호	성환	이종호	최원석
노승일	손민석	이준섭	한상훈
노영호	신선희	이한솔	허혜순
노현지	심재수	장순원	

1판 1쇄 발행 2024년 8월 7일
지은이 토마 피케티
옮긴이 전미연
발행인 도영
표지 디자인 씨오디
내지 디자인 손은실
편집 및 교정 교열 김미숙
발행처 그러나 등록 2016-000257
주소 서울시 마포구 동교로 142, 5층(서교동)
전화 02) 909-5517
팩스 02) 6013-9348, 0505) 300-9348
이메일 anemone70@hanmail.net
copyright©Éditions du Seuil, 2021